U0750675

本书为广东省教学科学“十三五”规划课题“教育现代化背景下的‘三环五步’精致课堂教学高效模式研究”（课题批准号2017YQJK214）研究成果。

课题负责人：田飞虎

课题组成员：田飞虎　林华庆　许瑞恩　尤小蓉
林冠佳　张爱华　邓春燕　刘建湘
何　群　申雪利　王　英

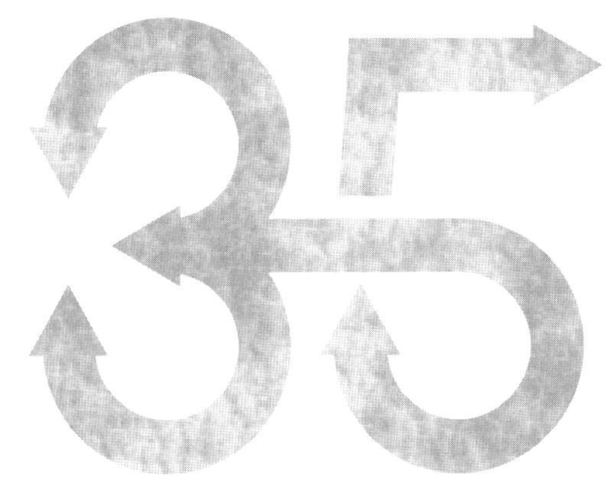

“三环五步”精致课堂
教学研究与实践

田飞虎　林华庆　主编

暨南大学出版社
JINAN UNIVERSITY PRESS

中国·广州

图书在版编目（CIP）数据

“三环五步”精致课堂教学研究与实践/田飞虎，林华庆主编．—广州：暨南大学出版社，2018.4
ISBN 978－7－5668－2348－9

Ⅰ.①三…　Ⅱ.①田…②林…　Ⅲ.①课堂教学—教学研究—中学　Ⅳ.①G632.421

中国版本图书馆CIP数据核字（2018）第055976号

“三环五步”精致课堂教学研究与实践
SANHUAN WUBU JINGZHI KETANG JIAOXUE YANJIU YU SHIJIAN
主编：田飞虎　林华庆

出 版 人：徐义雄
策　　划：黄圣英
责任编辑：高　婷　颜　彦　亢东昌
责任校对：叶佩欣　苏　洁　刘雨婷
责任印制：汤慧君　周一丹

出版发行：暨南大学出版社（510630）
电　　话：总编室（8620）85221601
营销部（8620）85225284　85228291　85228292（邮购）
传　　真：（8620）85221583（办公室）　85223774（营销部）
网　　址：http://www.jnupress.com
排　　版：广州市天河星辰文化发展部照排中心
印　　刷：佛山市浩文彩色印刷有限公司
开　　本：787mm×1092mm　1/16
印　　张：17
字　　数：410千
版　　次：2018年4月第1版
印　　次：2018年4月第1次
定　　价：58.00元

（暨大版图书如有印装质量问题，请与出版社总编室联系调换）

序　一

研究“精致教学”，构建“精致课堂”

田飞虎

课堂是课程改革的主阵地。2015 年 9 月，我们提出“精致办学”的目标。“精致办学”的核心就是“精致教学”，“精致教学”体现在“精致课堂”的构建上。经过实践探索，我们创立了“双三五”精致课堂教学模式。

所谓“双三五”是指“精致教学‘三五’特征”和“精致课堂‘三五’模式”。“三五”特征指三个维度（教学主题精炼深刻、教学内容精当合理、教学方法精巧有效）和五个意识（目标意识、主体意识、问题意识、模式意识、落实意识）；“三五”模式（又称“三环五步”）指三个环节（定向、自学、讲练）和五个步骤（预习反馈、呈现目标、自学讨论、展示提升、检测巩固）。“三五”特征是构建“精致课堂”模式的理论依据，因此，我们从“三五”特征入手，构建“精致课堂”教学模式。

“三五”特征和“三环五步”是互为表里的关系，前者是本质，后者是表现，不能把两者分离开来。根深叶才茂，只有在充分领会和把握“三五”特征的基础上，才能将“三环五步”使用得得心应手，发挥更大作用。

一、“三个维度”是统揽教学工作的基本方针

我们的“精致课堂”教学从“提高常态课的精致程度”入手，强调“提高常态课的精致程度，必须在教学主题的提炼上体现精炼深刻，在教学内容的整合上体现精当合理，在教学方法的设计上体现精巧有效”。“教学主题精炼深刻”“教学内容精当合理”“教学方法精巧有效”即是“精致课堂”教学的三个维度，我们把它作为统揽我校教学工作的基本方针，作为衡量备课、上课、评课、作业布置和教学考查等工作效益的基本原则。

（一）教学主题精炼深刻

这里体现在对教学目标的确定，一节课达到的教学目标一定要具体、得当，切合实际，讲求“一课一得，得得相联”。

评价标准：①教学定位是否恰当（符合大多数学生实际）；②教学目标是否明确并得以呈现；③重难点教学是否有效；④思想方法的渗透是否切合实际；⑤三维目标是否融合。

这里要说明的是，在确定教学主题时一定要结合学生的实际情况，也就是说教学定位要准。如何定位呢？“使大多数学生获得最佳的学习体验、最大的进步与发展”。“精致教学”不是搞一些面向少数人的阳春白雪一类的东西，这一点很重要。我们的“精致教学”不是“精英教学”，而是面向绝大多数人的“精致”。我们的课堂不仅要培养“尖子生”，还要加强对每一位学生的关注。

（二）教学内容精当合理

这里就是指“讲什么、讲多少”的问题，要求“少而精”。

评价标准：①理解是否准确；②整合是否得当；③重点的教学是否到位，难点的教学是否有突破；④拓展是否适中。

（三）教学方法精巧有效

“精致教学”除了对教学主题、内容有所要求外，对教学方法也有相应的要求。何谓有效？套用一句广告词：简约而不简单。“简约”谓之“精”；“不简单”谓之“致”。我们讲究方法，但方法一定是为内容服务的，不要那些华而不实的东西。我们追求精致的教学方法就是追求简约、实用。

评价标准：①能否引导学生自主学习；②能否落实课堂训练；③能否激活学生思维（设问技巧）；④所选择的教法是否恰当；⑤多媒体、板书等辅助手段是否适度。

二、“五个意识”是“精致课堂”教学的具体体现

（一）目标意识

教学目标就是一节课要完成的任务和要达到的效果。这个目标对于教师叫“教学目标”，对于学生叫“学习目标”。它不仅是教学活动的出发点，更是教学活动的归宿点。苏霍姆林斯基说：“要使思维、思考成为名副其实的脑力劳动，就必须使思维有明确的目的性，也就是说，使它具有解决问题的性质。”

目标意识是构建高效课堂的先决条件之一。它有以下几个要素：

第一，目标要始终呈现。

课堂教学要呈现目标，而且自始至终都要呈现出来，这是“精致课堂”教学的一个突出特点。但在实际教学中，很多教师的教学目标只是写在教案上面，学生并不清楚。教师不仅自己要知道教学目标，而且要让学生知道。因为从根本上讲，教学在于让学生掌握知识、解决问题。

第二，目标要清晰、具体。

布卢姆说：“有效教学始于准确地知道需要达到的教学目标是什么。”余文森也说过：“清晰明确的目标使教学活动自始至终处于期望的、有目的的控制之中，使师生双方在教学过程中都有方向感，教学结束时都有达标感，避免传统教学由于目标模糊不清而带来的随意性和盲目性。”目标要做到清晰、具体，注意以下两点：

一是区分“三个维度”与“三个目标”。三个维度不是三个目标，不是三件事，而是一个目标的三个维度。三维目标贯穿在教学的各个环节当中，它要结合知识目标或思维目标体现，可能是显性的，也可能是隐性的。因此，要对新课标的知识与技能、过程与方法、情感态度与价值观的三维目标加以提炼和整合，否则，呈现出的学习目标会多而杂。

二是表述要清晰，具有可操作性。目标的表述一般多用行为动词、动宾结构的句式。

第三，目标要适度。

提倡“一课一得，得得相联”。一个课时的学习目标不宜太多，一般以 2 个为宜，不应超过 3 个。否则，学习目标的知识点梳理得过于详尽，以知识点代替目标，零碎分散且目标不够明确，容易造成学生心理上的压力，削弱学习效果。

第四，目标要有层次性。

这里有两重意思，一是目标要体现知识的层次性（由浅入深、由难到易）；二是对不同程度的学生要求不同，一个年级有不同层次的班级，一个班级又有不同层次的学生，因此，虽然教材是相同的，但目标要因人而异。

教学目标是教学设计的根本，是我们教学的“纲”，纲举才目张，我们要把它当成一个新的突破口来研究，在集体备课时花大力气。

第五，目标要考虑预设性与生成性的有机统一。

教学目标是教师在课前拟定的，但一节课不应该完全是预先设计好的。在实际的教学过程中，有教师和学生情感、智慧、思维和精力的投入，有互动的过程，并不一定与预设的情况完全吻合，可能会偏离教师课前拟定的目标，这种教学中的不确定性就使得课堂资源具有了生成性。而课堂的智慧、高潮、价值更多地体现在“不可预设”的“现场生成”上。因此，教师应根据具体情况适时进行调整，使课堂的生成性资源更好地为预设目标服务，增强课堂教学的实效性。

（二）主体意识

主体意识就是学生意识。一切活动的设计都要围绕学生进行，以学定教、以生定教。新课程的一个重要理念就是把课堂还给学生。它体现在两个方面，一是在时间分配上，以学生活动为主；二是学生是积极的参与者、思考者，而不是被动的接受者、旁观者。也就是说，一切的活动都是在学生身上发生的。

田慧生说得好：在课堂改革当中，关键、首要的一点是“确立学生在课堂当中的主体地位”，“一个新的课堂能否建立起来，学生自主学习、主动学习能不能激发出来，学生在课堂学习中的主体定位能不能建立起来，应该是主要的”。

“学生是主体，教师是主导”，一节课要让学生去思考、让学生去讨论、让学生去总结、让学生去训练，这样才叫“以学生为主体”；而教师的主导性体现在课堂的谋划、组织上，要退到幕后，犹如导演，少讲、精讲、恰到好处地讲。如果教师讲得太多，把本该属于学生的时间都占了去，那么学生就没有时间学习和思考了。对此苏霍姆林斯基曾大声疾呼：“请你毫不犹豫地在每一节课上尽量留出时间让学生掌握新教材吧！这些时间会得到百倍的补偿。思考知识时的脑力劳动越有效，学生完成家庭作业所需的时间就越少，下一节课上检查功课所花的时间就越少，因而可用来讲解新教材的时间就越多。”他还谆谆告诫我们如何让学生去思考：“根据不同的教材内容，这种思考可以采取不同的作业形式：看书、编提纲、制图等。”

好学生不是靠教师“灌”出来的，而是自己学出来的。一些先进成功的经验，如洋思中学的“自主学习”、杜郎口中学的“合作学习”、东庐中学的“探究学习”都有一个共性，就是“生为主体、学为中心”。有的学校对教师的“讲”在时间上有所限制，如洋思中学的“先学后教，当堂训练”规定教师只能讲 10 ~ 15 分钟，而且随着学生自学能力的增强还要逐渐减少。

相信学生，把时间还给学生，让学生参与进来。有人做过实验，通过教师讲，学生学到的知识只有 20% 左右，而学生通过参与活动获取的知识则超过 70%，其效率是前者的三倍以上。英国教育家威廉·亚琴说得好：“平庸的教师只是叙述，较好的教师是讲解，优秀的教师是示范，伟大的教师是启发。”而最糟糕的教师是“满堂灌”。因此，一节课不管是什么课型和什么内容（如试卷讲评课），教师的“讲”如果超过 20

分钟，那肯定不是一节好课，哪怕讲得天花乱坠。

(三) 问题意识

教学的根本目的是培养学生的思维能力，发现问题、分析问题和解决问题的能力，而不是为了教什么知识、让学生掌握什么知识。知识固然是有意义的，但在课堂教学中，只有那些指向问题解决的知识才能体现其价值。掌握知识永远是手段而不是目的。现代教学论研究指出，从本质上讲，感知不是学习产生的根本原因，尽管学生学习是需要感知的，但产生学习的根本原因是问题。正如余文森所说："没有问题也就难以诱发和激起求知欲，没有问题，感觉不到问题的存在，学生也就不会去深入思考，那么学习也就只能是表层和形式的。"因此，问题应是教学设计的灵魂，也是培养学生自主学习能力的关键。一节好的课，首先体现在问题的设计与处理上面。没有问题的教学肯定是不成功的教学。

对于设计课堂问题有几个基本要求：

第一，要准确理解问题的内涵。这里的问题不同于"单纯练习式的问题"，即可以在书上直接找到答案的问题，或可以通过单纯的模仿获得解决的问题，而是能引发学生思考、促进思维发展的问题。它包括两种形式，一是教师围绕教学目标（知识、方法和情感），在课前预设的问题；二是在实践教学过程中通过学习生成的问题。

第二，问题的设计要有思维性。也就是说要给学生有足够思考内涵的问题，能推动学生深层次的思考，让学生成为一个"发现者""探索者"，而不是简单的知识问答参与者。如"甲午战争发生在哪一年？双方的主将是谁？"是知识性提问，"甲午战争带给我们什么启示？"是需要经过思考才能回答的问题。

第三，问题设计要具体、有启发性。太空太大的问题不好，问题的设置要善于从不同的角度切入。如讲《项链》一文，"玛蒂尔德这个形象为什么可爱？"这个问题，学生不易回答，但如果改成"玛蒂尔德这个形象可爱是因为她漂亮吗？"则可引导学生思考人物特质不只是外表，更在其品质。

第四，问题设计不能离开学生的生活体验，要能引起学生的情感共鸣，激发起学生的学习愿望与热情。如讲《变色龙》一文，分析奥楚蔑洛夫的形象时，如果直接问"奥楚蔑洛夫的形象有何意义？"学生可能会较茫然，但如果换一种方式问"奥楚蔑洛夫是一个警察，他的形象意义是什么？"点明"警察"的身份，学生对照他的表现就不难分析他的形象意义了。

另外要注意的是，问题设计在于质量而不是数量。一节课让学生探讨的问题不宜过多，两三个即可。问题太多，一方面会使问题的探讨流于形式，达不到让学生深度思考探究的目的；另一方面会挤占学生提出问题、发现问题的时间，变相地变成学生围着教师转，降低了学生学习的主动性，也削弱了学生的主体性。

(四) 模式意识

模式意识首先强调课堂教学要讲究方法。不同的模式就是不同的"法"。"教学有法，教无定法，贵在得法"实际也是强调方法的问题，它说的是方法运用的不同层次、不同阶段。"教学有法"是说各种有效教法背后有其规律和共性，要去探究、掌握；"教无定法"是说每个人、每节课情况不同，要灵活处理，不能僵化；"贵在得法"是指要有"法"可依，依"法"而行。

有些人常以"教无定法"为借口，反对模式化，这是对模式意识的片面理解。模式是课堂教学规律的直观反映，是抽象理论、经验与智慧的结晶。模式既是我们对教学行为的一种规范、指导，也是追求更高层次的重要途径。只有先达到“有法”才有可能达到“无法”。

唐代禅宗大师青原行思提出参禅的三重境界：参禅之初，看山是山，看水是水；禅有悟时，看山不是山，看水不是水；禅中彻悟，看山仍然是山，看水仍然是水。这体现了认识的不断深化。人对事物的认识有一个过程，这个过程有着不同的阶段，由浅才能入深、由易才能入难。

人的成长也必须经历各种不同的阶段。尤其是对于年轻教师来说，首先一定要去求法，一定要掌握一种模式，模式是成长的最佳途径。只有掌握了一定的教学模式，才能跳出模式，从有形到无形，从有法到无法，从必然王国进入自由王国，逐渐形成自己的特点和风格。

当然，再好的模式其作用发挥的大小，离不开执教者个人的素质，离不开执教者扎实的基本功。知识广博、功底深厚才是硬道理。“术”（模式、方法、技巧）是末不是本，为有源头活水来。

（五）落实意识

落实首先体现在课堂上。一节课当中一定要有留给学生消化、巩固的时间和内容。洋思中学的“先学后教，当堂训练”，“训练”就是落实，“堂堂清”就是落实。

落实是否有效在于训练的内容是否合乎学生实际。苏霍姆林斯基说“让每一个学生都有可能挑选他力所能及的题目去做”，使“每一个学生在学习中都应当达到他力所能及的成就”。为了更好地符合校情、生情，我们推行作业校本化制度。课外作业一律由备课组审定，实行三级管理：备课组每周作业提前一周上传，由出题者、备课组长、年级负责人分别签名，最后由各年级负责人统一交教导处审核备存（建立题库）。如无3人签名，文印室不予印刷。学校成立专门班子（由学科组长、骨干教师组成）对作业校本化进行科学性评价，及时发现、总结、推广作业校本化经验。作业分为“必做”和“选做”两个部分，其中列为“必做”的作业原则上必须全批全改。年级部和教导处定期检查落实情况。

不仅限于知识掌握的落实，还包括良好学习习惯养成的落实。教育就是要培养学生养成良好的习惯，提高人的素质。我们研究了优秀学生的共同特性，拟定了《优秀学生20个学习生活好习惯》，从初一年级开始予以实施，如制订计划的习惯、反思总结的习惯、课前预习的习惯、专注听课的习惯、主动提问的习惯、勤做笔记的习惯、及时复习的习惯、及时改错的习惯、认真书写的习惯、阅读写作的习惯、学习互助的习惯、自我调整的习惯等。我们通过抓“三本两清”（“三本”指笔记本、错题本、作业本，“两清”指“日日清”“周周清”）来促进学生良好习惯的养成，并通过指导、检查、示范、激励等措施来予以保障。

以上“三五”特征既是构建“精致课堂”教学模式的核心要素，也是衡量高效课堂的重要标尺。

（本文根据田飞虎副校长在2015—2016年第一学期11月教学工作大会上的讲话稿修改）

序　二

让每一位老师成为"精致办学"行动研究的实践者

林华庆

2015 年 3 月，湛江市名校长培训班专题学习的主要内容是行动研究法。此前我虽然对"行动研究"一词有所耳闻，却不甚理解。通过培训班的专题学习，我们才对行动研究法有了较为全面的理解。我校于 2015 年初，在"合作学习，乐学善导"教研理念基础上，提出"精致办学"概念，积极倡导和全面推进以"文明养成"和"精致课堂"为核心的教育和教学改革。其实这就是行动研究的组成部分，即是从基本实践上升到理论研究的高度，提炼出教育教学规律。

一、行动研究与教育行动研究的含义

传统上"行动"与"研究"两词常被视为不同范畴的两个概念，前者指实际工作者的实践性活动，后者指专家、学者、研究人员的学术性探索活动。

美国社会工作者约翰·科里尔、著名社会心理学家勒温提出了一种社会科学研究的新思路。以行动研究把行动与研究有机地结合起来，一边探索一边行动，一边行动一边探索。从实际问题出发，通过研究、实践，解决问题，探索新理论，进一步指导实践。凯米斯对行动研究过程步骤的描述更多地继承了勒温的提法，认为行动研究是一个螺旋式发展的过程，每一个螺旋发展圈都包括了四个互相联系、互相依赖的环节：计划、行动、观察和反思。

行动研究是指从实际工作需要中寻找课题，在实际工作过程中进行研究，由实际工作者与研究者共同参与，使研究成果为实际工作者所理解、掌握和应用，从而达到解决问题、改变社会行为的目的。

教育行动研究是指针对教育情境中的日常工作，教师在研究人员的指导下研究本校、本班或本学科的实际情况，解决日常教育教学中的问题；以教育行动为研究对象，以改进教育行动为目的，运用各种教育研究方法进行的综合性研究活动。教育行动研究旨在提高社会具体情境中的行动质量，是对该社会情境的研究，是一种适合于广大教育实际工作者改进教育教学工作的研究方式。教育领域对行动研究概念的使用大约出现于 20 世纪 50 年代。当时，美国哥伦比亚师范学院院长柯端大力倡导把诞生于社会科学领域的行动研究应用于教育，并于 1953 年出版了颇有影响的专著《以行动研究改进学校实践》。

在当今教育界，教育行动研究的意义主要体现在三个方面：第一，教育行动研究可以提高教育教学的质量和效益，改进教育教学工作。第二，教育行动研究是"教师即研究者"的活动，有利于教师的专业化成长。第三，教育行动研究通过沟通教育理论与教育实践，促进教育理论向实践转化。

当前，湛江市正全面推行新一轮课堂教学改革，倡导"自主学习，合作探究，精讲释疑，训练检测”四环节学习，我校则以办成“粤西品牌学校”为目标实施多项改革，实践和丰富学校提出的“修品行、善学习、强体魄、美志趣、有梦想、敢担当”的育人理念，贯彻市教育局关于加强教学监管工作会议的精神，以建设“精致教学、高效课堂”为重点，以推进课改为引领，深化“合作学习，乐学善教”的教改理念，推进特色文化建设、团队建设、班级建设、特色教育等，提升学校服务质量和管理水平。同时，我们还将重新规划课程计划，保证心理课、健康课的开设，增加课程改革指导课、学生活动课，成立“文学社”“英语角”“民乐团”“醒狮团”“摄影社”“红树林爱护协会”“广州湾历史研究协会”“红土文化社团”等多领域的学生社团，以丰富学生学习生活，提升学生综合素质。

二、教育行动研究的几个特征

（1）从研究目的看，是为了改进教育实践路径而进行研究。它不是为了探索新的理论或发现普遍规律，而是为了行动而研究。

（2）从研究对象看，是抓住行动中值得关注的问题进行研究，是对行动的有效性进行研究。

（3）从研究环境看，是在行动过程中进行研究。它不需要特别的实验室，而是在教师工作的实际环境中进行。教师在自身的教育教学行动中发现问题、分析和研究问题、解决问题，从而改进自身工作。

（4）从研究人员看，是教学一线工作者开展的研究。他们一边工作，一边研究，研究的结果直接运用于自己的工作，直接将探索研究结果和运用研究结果结合起来。

（5）从研究范围看，是研究者当前行动所涉范围的研究。研究者不研究工作范围之外的对象，只研究自己工作中涉及的具体问题，而问题的解决及由此得到的经验只限于在自己特定的工作范围内有效，不一定能普遍适用，但可能给其他行动研究者以启示。

（6）从研究进程和方法看，是边行动边调整的研究。研究者要根据情况变化边实践边修改。

（7）从研究的结果看，是行动的改进、发展。行动的改进和发展有双重含义：一是学生的成长和发展，主要是学科素养和品德素养的发展；二是教师专业素养和师德素养的提升。

从以上几个特征来看，广大教育工作者是教育行动研究的主体，因为教育管理、教学工作（特别是教改工作）本身就是教育行动研究的主要环节。

三、教育行动研究的实质

教育行动研究的实质就是以研究的态度和方式进行教育行动研究，让广大教师在实践中通过行动与研究的结合，创造性地运用教育理论研究来解决的教育实践过程中不断变化具体问题，从而不断提高专业实践水平的一种研究性活动。由实践主体带着实践中的问题进行现场研究，比如我们学校的“精致课堂”教学模式研究和“学生文明习惯养成教育”研究就是研究主体与实践主体共同探讨的问题。

在“精致课堂”教学模式研究和“学生文明习惯养成教育”研究中，教师成为自己实践情境的研究者，既开放性地不断改进教学，又通过批判和修正不断提高自身的理论水平，从而使自身的教育实践具有较强的理论吸纳能力。

在这个互动的过程中要强调研究主体与实践主体的合作，使问题得以解决。这种合作使两种研究得以互补，既克服了研究主体的研究成果难以向实际转化的问题，又克服了实践主体特别是中小学教师开展研究缺乏理论指导的问题，解决了教育理论与教育实践脱离的顽症，在教育一线直接找到可行的解决方法。

四、教育行动研究的基本类型

1. 案例研究

我们教师应把重心转向对自身开展的“精致德育”“精致教学”实践工作的回顾与反思上，围绕大量真实的教育实例展开研究。教师的案例研究类似医生的“病例研究”、律师的“案例研究”和军事学上的“战例研究”。

我们提倡一线教师通过案例研究，一方面用以改进自己的工作，另一方面有助于从事教育研究。教师首先需要把教育工作中发现的问题以及处理问题的全过程写成案例，进而围绕案例展开研讨和分析，并通过对同类案例的研究总结出一定的教育策略，然后在此基础上形成案例研究报告。案例研究能够充分尊重和吸纳教师已有的教育经验，唤起教师对教育行动研究的兴趣。

2. 问题研究

我们教师在开展“小组合作”、构建“高效课堂”过程中经常会出现各种困惑，这些困惑都可能成为教育的研究对象或课题。教师从工作中的实际问题出发，以解决实际问题为目的，改进教育和教学工作的行动研究被称为问题研究。

一线教师发现可研究的问题之后，首先需要对研究课题的范围和性质进行界定，寻找问题研究的各种视角，可以通过观察、调查或文献研究等方法，分析问题的成因或症结所在，然后形成解决问题的设想和方案，构建一个行动研究的“微课题”，再制订研究方案，收集各种数据，分析研究教育措施与教育效果的关系，最后形成自我反思，与同行专家进行探讨，使研究结果得以升华。

3. 合作研究

我们要求学生开展小组合作探究，教师自身首先要善于合作研究。行动研究领域的合作研究一般指教师与教育理论工作者之间的合作研究，也可以是教师相互间的合作研究。教师可以与专家或教育理论工作者联合立项，由教育理论工作者进行规划，一线教师配合实验或提供数据；也可由我们教师立项，请专家学者来指导。

五、开展教育行动研究的现实意义

教育行动研究的意义在于它本身就是一个学习过程，同时又是沟通教育理论与实践的桥梁，只要我们教师真正投入研究，都会有所收获。

1. 教育行动研究通过改变教师的角色，实现教师的教育观念转变

教育行动研究是培养研究型教师的重要途径。比如在探讨解决常规教育和教学实践中的“小组合作”“日清”“周清”“月清”等问题时，如何才能达到“合理、科学、有效”的目标呢？一个重要理念是“教师即研究者”，其倡导者布克汉姆认为，好的教师在研究中教学，在教学中研究。实际上，研究与教学之间是一种“共生互补”的关系，教育行动研究就是让教师与专家、学生在平等民主的氛围中共同合作，让教师的角色从传统的知识传授者与灌输者转变为研究者和学习者。

“革新必先革心”，教育观念的更新是教育改革成功的前提。按照教育行动研究的理念，教师是研究者，不是单纯的任务执行者，所以教师要学会主动寻找问题、解决问题，要有对自己的教育行为进行反思的意识，同时这种认知也要符合我们学校“以人为本、百花齐放”的理念。我们提倡“让行动研究成为教师专业成长的主要方式”“让课堂实践成为教育创新发展的主要阵地”。

2. 教育行动研究有利于教师解决教育实践的实际问题，促进教学改革

教育活动是千变万化的，与自然科学研究不同，教育研究不是以客观的自然界为对象，而是以潜能无限的人为对象。我们教师在合作研究中，常常感到实际工作中有大量影响教育教学效果、值得探讨研究的问题，如该用什么教学方法才能使教学效果达到最优？怎样处理和解决学生纪律和行为习惯方面的问题才更有效？该如何在兼顾到个别差异的情况下让所有学生都得到发展呢？

为了解决这些问题，保证实际工作的合理、科学和有效，许多教师都加强了对新课程教育教学改革理论的学习。然而作为一线教育工作者，教师更需要在岗位实践过程中发现问题并开展行动研究。教师对一线问题最有发言权，教师在充满不确定因素的教学环境中，把所学的知识、原理和教学实际结合起来，不断优化教学实践模式，并做出深入分析和总结，既可以解决教育实践的问题，又能形成具有特色的教学改革案例，助力新一轮教改理念的完善。

3. 教育行动研究是教师专业成长的有效路径

许多人认为教师的工作是一种重复性劳动，经验越丰富的老师越不需要备课。事实上不然，教育对象在不断变化，教师教学的关键是在不同的教育教学情境下对学生能做到因材施教、因势利导，这对教育、教学的成败有最直接的影响。教育心理学的研究和教育实践证明了“教师的专业学科知识与学生的成就之间并不存在统计上的相关性”，丰富的学科知识并不是成为好教师的唯一条件。

成为一名好教师，更需要的是专业能力。教师需要在教育、教学工作中投入大量的精力进行研究，并将理论应用于自身的实践中，在理论指导下敏锐地洞察、深入地分析、恰当地解决教育教学情境中的具体问题，形成改进教育教学实践的方案或措施，这才是教师专业成长的有效路径。

4. 教育行动研究是落实学校科研兴校理念的重要途径

科研兴校是许多学校的核心理念之一，其最重要的途径是教师把自己看成是教育者和研究者。教师参与实际教育教学研究的过程就是一次系统的能力提升的过程，从问题的发现、假设的提出到研究方案的拟订和组织实施，从行动、调整到做出归纳和解释等，都是科学研究的统一规范和程序的学习，参与其中的教师和学生都将受益。

当前，我校正在探索的“精致课堂”教学模式，正是典型的行动研究课题。我们要用行动研究理论来指导课改工作，落实“走出去”“请进来”课改工作理念。一方面，我们将邀请各级课改工作专家来我校举办专家讲座，指导年轻教师的课堂实践；另一方面，也要组织各学科骨干教师前往课改开展较好的学校学习经验，同时还要将我市新一轮课堂教学改革中的“自主学习，合作探究，精讲释疑，训练检测”四环节和我校提出的“堂清、日练、周测、月考”训练体系及“希望之星”成长档案辅导体系结合起来，运用到行动研究中去。我校将推出一批“精致课堂”课例进行公开展示，努力将我校打造成为市课堂教学改革的重要基地。

前　言

干事业的人总觉得时间过得太快，转眼之间，我们的“精致课堂”教学改革已走过了三年。

2014 年 1 月，杨耀明校长来到湛江二中后提出了“上善若水二中人”的办学思想，要求各分校依次创新教育观念，大胆开展教育教学改革。杨校长对我们湛江二中港城中学提出了“全面打造湛江市最好的初中”的目标，市教育局也希望我们在精细化办学方向上勇于创新，围绕我市“自主学习，合作探究，精讲释疑，训练检测”十六字教改理念探索出适合本地区实际的、操作性强的、有效的教学模式。我们由此确立了“追求精致，臻于至善”的办学宗旨和“合作学习，乐学善导”的教改理念，并于 2015 年 8 月正式提出“精致办学”的目标。“精致办学”有三个方面的内容，一是以实施“精致课堂”模式为主要特征的“精致教学”，二是以“文明养成”为主要内容的“精致德育”，三是以“队伍建设”为主要抓手的“精致管理”。我们把“研究‘精致教学’，构建‘精致课堂’”作为学校的中心工作，以期用三五年时间把我校建成粤西一流的民办中学，挤入广东省示范学校行列。

我们通过分析比较“洋思模式”等成功教学实践案例，结合本校实际，建构了“精致课堂”教学模式，全面开始了教学改革实践。

“精致课堂”教学是着眼于“提高常态课的精致程度”的课堂教学改革，以转变教师的教学方式和学生的学习方式为突破口，以实现教师的课堂教学和学生的自主学习双向高效为目标，不断提高教学质量，减轻学生学业负担，实现优质教学。我们按照“分步进行，有序推进”的思路，边实践边总结，稳妥进行。

2015—2016 年度第一学期，我们颁布了湛江二中港城中学《关于提高常态课精致程度的意见》，从“集体备课、个人备课、课堂教学、作业布置与批改、复习、考试”六个方面提出 22 项措施，确立“定向—自学—讲练”三个基本环节，形成了“精致课堂”教学的“三五”特征，即“三个维度”（教学主题精炼深刻、教学内容精当合理、教学方法精巧有效）和“五个意识”（目标意识、主体意识、问题意识、模式意识、落实意识）；第二学期，我们在上学期实践的基础上建构“精致课堂”教学的理论框架，确立了“三环五步”模式，同时制定了“精致课堂”教学的教案（讲读设计、课件）、学案（自读设计）及课堂教学和学生评价办法。2016 年 8 月，“精致课堂”教学成功申报了省级课题。至此，我校的“精致课堂”教学改革扎实、有效地开展起来，“追求精致，臻于至善”成为老师们的共同追求，学校形成了“人人学精致、人人谈精致、人人研究精致、人人实践精致”的良好风气。

“精致课堂”教学改革改变了全校师生的“精、气、神”，学校的管理和教育教学质量在短短的两三年时间里有了一个新的飞跃和质的提升。

教师教育教学的自觉性、积极性有了极大的提高，业务能力得到了极大的提升。在2016年全市初中高效课堂比赛中，我校充分体现了“精致课堂”教学的优势，获奖10人。参加市直比赛，8人获一等奖，6人进入全市决赛并全部获得一等奖，其中有一个第一名（语文）、两个第二名（化学、物理）。2016年11月，我校物理科组以其特色建设和突出成绩被评为广东省示范科组；2017年11月，我校王元庆老师在首届广东省中小学青年教师教学能力大赛中，一路过关斩将，获得一等奖第二名，并代表广东省参加全国中学物理教学创新大赛，再获一等奖殊荣。

教学质量不断攀升。2015年，我校成为湛江市唯一一所获得中考、高考双先进称号的单位。2017年的中考、高考成绩更创建校十年来的辉煌：中考高分层、优秀率居全市之首，高考考上本科人数、达标率居全市同类学校前茅。在“华罗庚金杯赛”“亚奥赛”“大中华杯赛”等各种竞赛中，我校获奖率居湛江市之首。

“精致课堂”教学成了我校的一张新名片，对外辐射不断扩大，在市内外甚至省内外都产生较大影响。短短两年间有5 000多人来校参观、学习；广西百色市田阳县教育局特邀我校学科骨干教师授课，受到田阳县教师们的高度赞赏。湛江市教育局教研室主任张勉先生及专家多次调研后认为：我校“精致课堂”教学模式是湛江市最具特色、最“接地气”、独创性很强的高效教学模式，是湛江市课程改革中的一颗耀眼的明珠，并将“精致课堂”教学模式确定为全市重点推广的高效课改模式。湛江电视台、《湛江日报》社等多家媒体均对我们的课改进行了专门报道。

“精致课堂”教学模式受到学生、家长和社会的高度认可。近年来报读我校的人数飙升。许多知名小学有超过一半的优秀生报读我校，有些重点小学甚至超过了70%。

为了更加持久、深入地推进我校“精致课堂”教学改革，我们觉得有必要对我校前一段工作做一个梳理和总结，以便“运用成果，指导实践，充实完善，不断提高”，使我们的“精致课堂”教学改革更上一层楼。

本书主要分为三个部分：第一部分“实践指导”，根据“精致课堂”教学的理论和实践，总结出“精致课堂”教学各个环节的实践操作规范，以便更好地指导“精致课堂”教学改革的实施；第二部分“实践研究”，精选各学科关于“精致课堂”教学研究和实践方面的优秀论文20多篇，这些论文基本反映了我校教师实施“精致课堂”教学的状况；第三部分“课例示范”，在全校教师实施“精致课堂”教学的基础上，精选出各科不同课型的优秀讲读设计和自读设计，作为“精致课堂”教学的教案编写示范。

“雄关漫道真如铁”，教学改革永远在路上，但最美的风景也在路上。只要我们牢记习总书记所说的“不忘初心”，相信再过三五年的时间，我们的“精致课堂”教学改革会更加完善。

借此，我们特别感谢湛江二中总校杨耀明校长和分管港城中学工作的伍佑强副校长，是他们全方位的支持和及时的鼓励，才使我们的改革工作得以顺利开展；特别感谢湛江市教育局教研室主任张勉等专家，对我们“精致课堂”教学改革给予了充分肯定和悉心指导；同时我们还要感谢积极参与课改的全体老师，尤其是参与这次编选的老师，是他们的辛勤付出，才使本书得以顺利结集出版。

当然，我们的“精致课堂”教学改革时间还不长，还有很多问题需要我们去学习、探索、解决，更由于时间仓促，水平和能力有限，书中必定还存在许多不足之处，恳请各位同仁不吝赐教！

编　者

2018 年 2 月 21 日

目录

Contents

第三部分　课例示范

第一部分　实践指导

第一章　关于提高常态课精致程度的意见

精致是相对粗放而言的一种事物发展形态。

提高常态课的精致程度，必须在教学主题的提炼上体现精炼深刻，在教学内容的整合上体现精当合理，在教学方法的设计上体现精巧有效，努力做到用最少的时间使大多数学生获得最佳的学习体验、最大的进步与发展，实现课堂教学效益最大化。

提高常态课的精致程度，必须注重全程落实细节：

一、集体备课

（1）每周至少有一次集体备课，每次集体备课时间不得少于3课时。

（2）集体备课要有四个方面的内容：学习理论（“精致教学”），反馈上周教学问题，备好当周教学内容（包括“日日清”），认真落实集体备课“十个是否”要求（见附录）。

（3）坚持说课，确保中心发言人发言的质量；中心发言人必须提前一周将备课内容发到其他教师手上。

（4）集体备课要认真落实“精致三条”（教学主题精炼深刻、教学内容精当合理、教学方法精巧有效）的要求，分析教材，确定教学目标；讨论如何设计问题，突出重点、突破难点；讨论如何控制教材的深度和广度；讨论如何设置阶梯式练习及少而精的课后作业，对作业的有效性和规范性有统一的认识和要求。

二、个人备课

（1）按照四轮备课要求，个人要在假期提前备好新学期课程，积极钻研教材，进行教学设计。在集体备课的基础上，撰写能够体现教师个人教学风格和特色、适合教学对象的教案和学案。

（2）教案应包括讲读设计、课件、自读设计、课后作业和“日日清”“周周清”（周测）五个方面的内容。

（3）教师要求学生完成的练习，必须自己先做一遍。

三、课堂教学

（1）课堂教学一般应包括“确定目标—当堂自学—适当讲练”三个基本环节，体现“预习反馈—呈现目标—自学讨论—展示提升—检测巩固”五个步骤。各学科组要探究总结出课堂教学基本环节的实施原则和操作模式。提倡采用类似洋思中学、杜郎口中学等学校所推行的能体现新课程教学理念的教学模式，乐学善导，积极引导学生朝着自主、合作、探究的学习方式转变。

（2）教学语言精炼，重视板书设计，板书工整规范；合理运用多媒体教学手段；用足、用好教材，引导学生切实紧扣教材。

（3）按时上下课，不以任何借口迟到、拖堂。

四、作业布置与批改

（1）精选习题，分层布置作业，作业量适当。

（2）自编符合教学对象实际情况的习题。

（3）布置的作业必须及时回收并检查批改。

（4）摘录学生作业中的错误进行分析，指导学生整理错题，及时对作业重点共性问题进行讲解。

（5）坚持面批一定数量的作业，倡导下班后就作业反映的问题进行个别辅导与答疑。

五、复习

（1）指导学生学会梳理知识体系，弄清知识点之间的联系。

（2）加强对重点、易错点的反复训练和解法指导。

（3）加强对解题思路和答题方法的指导。

（4）力求实现“老师进题海，学生出题海”的转变。

六、考试

（1）正确认识、切实落实不同阶段、不同类型考试应有的功能。

（2）根据考试性质、课程标准命制试卷，平时考试（周测、月考、期中考和期末考）坚持“学什么考什么”的原则；妥善处理基础知识、基本能力和应试技巧的比重及关系；试题难度适中，信度、区分度合理。

（3）重视质量分析，反思教学效益；讲评要有针对性和选择性，详略得当，符合学生的需求。

附录：

集体备课“十个是否”

一、主讲人是否备足了一周的授课内容，编写好教案、课件、学案和分层作业？

二、主讲人是否在集体备课前两周将教案、课件打包发到学科组公共邮箱？

三、主讲人是否根据大家的意见，再次修改整理备课教案、课件，完成二次备课并重新发给学科组老师？

四、主讲人是否提前一周印制好年级学生使用的自读设计？

五、学科组老师是否提前研究主讲人教案，并提出修改意见，在集体备课时讨论？

六、学科组老师是否都能在规定的时间、指定的地点参加集体备课？

七、学科组老师是否积极讨论，并形成修改意见？

八、学科组老师是否根据二次备课的情况修改自己的教学内容、教法和学法（三次备课）？

九、学科组每次集体备课前是否组织学习相关理论（“精致教学”）、反馈上周教学问题（包括作业、听课议课、自读设计使用情况等）？

十、职能部门是否每周检查、反馈、通报、指导、推广？

第二章　“精致课堂”教学实施原则与操作模式

“精致课堂”教学是着眼于提高常态课的精致程度的课堂教学改革，是我校探寻适合民办学校发展新路过程中的一项自主行为，旨在以转变教师的教学方式和学生的学习方式为突破口，以实现教师的课堂教学和学生的自主学习双向高效为目标，培养学生自主学习能力和创新思维，减轻学生的学业负担，不断提高教学质量。经过实践的总结完善，概括为“精致课堂”教学的“三五”特征和“三五三”模式。

“三五”特征包括“三个维度”和“五个意识”，“三个维度”指教学主题精炼深刻、教学内容精当合理、教学方法精巧有效；“五个意识”指目标意识、主体意识、问题意识、模式意识、落实意识。

“三五三”模式包括“三个环节”“五个步骤”和“三种课型”，“三个环节”指：定向（确定目标）、自学（当堂自学）、讲练（适当讲练）；“五个步骤”指预习反馈—呈现目标—自学讨论—展示提升—检测巩固；“三种课型”指新授课、复习课、讲评课。

第一节　“精致课堂”教学基本环节实施原则

一、“确定目标”的实施原则

目标就是一节课要完成的任务和达到的效果。这个目标对于教师叫“教学目标”，对于学生叫“学习目标”。

1. 科学性

学习目标的设定要符合新课程标准的总体要求和教材的具体要求，不能随意拔高或降低知识点的层级要求；同时要通过提炼整合，由知识上升到能力，融入情感体验。

学习目标：（误）

知识与技能：

1. 掌握字词，提高朗读课文的能力，梳理课文情节，整体感知课文内容。

2. 从文中的词语分析人物形象。

过程与方法：

1. 通过分角色朗读课文体会课文的思想感情。

2. 采用情境表演的方式来把握人物的性格特征。

3. 通过自主合作探究的学法来培养学生的思辨能力、语言表达能力和综合归纳能力。

情感态度与价值观：

体会文中所赞美的小朋友之间真诚无私的友情，学会与父母、他人沟通，获得有益启示。

对新课标的知识与技能、过程与方法、情感态度与价值观的三维目标，不加提炼和整合而全盘托出，呈现出的学习目标就会多而杂。三个维度不是三个目标，不是三件事，而是一个目标的三个维度。宜改为：

学习目标：（正）

1. 掌握通过课文中的关键语句分析人物的方法。

2. 学会课文分析，感受文中所赞美的真诚无私的友情的可贵。

2. 规范性

学习目标必须以动宾结构的句式呈现，动词注意多选用能够观察和测量的行为动词，少用表述人的心理状态的动词。

学习目标：（误）

1. 什么叫平面镶嵌？平面镶嵌的目标和意义是什么？

2. 满足镶嵌的条件是什么？

3. 用同一种正多边形进行镶嵌，哪几种正多边形符合？

4. 用不同的正多边形组合镶嵌，如何选择组合？

5. 任意三角形可实现镶嵌吗？任意四边形呢？

上述设定的学习目标要求不够明确，所用句式不当，没有提炼和整合，与自学提纲混为一谈。应改为：

学习目标：（正）

1. 了解平面镶嵌的意义和条件。

2. 知道任意一个三角形、四边形或正六边形可以镶嵌平面，并会运用这几种图形进行简单的镶嵌设计。

3. 适度性

提倡“一课一得，得得相联”。一个课时的学习目标不宜太多，一般以 2 个为宜，不应超过 3 个。

学习目标：（误）

1. 通过探究动滑轮，知道有用功、总功、额外功及它们之间的关系。

2. 理解机械效率的概念，知道机械效率的计算公式，会计算某种简单机械的机械效率。

3. 知道机械效率的物理意义，知道实际的机械效率不可能是 100%。

4. 能设计实验，测定某种简单机械的机械效率。

5. 知道提高机械效率的实际意义和方法，有合理改进机械、提高效率的意识，从而增强用科学服务人类的责任感。

知识点梳理得过于详尽，以知识点代替目标，零碎分散且目标不够明确，容易造成学生心理上的压力，削弱学习效果。应改为：

学习目标：(正)
1. 知道有用功、额外功、总功的含义及它们之间的关系。
2. 理解机械效率的概念，会计算机械效率。

4. 持久性
学习目标要以适当的方式始终呈现在课堂上，以此在学生头脑中形成刺激源，有助于强化师生的目标意识。也可以在呈现目标后，让学生齐读一遍或对目标中的关键词语进行解释。
5. 层次性
一是目标要体现知识的层次性（由浅入深、由易到难）；二是对不同程度的学生要求不同，虽然教材是相同的，但要因人而异，因材施教，人始终是个变量。
6. 全面性
复习课、习题课、作文讲评课、实验课等课型都要设定并呈现学习目标。
(1) 复习课学习目标表述的基本模式：
复习巩固，熟练掌握（计算出）。
运用，体会。

语文复习课学习目标：
1. 掌握现代文阅读中语言品味的基本方法。
2. 能运用品味语言的方法进行语言品味，感受汉语的修辞美。

数学复习课学习目标：
1. 根据图形联想相关结论的数学思想，培养发散思维和聚合思维能力。
2. 掌握圆的相关证明和计算方法，掌握相关线段、面积计算的常用方法。
3. 体会数学的严谨美和含蓄美。

(2) 习题课学习目标表述的基本模式：
巩固（进一步），加深，提高。
会阐明，概括。

化学习题课“碳和碳的氧化物”学习目标：
1. 巩固“碳和碳的氧化物”的基本知识。
2. 掌握化学计算题的解题思路和基本方法。

(3) 作文讲评课学习目标表述的基本模式：
知道所评作文的优点，掌握写作方法或文体的写作特点。
学会从生活中积累写作素材，尝试运用创作手法或模仿作文。

“记叙文的环境描写”学习目标：
1. 了解环境描写的方法及作用。
2. 掌握环境描写的技巧。

（4）实验课学习目标表述的基本模式：
通过实验，理解（掌握）。

物理实验课“机械效率”学习目标：
1. 通过实验，理解滑轮组的机械效率的测量方法及影响因素。
2. 通过实验，理解斜面的机械效率的测量方法及影响因素。

二、“当堂自学”的实施原则

实现“当堂自学”高效的前提是对学生的自学指导的科学设计。

1. 规范性

自学指导设计必须融合自学内容、自学方法和基本事件三项内容，预留的时间必须足够让学生完成自学任务。当堂自学应包括学生自主学习和讨论交流两个阶段。在学生自主学习阶段，教师要尽量减少干扰而侧重学法指导；在学生讨论交流阶段，教师要注重学生思维的过程，注意发现问题、捕捉“闪光点”。

2. 适度性

一节课里自主学习和讨论交流的安排一般不超过三次（或三个场次）；每次设置的问题不超过三个，每个序号原则上只提出一个问题。下例自学指导的内容整合不够恰当，过多过繁。

自学指导：（误）
阅读第 79 页相关内容，然后思考：
1. 什么是离子？什么是阳离子和阴离子？
2. 离子是如何形成的？离子符号的含义是什么？
3. 常见的离子有哪些？符号如何书写？
4. 离子是如何构成物质的？构成的物质带电吗？
5. 原子变成离子后，元素种类改变了吗？

3. 达标性

无论采用何种方式组织自学，都必须为达成学习目标和培养学生的学习能力服务，不宜为了活跃课堂气氛而降低应达成的目标和教学的要求。

4. 层次性

自学组织必须结合学习目标有层次地进行，以便于调控课堂教学节奏，不宜将所有自学内容集中在一次完成。

5. 灵活性

同一课时、同一教学内容的自学指导应根据不同学情和不同教师而有所不同，备课组不强求统一；一节课中，有些教学内容的学习须通过自学实施，有些则因难度和教学主题的实际要有教师讲授。

三、“适当讲练”的实施原则

“适当讲练”就是针对学生在展示和检测过程中存在的问题相机点拨和讲解。“适当讲练”的关键在于讲练结合是否适当，要处理好四个问题：“讲什么”“怎么讲”“练什么”“怎么练”。从类别来看，“讲什么”和“练什么”属于内容范畴，要求围绕教学目标按照效益最大化的要求明确讲和练的内容，以此研究教材，把握重点与难点；“怎么讲”和“怎么练”属于方法范畴，是指在确定讲和练的内容后，教师所运用的旨在使学生夯实基础、灵活思考的方法或方式。

（一）“讲什么”与“怎么讲”的原则

1. “讲什么”的原则

（1）依纲靠本、突出重点。围绕教学目标，根据课程标准的目标要求，确定需要讲清讲透的核心目标所涉及的重难点。这部分内容要求讲授到位，确保学生能够抓住关键，强化对主干知识的理解。

（2）普遍性。学生在自学、练习或作业中反映出来的普遍存在的知识疑难，包括解题思路、方法、技巧等，也是教师必须要讲的内容。这些问题一般是在知识转化为能力的过程中表现出来的，需要教师用心观察，仔细分析。

（3）适度性。讲授须依照课程标准，避免教学缺失和过度教学。

①教学缺失。教学缺失的一个集中体现是用貌似热闹的学生自主学习来掩盖作为教学主导力量的教师在教学上存在的问题。教学缺失具体表现包括：教学数量不足，内容过于单薄，学生普遍有“吃不饱”的感觉；教学强度不够，在需要强化讲授或强化训练的地方强度不到位；教学智慧不够，教师的学科知识结构、课堂活动设计、学科思维、课堂管控和教法运用缺少整体筹划和把握能力。新授课尤其要注意这个问题。

②过度教学。过度教学多指教学数量过多以及教学和训练强度过高。教学数量过多，单位教学时间所涉及的教学内容过多过杂，学生普遍有“吃不下”的感觉。过度教学具体表现包括：教学强度过高，教师的课堂讲授密度过大，教学引申的宽度和深度过宽过深，学生课内课外用于训练的时间过长（拖堂也是过度教学的一种表现），所涉及的训练内容数量过多、难度过大。目前我校课堂教学的主要问题是过度教学。

2. “怎么讲”的原则

以学生为主体，教师为主导。

“怎么讲”从本质上讲就是要解决“详讲”“略讲”或“不讲”的问题。教材中的重点、难点以及学生在自学或作业中普遍存在的知识疑难，要详讲；为讲授重点内容而提前做铺垫或辅助的内容，要略讲；学生发挥自主学习的能动性，借助自学指导，能理解的内容，教师应不讲或点到为止。

需要特别注意的是，由于教材中有些内容作者已做了详尽的描写、记叙或阐述，学生较容易理解，教学时无须多讲；而恰恰是那些略写的部分，成了学生理解的疑点或难点，需要教师做详细的讲解和点拨。

（二）“练什么”与“怎么练”的原则

1. “练什么”的原则

（1）针对性。练习的内容要有针对性，对重点内容进行训练，对容易疏忽的知识点进行训练，对难以理解透彻的内容进行训练，对核心知识的能力转化进行训练。另外，练习的对象也要有针对性，应根据不同层次学生的特点，设计不同层次的练习，以利于因材施教，让每一个学生都能参与到学习活动中，从而得到不同程度的发展和提高，体验学习的成功与快乐。

（2）全面性。靠大量的、机械的反复练习让学生掌握知识的练习不是有效练习，只让学生掌握知识而忽视学生能力发展的练习也不是有效练习。有效练习在设计时应具有全面性、层次性、应用性，让学生通过练习真正达到掌握知识、形成技能、培养能力、发展智力的目的。

2. “怎么练”的原则

“怎么练”从练的时间频度这个角度看，要解决“及时练”“反复练”的问题；从“练”的方式上来看，要解决“口头练”“书面练”的问题；从练的方法上来看，要解决用什么题型练等问题。

总的来说，学科不同，其教学目标和内容就不同，知识应用的范围和方式也不尽相同，因而训练的方法就不相同。自然学科的知识技能一般是概念、定理、学科思想方法、规律及其运用，体现在练上，做习题就成了最主要、最直接的方式。所以，自然学科的练要围绕两个原则来展开。

（1）及时性。对于新课而言，讲完教材中的重点难点内容的一个知识点后，应紧跟着设置 1 ~ 2 道练习题，以便及时帮助学生将理论知识转化为解决实际问题的能力。因为是刚接受的知识，所以及时练的题要紧扣新知识，紧靠知识点，以难易适度的基础题为宜，让学生直接运用知识就能思考出答案。

（2）渐进性。自然学科新授课的练习应当以基础为主，突出基础知识、基本规律、基本技能；而习题课的练习应当在归纳、比较、整理、总结的基础上，突出变式性、滚动性、梯度性，以综合性练习或题组的形式给出，起到一种提高的作用。

而人文学科的核心知识技能则是熟记、积累，学习内容包括历史和现实事实、人文精神、文化艺术的基本内容和语言文字材料，提高学生运用人文基本规律分析历史演变和现实表现的能力。体现在练上，就没有自然学科那么容易，不一定是做习题，更多的是通过默读、朗读、背诵、填表、专题发言、分析评价、多种形式写作等方式进行。当然，由于应试的需要，也要有一定量的习题训练。但如果在常规课堂的教学中过多地进行习题训练，反而无法全面提高学生的总体知识迁移能力。总而言之，人文学科的练习方式一般比自然学科多，在进行设计时，不仅要遵循及时训练的原则，还要遵循提升语言文字能力的原则。

第二节　“精致课堂”教学基本环节操作模式

精致课堂教学基本环节操作模式分“三种课型”“五个步骤”，在具体操作过程中，要充分体现上述实施原则。

一、新授课操作规范

新授课基本环节操作模式分为五个步骤：预习反馈—呈现目标—自学讨论—展示提升—检测巩固。

1. 预习反馈（3 分钟）

通过学生课前的自主学习达到三个目的：一是让学生初步了解新课所学的内容，巩固解决新课问题所运用到的知识点，使学生能顺利地完成本节课的任务，扫清知识上的障碍；二是通过学生交流反馈预习情况，提出难点和疑问，把握学情，明确本节课的学习目标，生成本节课的重点、难点及初步达成的目标，确定教学指导方法；三是培养学生知识构建、储备和搜集信息的能力。

课前预习是当堂自学和展示的基础，是课堂顺利进行的前提和保障，是决定课堂效益的关键。对教材预习越充分，对自读设计越熟悉，课堂效果就越好。教师要指导学生认真钻研教材，查阅相关材料，静心思考课本内容，在此基础上基本完成自读设计的内容，并带着问题和思考进入课堂。

预习反馈的形式可以是小组长检查，也可以是学生举手回答，还可以是教师根据课前检查情况直接说明。对在预习反馈环节做得好的个人和小组及时予以评价。

2. 呈现目标（1 分钟）

在预习反馈的基础上，明确本节课的学习目标和重难点（有预设的，也可能有生成的），提倡“一课一得”。一个课时的学习目标不宜太多，一般以 2 个为宜，不应超过 3 个。

目标在各个学习环节上都要紧扣，自始至终呈现出来，让学生在课堂上全力以赴、积极思考、迅速行动，没有一丝一毫的注意力游离于课堂之外。课堂结束时，教师再引导学生对照学习目标，对重要知识加以强化和落实。

呈现的目标要有科学性、规范性、适度性、持久性和全面性。

呈现目标的方式有两种，一是板书，写在黑板的左（右）上角并一直保留，二是以 PPT 形式呈现（包括五种方式）：①先介绍学习目标，中间各帧投影在左（右）上角出现学习目标；②先介绍学习目标，最后进行小结时再次出现学习目标，前后呼应；③小结环节不仅重现学习目标，而且通过链接再现学习内容；④先总体介绍学习目标，再把学习目标分解到各帧投影中；⑤先集中呈现学习目标，后通过链接方式次第呈现学习目标与学习内容的联系。

3. 自学讨论（10 ~ 12 分钟）

本步骤分自主学习和讨论交流两个阶段。在自学讨论前，教师将学习任务平均分配给每个小组，一般每个小组完成一至两项即可。如果任务较多，小组长负责再将任务分给组员，组员分工合作，分配原则一般是：中下游学生讲解、分析，优生点评、拓展。需要注意：①各组任务尽可能做到均衡，每个小组分配任务的多少应根据题目的难易来确定。如果题目有不同的做法，或能够根据此题目进行拓展、延伸，或能够进行变式训练，一般是两组分一个题目；如果题目涉及的知识点较少，规律和方法较少，则一组分一个题目。②明确完成任务所需的时间。有时间限制，学生就会有紧张感，避免拖拉的毛病。教师则根据各组完成任务的快慢、质量的高低打分。

自主学习有三个层次要求：一是完成自读设计上教师预设的问题，了解主要知识点、需要掌握的知识点、考查的技能等；二是要对自读设计中涉及的问题进行质疑，提出自己的问题，对未涉及的问题要进行补充；三是敢于否定书本中既成的事实和结论，并发表自己的见解和结论。

高效的自学离不开科学的自学指导的设计。自学指导的设计要体现规范性、适度性、达标性、灵活性和层次性。

讨论交流是小组内的合作探究，是学生相互学习、共同促进的重要步骤。在此步骤中，学生主要针对自读设计中的内容在自主学习的基础上在组内进行交流、探究。在这个步骤中，要充分发挥“兵教兵”的作用，不仅是优秀学生帮助后进生，最重要的是让每个学生都提出不同的观点，交流思想、碰撞智慧。这样，后进生弄懂了教学内容的疑难，优秀学生增强了对知识理解的能力，在合作中共同提高。

教师全面掌控讨论过程，让每个学生明确讨论的内容、要求和分层目标。小组长负责具体组织，围绕问题进行交流、讨论，坚持分层讨论原则，先在三个不同层次中一对一讨论，再打破层次界限讨论解决相关问题，对小组内部不能解决的问题要提交全班讨论解决。教师在此环节中，把握好四点：一要注意“适度性”原则，讨论的问题要适度集中，不要太多、太杂，一般不宜超过三个；二要让学生在自学的前提下讨论，不要一开始就进入讨论；三要巡查，最大限度掌握学生学习、探究的情况，坚决克服低效讨论或不专心讨论、讨论不分层或层次不明显、不能落实分层达标的问题，确保讨论高效、有深度；四要在重难点突破上进行方法指导，帮助学生形成最终的探究成果，为成果展示交流做好准备。

4. 展示提升（15～18 分钟）

各小组进行成果展示，教师相机点评（点拨、评价）。通过分组合作和教师点评，学生对本组的问题进一步厘清思路，加深理解。

每个学习小组推选代表进行展示，对讨论的问题进行讲解、分析，其他同学进行点评，说出此题所运用到的知识点、解题关键点、易错点、规律，或由此题进行知识拓展、变式训练等，学生也可以提出自己的疑问，其他同学或教师给予解答。展示过程中要求每个学生要注意倾听其他同学的不同观点，并积极进行质疑、补充、纠正和评价，实现学习成果的交流和共享。学生在展示、互动、交流的过程中互相学习和借鉴，对知识加深理解和掌握，并通过说、写、讲、读、对话、表演等形式，使知识转化为技能。

在学生展示交流的过程中，教师要及时进行点拨精讲（遵循“适当讲练”原则），把握好“讲什么”“讲多少”的问题，把重心放在重难点的突破上、解题思路的揭示上、学习方法的指导上和解题规范化的强调上，注意引导学生归纳总结规律。要及时、恰当地评价和激励学习小组，采取各种评比加分方式，燃起学生学习的激情，让学生积极地参与学习展示，体验学习的成功和快乐。

展示提升是“精致课堂”教学最关键也是操作难度较大的一步，是自学讨论合作学习探究的成果展示，是“教”和“学”能否达到高效的具体体现，需要教师课前的精心准备和课中的细心指导与精当把控：

（1）教师备课时要设计好学生展示的内容，不同层次的学生要展示不同难度的问题，确保展示有针对性。

（2）要求学生主动展示、主动点评，严禁教师点名，教师可提前帮助学生做好展示和点评的准备（如谁代表小组展示、如何计分、如何展示等）。

（3）学生可以书面展示，也可利用黑板或多媒体，多个小组同时展示，应保证板书认真工整，点评规范大方。

（4）保证脱稿展示和点评，要求言简意赅，一语中的，形式多样，展示要有深度和价值，展示的内容对其他同学要有启发和借鉴意义。展示的内容可以是正确过程，也可以是错误教训，可以是总结的方法规律，也可以是对题目的拓展提升。

（5）全员参与展示和点评，严防课堂变成几个同学的独角戏。展示的问题应满足不同层次学生的需求。班级要创设一种安全环境，让每一个学生敢于展示，勇于点评，不怕说错。每个小组可以多人同时参与展示，鼓励小组间的质疑对抗，真正实现合作探究学习。

（6）学生点评时，教师要聆听每句话，关注每个细节，根据情况给予恰当帮助，可以抛出问题引导学生联想质疑，也可以就某个问题启发学生拓展深化并提炼出规律性的结论。

（7）教师要在点评过程中进行即时性评价，对生成性问题和重点疑难进行启发、引申、拓展、追问，对知识进行深化、提升。

（8）即时评价时，一评知识；二评情感态度；三评过程方法、肢体语言是否合适，声音是否洪亮，语言表达是否准确等。

（9）课堂要注意知识的生成过程，如概念、规律、原理、公式、定理、事件等；注重突破原有的认识；注重核心观念的树立和方法的落实；注重挖掘教学内容的社会价值和功能。

学生展示完后，给学生约 3 分钟的时间对自己小组没有展示的题目进行疑难交流，重点是小组长对组员进行帮扶或检测。

自学讨论和展示提升两个环节可以根据学习任务的不同灵活处理，可以几个问题集中讨论后再展示，也可以讨论完一个问题立即展示，但讨论的问题或场次一般不要超过三个（次）。

5. 检测巩固（5～8 分钟）

（1）总结反刍（3 分钟）。先引导学生根据课堂学习的内容和活动情况以灵活多样的方式对所学知识进行全面的回顾、归纳、总结、整理和反思，构建清晰的课堂知识框架，从而达到知识系统化的目的，同时更进一步强化学习目标，巩固所学知识。总结的方式可以是学生谈收获，大致内容为“通过本节课，我学到了什么，还有什么问题要向其他同学请教”等，也可以是教师根据展示情况设置几个题目或问题进行单独抽测并及时反馈课堂效果（与当堂测评结合在一起）。

（2）当堂测评（2～5 分钟）。让学生迅速、独立完成自读设计上的达标巩固练习，小组间交流练习结果，实现“堂堂清”。

（3）拓展延伸。布置作业，预习新知识。每一节课后，教师都要发新的自读设计和课后作业，对下一节课的自学内容提出明确的要求，明确完成自读设计的时间、内容；分层布置作业，督促小组长收齐作业并及时上交。

（4）课堂评价。组织学习小组对学习内容和小组成员课堂表现进行总结性评价和计分。

二、复习课操作规范

复习课基本环节操作模式分为五个步骤：预补反馈—呈现目标—自学讨论—展示提升—检测巩固。

1. 预补反馈

自主预习，查漏补缺。学生带着自读设计中教师提出的问题提前自主复习，复习的过程中要注重查漏补缺和对新授内容的拓展延伸、重新感悟，避免形成对照课本找自读设计中问题答案的倾向。预习中存在的问题在上课前向小组长或教师提出来。其他要求同新授课（下同）。

2. 呈现目标

依据反馈，确定目标。在预补反馈的基础上，明确本节课的复习目标和重难点，并自始至终呈现出来。

3. 自学讨论

组内交流，完善设计。自主复习过程结束后，在小组长组织下，小组成员交流复习心得，提出复习过程中的疑难并进行讨论、帮教。弄明白问题后，个人修改、完善自读设计，并将组内交流、讨论结果及不能解决的问题集中，以待展示或解答。

4. 展示提升

展示点评，达成共识。各小组推荐代表展示本小组的复习成果及疑难问题，其他小组同学进行全方位的点评并解答该小组提出的疑难，教师可相机补充或总结，使复习成果得到进一步的深化。展示过程中，学生要注意倾听并及时做好记录或进行修改，形成全班的共识。

需要说明的是，复习课往往是对一个单元或一个阶段的知识学习进行的小结，是对本单元知识结构的梳理。因此，在这个环节中，师生可以共同展示，进行有效的“二次补充”，为本单元建立“知识树”，建立完整的知识体系。

5. 检测巩固

当堂检测，及时巩固。根据复习内容有针对性地设计练习题或当堂检测题，学生限时独立完成。教师公布正确答案，小组内交换批阅并进行评价。举手统计集中出错的题目，学生自纠后将集中出错的题目分配到各小组，从读题、审题、解题方法、解题思路、错因分析等方面集体研讨后进行展示。教师再次强调要注意的问题，并布置课后作业。

三、讲评课操作规范

讲评课基本环节操作模式分为五个步骤：预纠反馈—呈现目标—自学讨论—展示提升—检测巩固。

1. 预纠反馈

预习纠错，及时反馈。教师课前认真分析考试情况，掌握学生不同考点的得分情况，把握学生存在的问题（如知识性、能力性和习惯性问题等）。试卷提前发给学生，让学生先自主改错，教师公布答案后，学生对照答案查看自己的改错情况，提出存在的问题。

教师将阅卷过程中统计出的集中出错的题目分配给各学习小组。

2. 呈现目标

依据学情反馈，确定教学目标。教师根据阅卷情况聚焦存在的问题，确定讲评目标。

3. 自学讨论

错题解剖，组内交流。小组内将分配到的错题分给个人或进行集体研讨，深入解剖，从仔细读题、认真审题、总结已知条件、分析存在陷阱、题目考查的知识及规律、解题方法、解题思路、可能出现的错误、出现该错误的原因等方面集体研讨后准备展示。

4. 展示提升

展示点评，达成共识。根据分工情况，各小组推荐或教师点名让学生进行展示，展示内容包括读题、审题、题目考查的知识及规律、解题方法、解题思路、可能出现的错误、出现该错误的原因等。其他同学从上述各方面入手进行全方位的点评，使问题得到深化。点评过程中，学生要注意倾听并及时做好记录或进行修改。

5. 检测巩固

当堂检测，及时巩固。根据讲评内容有针对性地设计练习题或当堂检测题，学生限时独立完成。教师公布正确答案，小组内交换批阅，组内评价。举手统计集中出错的题目，学生自纠后将集中出错的题目分配到各小组，从读题、审题、解题方法、解题思路、错因分析等方面集体研讨后展示，最后教师布置课后作业。

第三章 “精致课堂”教学教案编写规范

“精致课堂”教学使用的教案包括讲读设计、课件、自读设计、课后作业和“日日清”“周周清”五个方面内容。教师使用的材料称之为“讲读设计”（简称“教案”，通常包括课件），学生使用的材料称之为“自读设计”（简称“学案”）。讲读设计与自读设计是互为一体的两个方面，前者强调教师的主导作用，是教师组织教学的“脚本”；后者强调学生的主体作用，是学生自主学习的“拐杖”，两者编写的要求基本一致，可互为参照。

第一节 “精致课堂”教学教案编写规范

一、教案编写的原则

（1）主体性原则：教案必须尊重学生，充分发挥学生的主观能动性；必须信任学生，注意留给学生时间，让学生自主发展，做学习的主人，确立学生是学习的主体。

（2）指导性原则：教案是用于指导学生自主学习、主动参与、合作探究的学习方案，是学生自主学习的路线图、方向盘、指南针，具有指导学生学习的作用。

（3）探究性原则：教案的编写目的是培养学生自主学习的能力，因此，教案要有利于学生进行探索学习，有可供学生在研究中学习的内容，从而激发学生的思维，让学生在解决问题的过程中体验到成功的喜悦。

（4）层次性原则：学习的过程要充分调动每一个学生，提高每一个学生学习的积极性，让每一个学生都能有所收获，教案的问题要关照不同层次学生的不同需求。

（5）实践性原则：教案要注重学生的动手能力和每个环节的可操作性，让学生在做中学，培养学生解决实际问题的能力。

二、教案编写的要求

教案编写的前提是教师个人的精心备课，个人备课是对课堂学生学习过程的精心设计。讲读设计教案一般要体现“精致课堂”教学“三环五步”的特点，即包含预习反馈、呈现目标、自学讨论、展示提升、检测巩固等环节步骤的内容，也涵盖预习反馈、学习目标、学习任务（自学探讨）、检测巩固、归纳总结、拓展延伸（课后作业）六个要素。同时，还要努力做到以下十二条：

（1）要有对课前预习的检查、学习小组长及学习小组培训方法的设计和培养目标的要求。

（2）每堂课都要对班级每一层次学生的学习目标进行立体设计，要精心安排实现目标的过程控制及检查评价。根据学科需要大胆创新展示方式，展示内容要有价值，展示方式要高效。

（3）要有对新生成目标的预测及答疑准备。

（4）要有即时性评价的设计和时间控制的预设。

（5）要有当堂检测（“堂堂清”）和周测（“周周清”）的精当设计和学习目标达成的预想。

（6）对讨论、展示、点评、总结等课堂环节要有紧凑高效的时间安排。

（7）对课堂“三量”（信息量、思维量、训练量）要有总体的设计和落实措施。

（8）要有学法指导，包括学生看懂课文中的关键词句、图片等的指导，学习方法、记忆方法、理解角度、理论活用等活动方式的指导及疑难问题的索引、提示的指导。

（9）要有知识的系统性，注意新旧知识间的前后勾连，把本节课内容放在该学科整个初（高）中学习过程中，说明以往哪些知识为本节课做了铺垫，本节课又为以后的学习做了哪些准备。

（10）不同学科、不同课型的教案要有各自不同的特色。

（11）每节课要有板书设计，板书设计可与课件相结合，也可用思维导图等形式提示学习要点或学习目标。

（12）每节课后要有教学反思，及时记录上课过程中的得失。

三、教案编写的流程

教师的教案是集体备课的重要内容，要严格按照集体备课“十个是否”要求和学校的集体备课规定编写。教案的编写程式可概括为提前备课、轮流主备、集体研讨、不断优化。

（1）寒暑假备课（一次备课）。寒暑假期间每个教师要了解学生，疏通教材，把握知识体系，扎实备课，开学前一周备课组长检查，然后以备课组为单位将备课情况打包发到教导处邮箱。

（2）主讲备课。主讲教师提前两周确定教学目标，选择教学方法，设计教学程序，将教案草稿交备课组长审核。

（3）备课组备课（二次备课）。备课组长初审教案后提前一周将教案草稿发给全体组员；由备课组长召集组员集体审稿，提出修改意见；主讲教师按集体审稿的意见修改后交审核人审查，定稿后印发给每位教师，或将电子稿上传至备课组邮箱，再由备课组长在需要打印的自读设计、周测等相关内容上签字。

（4）个人修改（三次备课）。在备课组二次备课的基础上，根据不同层次和学情的需要，各班任课教师再次自行斟酌增补，打磨教案。

（5）课后修改（四次备课）。师生根据教案设计实施课堂教学，课后教师要写课后记录（学生写学习心得），认真记录课堂情况，以便下次集体备课时交流。

备课组长将集体备课修改好的教案电子稿放入学校教学资源库存留。

四、教案编写的格式

1. 讲读设计规范

（1）教案体例的规范。

正文的上方（用表格的形式）要有教案设计的编制人、审核人、主讲人、课题、课型、教学时间、班级、日期等内容。

正文主体包含预习反馈、呈现目标、自学讨论、展示提升、检测巩固等具体内容。

（2）教案版式的规范。

①版面为16开双面（一般为一节课的容量），边距上、下、左、右均为1.5厘米，行间距为单倍行距（如为了版面美观或完整可适当调整）。

②字体以宋体为主，适当用黑体和楷体，二级标题（如教学目标、教学过程等）宋体加粗（可用黑体），正文内容一律用宋体，结论或强调部分可用黑体或楷体（GB2312）。

③标题字号用小四号，正文部分一律用五号。

④每一页均有页码显示（页面下方居中）。

2. 课件（PPT）设计的规范

课件（PPT）是讲读设计操作运用直观形象的反映，有利于教师组织教学、勾连知识提要、提高课堂效率。

①内容。明晰教学步骤（预习反馈、呈现目标、自学讨论、展示提升、检测巩固），呈现学习目标，提示知识要点。

②容量。一节课的内容不要超过20帧。

③版面。图案简明、色彩单纯、整体协调，不宜繁杂。正文字体颜色以黑色为主，一级标题用红色或蓝色，结论和强调的内容用红色或蓝色。严禁版面过于花哨，导致喧宾夺主，分散学生的注意力。

④字体字号。课文标题以端正大方为原则，黑体、宋体、魏碑、艺术字均可；正文以宋体加粗为主，可适当使用楷体加粗；一级标题黑体加粗。文字大小在28~40号之间，一级标题比正文大一至两个等级即可（如正文用32号，则一级标题可用40号）。

附录：

教案编写的几个问题

1. 关于“呈现目标”“教学目标”“学习目标”如何表述

三个概念使用的对象不同。“呈现目标”是组织教学的第二步；“教学目标”是针对教师而言的，在讲读设计中使用；“学习目标”则是针对学生而言的，一般在自读设计中使用。教案内容的编写环节大体分两个部分，一是通过对教材的分析确立重点、难点、教学方法和课时数等方面的设计；二是课堂教学内容的组织过程。第一个部分一般放在教案的前面。第二个部分是教案的正文，正文部分一般要按照教学“三环五步”的顺序编写，但“呈现目标”要注意：“教学目标”与“学习目标”虽然要求基本一致，但由于使用对象不同，在语言的表述上会有所不同。因此，教案中的“呈现目标”一般是指学生使用的自读设计中的“学习目标”。但如果“学习目标”和“教学目标”相同，在教案中的“呈现目标”环节可以略去具体目标；有时一个章节要用几个课时，那么，教案中总的“教学目标”与每个课时的“教学目标”不一定相同，则每个课时不同的“教学目标”在“呈现目标”环节应呈现出来。

2. 关于在环节设置中使用新的概念

讲读设计每个环节的概念原则上要与《“精致课堂”教学教案编写规范》一致，凸显主要环节步骤。但考虑到每节课的内容和要求不同，每个环节可以根据需要适当灵活处理。如语文《背影》第二课时把“延伸拓展”从“检测巩固”环节里单列出来。也可以根据学科特点使用一些新增概念概括不同内容，如语文《背影》中的“导入新课”“整体感知”“精读探究”等，但这些内容必须体现在“三环五步”之内。

3. 关于“自学讨论”和“展示提升”两个环节如何呈现

这两个环节的内容基本一样，只是过程阶段不同，可用三种处理方式：一是“自学讨论”环节只写出需要学生自学讨论的问题和讨论注意的事项，“展示提升”环节写出讨论的问题答案和小组展示的方法；二是自学讨论的问题和答案内容都在“自学讨论”环节写出来，“展示提升”环节侧重说明操作方法；三是“自学讨论”环节既写出需要学生自学讨论的问题和答案，也写出讨论和展示需要注意的事项和方法，“展示提升”环节略去，不再单独列出。

4. 关于“自学讨论”和“展示提升”两个环节的操作

如果学生自学讨论的问题较多，或自学讨论的问题是相对独立的知识（模块），需要分步或多场次讨论展示，可以采用“自学讨论1—展示提升1”“自学讨论2—展示提升2”的形式。

第二节　“精致课堂”教学学案编写规范

学生使用的自读设计（“学案”）是教师教案的重要部分，是教师导学的载体，两者的使用对象不同，侧重点也不同。讲读设计强调教师的主导作用，自读设计强调学生的主体作用，但编写的思想和原则基本一致，可互为参照。

一、自读设计编写的原则

自读设计的编写应遵循以下基本原则：

（1）主体性原则：确立学生是学习的主体；

（2）指导性原则：具有指导学生学习的作用；

（3）探究性原则：尽可能设计可供学生在研究中学习的内容；

（4）层次性原则：考虑不同层次学生的不同需求；

（5）开放性原则：有可供师生丰富完善的“留白处”；

（6）创新性原则：有利于培养学生的创新意识；

（7）合作性原则：师生可共同参与；

（8）实践性原则：让学生在做中学。

二、自读设计编写的内容

自读设计是“精致课堂”教学的重要载体，是学生自主学习的重要支撑。根据“精致课堂”五个步骤的要求，自读设计一般要具有以下六个要素：预习反馈、学习目标、学习任务（自学探讨）、检测巩固、归纳总结、拓展延伸（课后作业）。

1. 预习反馈

预习反馈的设计要注意三点：一是引导学生回顾学过的知识，并能掌握识记类内容；二是引导学生认真钻研教材，查阅相关材料，运用学过的知识解决基本问题；三是引导学生思考学过的知识与本节课的关系，提出新的问题。

2. 学习目标

要针对课标要求和当堂内容，制定出符合学生实际的学习目标。制定的目标要注意两点：一是目标要明确、具体，具有可检测性，并与本节当堂大标题相对应；二是目标要聚焦、适度，不宜太多，一般以2个为宜，提倡“一课一得，得得相联”，能突出学习的重点和难点。

3. 学习任务（自学探讨）

学习任务是指通过课堂学习达到掌握知识、发展能力的目的。一般通过学生自学和探讨的方式完成。学习任务的设计要做到“知识问题化、问题层次化”。

知识问题化：根据学生的认知特点、教学内容的结构特点，把需要掌握的知识化解为问题，并精心设计问题，问题要明确、具体、坡度小，能切实引导学生自学、讨论、探究，学生解决问题的过程就是完成学习的过程。

问题层次化：将问题分为A、B、C、D四个等级，以适合不同层次学生的学习需要。

A、B（基础）：结合本节内容，选编基础性较强的习题，题目要能体现学生对本节所学基础知识、基本规律的理解，要求学生独立完成。

C级（中等）：结合本节内容，选编有一定综合性的习题，题目要能体现学生对本节所学基础知识、基本规律的运用，可以让学生合作完成。

D级（拓展）：结合本节内容，选编一至两道供学有余力的学生完成的综合性习题，体现学生对知识的灵活运用，并使其用基本概念和基本规律分析问题和解决问题，甚至能将知识、经验和社会以及最新科研成果与问题挂钩。

4. 检测巩固

对当堂课内容进行检测，达到巩固目的。当堂检测要紧扣本节课的学习目标，选择能覆盖本节课所学内容的题目。对学生进行达标测试，以检查学生的学习效果，并针对学生的反馈情况及时进行补偿教学。题目不可太多，难度不可太大，以考查知识的掌握及运用为主。

当堂检测后小组间要交流练习结果，错题一定要改正，若个别学生当堂不能改正错题，则小组帮助改正，采用“兵教兵”形式，最后达到“堂堂清”。

5. 归纳总结

当堂形成知识框架，及时复习，力避遗忘。最好是学生自我总结（让学生回答），大致内容为“通过本节课，我学到了什么，还有什么问题需要向其他同学请教”等。

6. 拓展延伸（课后作业）

布置作业，预习新知。对下一节课的自学内容提出明确的要求，明确完成新的自读设计的时间、内容。分层布置作业，要求小组长及时收齐上交。

在编制自读设计时要一并考虑“周周清”和单元小结的训练设计（如小单元过关测试），注重限时训练（一般以一节课为宜）。

三、自读设计的使用

（1）提前发放。上课前一天将自读设计发给学生，有指导、有要求、有收有批（检查）、有评有纠。

（2）课后修改。师生根据自读设计实施课堂教学，课后教师要写课后记，学生要写学习心得。

（3）归类保存。每隔一定时间（如一个月、半个学期等），让学生将各学科自读设计进行归类整理，装订成复习资料，以备复习使用。

四、自读设计编写的格式

1. 体例规范

在正文的上方（用表格的形式）要有学案设计的编制人、审核人、主讲人、班级、学生姓名、组别、评价等级、学习日期等内容。

2. 版面规范

①版面为 16 开双面（一般为一节课的容量），边距上、下、左、右均为 1.5 厘米，行间距为单倍行距（如为了版面美观或完整可适当调整）。

②字体以宋体为主，适当用黑体和楷体，二级标题（如学习目标、学习任务等）宋体加粗（可用黑体），正文内容一律用宋体，结论或强调部分可用黑体或楷体（GB2312）。

③标题字号用小四号，正文部分一律用五号。

④每一页均有页码显示（页面下方居中）。

第四章　“精致课堂”教学学生评价及督导办法

“精致课堂”教学无论是教师的“教”还是学生的“学”，都要围绕“主体意识”原则开展，以学定教、以生定教。为此，从学生的“学”和教师的“教”两个方面制定本办法。

第一节　“精致课堂”教学学生评价办法

为充分体现学生学习的主体性，确保“精致课堂”教学中学生的合作探究学习过程组织严谨有序、评价客观科学，起到持久激励、促进学生学习的目的，特制定本办法。

一、评价原则

激励为主，师生共评；小组为主，兼顾个人。

二、学生分组形式（班主任负责分组）

组员分工：全班按照“组内异质，组间同质”的原则，根据学生的不同程度划分为实力相近的 8 个小组，各组起名为 1 至 8 组。每组 6 ~ 8 人，每人有一个编号，1 号为组长，组长负责检查各项目标的落实情况；2 ~ 6 号为副组长，2 号负责记录课堂表现分数，3 号负责纪律，4 号负责收发作业，5 号负责课前准备，6 号负责整理清洁。学生的学科作业本封面的姓名后用括号注明某组某号（如 1 组 2 号标示为“1 - 2”），便于教师抽检作业。

座位设置：全班分 4 个大组（每组两列），每大组分前后两个小组，每小组 3 排共 6 人，“一帮一”的两人同座。讨论时以每小组中间一排为中心。若为 8 人大组，采用“4 + 4”的形式讨论，前后两排各 4 人分别讨论，然后集中派代表发言（见下图）。

座位调整可采用以小组为单位前后、左右循环法，要保持小组成员的稳定性，小组成员调整不宜过于频繁。

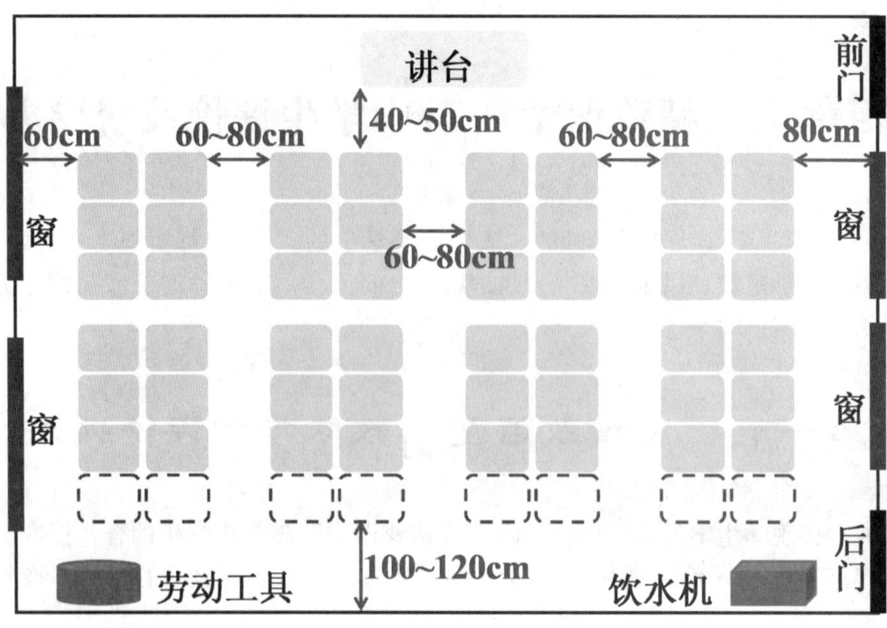

教室座位示意图

小组讨论示意图

三、学生学习行为（任课教师负责引导和考核学生）

1. 组织教学

课前三分钟科代表领读该科内容；教师喊“上课”，班长喊“起立”后，全班学生立刻起立，无附加动作和声音，立正站好，大声说“老师好”，教师回敬“同学们好”。然后全班学生齐颂班训，要求声音洪亮，有力度、有气势，从而起到振奋精神、增强信心的作用。在上课前，应由每个小组的5号负责检查小组成员是否都准备好当堂课所需的学习用品；6号负责课桌上方的整齐，避免课桌上堆放其他书本或杂物（其他书本尽量放收拾箱里）。下课铃响，教师说“下课”，全班学生起立大声说“老师辛苦了”。

2. 自主学习

每位同学要在充分看书的基础上，认真思考并独立安静（要求朗读除外）完成作业，不得抄袭他人答案，用红笔标注疑难点，便于教师了解或进行小组探究。

3. 合作探究

由一人主讲（注意音量适中），其他同学手拿课本或习题，安静、集中精力关注发言人，要学会听取别人的见解。主讲人讲完后，其他同学可以逐个发表自己的见解，但需得到组长同意后才能发言。探究完毕后，必须立即安静坐好，复习探究的问题或做其他练习，不得做与学习无关的事。

4. 成果展示

（1）语言展示：有同学展示时，其他同学必须安静、认真地倾听、思考，在展示结束后如有补充，要举手经教师同意后方可发表自己的见解。展示的同学要使用普通话，使用本学科的专业术语，声音洪亮、清晰，表述的规范为“我们×（组号）组讨论的结果是……回答完毕”或“我们×组认为……回答完毕”。如果要上讲台展示，尽量做到边写边讲边提问，身体要避免挡住其他同学的视线。

（2）板演展示：在黑板上展示时，首先用“×－×”的形式在顶行写上组号和队员号。其他同学应在教师或组长的安排下，积极完成自己的任务，不得提醒或评论展示的同学，否则予以口头警告或扣1~3分。

四、小组评价办法（任课教师和学习干部负责考核）

（1）自主预习：语文、数学、英语、物理、化学五科要求教师布置适量的预习作业，教师在上课前可抽改每组某号或某几个号的学生的作业来代表该组情况，做得好的酌情加1~3分，做得不好的（如没有完成或有抄袭情况）扣1~3分。在上课前把情况填写到教室“堂堂比”评分表的“预习”栏目内。

（2）课前准备：科代表和教师根据小组课前准备情况（包括课桌及周边的整洁、学习用品的准备、静坐到位、课前三分钟读书等情况），做得好的组酌情加1~3分，做得不好的组酌情扣1~3分。

（3）自主学习：教师根据小组完成课堂预习作业的质量、速度等情况酌情加或扣1~3分。

（4）合作探究：教师根据各组讨论参与程度、互帮互助情况、学习行为等酌情加1~3分；没有组织、没有讨论或违反课堂纪律的酌情扣1~3分。

（5）成果展示：教师根据展示质量酌情加1~3分：声音不太清晰，回答基本明确，加1分；声音清晰，观点明确，加2分；声音洪亮，条理清楚，语言简明，观点明确，加3分；声音洪亮，条理清楚，语言简明，见解或方法独特、有新意，或展示形式新颖（如顺口溜、小品、歌曲等）再加1~3分；能全员参加，再加3分。

非展示组提出有价值的问题或补充纠正问题酌情加1~3分；认真倾听的酌情加1~2分；对问题回答情况点评到位、精彩的酌情加1~3分。

在展示环节，表现突出的个人既可以加其小组分数，也可以加其个人分数。

（6）课后作业：教师根据小组课后作业情况酌情加1~3分，有抄袭情况的扣1~3分，迟交的一人扣1分，缺交的一人扣3分。课后作业要通过“一帮一”确保“日日清”，完成得好的酌情加1~3分，完成不好的酌情扣1~3分。得分在上课前填写到教室“堂堂比”评分表的“预习”栏内。

（7）其他情况：学生每天纪律、整洁、两操、好人好事等方面的加分或扣分由班主任负责落实到小组，下午的课程结束后，班主任对当日情况进行简单小结，把加分或扣分填写在教室后黑板的“小组天天比”栏内。填写后再发生的情况计入第二天的评分。

（8）任课教师和班主任评分时要注意鼓励性、目标性原则，既要把机会均等地分配给每个小组，也要把机会向落后的小组和目标生倾斜，以便形成竞争态势。同时，为鼓励小组每个人都能积极回答问题，同一个人第二次回答时该组最多加1分；一周之内，该组有1人未主动回答问题的则扣该组2分，有2人则扣该组4分，有3人则扣6分，以此类推。

（9）小组竞争鼓励优秀、鼓励进步、鼓励特长。在单元测试、月考、期中和期末考试中，小组总分在班级前10名的在当月分别加上1~10分，总分在年级前10名的翻倍计算；单科在班级和年级前10名的加分分别减半；小组成员每进步5名全组加1分，退步5名扣1分。

在年级举办的各种活动中，小组获得一、二、三等奖的分别加上5分、3分、1分；在学校举办的各种活动中，获得一、二、三等奖的小组在年级加分的基础上翻倍计算加分（即10分、6分、2分）。

此项计分如属同类（或考试成绩和活动获奖）且为同一个人时只计算一次，就高不就低；同一个人不同类的分数可累计。

五、组内学生个人评价办法（小组2号和任课教师负责考核）

小组每节课要对组内成员的表现进行考评。一节课一考评，可用“正”字统计，一分一笔，或直接用数字，下课后由小组2号负责填入《小组成员日评价表》，一天一统计（分数），一周一评比（评出一名“星级学生”，每周一由班长公布在教室表彰栏内）。

考评根据小组评价内容，共分六项：

（1）预习检查：认真完成酌情加1~3分，有抄袭或未按时交齐的情况扣1~3分。

（2）课前准备：学习用品和课本笔记本有及时准备、静坐到位或大声读书的酌情加1~3分，不符合要求的酌情扣1~3分。

（3）自主合作：按要求完成课堂预习作业、积极参与讨论、互帮互助的酌情加1~3分，不符合要求的酌情扣1~3分。

（4）成果展示：展示组成员根据展示质量分别加1~3分，有解题方法的总结或得到教师的特殊表扬的再加1~3分，展示或回答错误不加分。非展示组提出有价值的问题或补充纠正问题的酌情加1~3分，对问题回答情况点评到位、精彩、得到教师特殊表扬的酌情加 1～3 分，认真倾听的酌情加 1～2 分。

（5）课后作业：认真完成课后作业的酌情加 1～3 分，有抄袭情况的倒扣 1～3 分。

（6）纪律情况：在小组学习过程中，讨论和问题无关内容的、注意力不够集中的、纪律差的每次扣 1 分，教师点名批评的扣 2 分。连续两天多次违纪的，需向教师、班主任汇报，严重的予以纪律处分。

六、小组评价管理（教导处负责每月检查）

（1）值周学生在每天晨检前将教室后黑板的“小组天天比”的当天所上科目填写完整备用。

（2）当堂课后教师必须对该堂课学生表现和课后作业以及预习作业进行即时评分，并及时填入教室前黑板的“堂堂比”内。

（3）每堂课下课后由该堂课的科代表将本堂课老师对各组的评分记入教室后黑板的“小组天天比”一栏内，并将前黑板擦干净备用。

（4）每节课下课后班长（专人）将教室后黑板“小组天天比”的分数抄在《小组综合评价表》内。下午的课结束后班长或班主任再对各组当天的其他各方面表现进行评分，并汇总交班主任审核。再将此表每周汇总在《小组综合评价汇总表》内，作为当周小组评比的依据。

（5）考试成绩和活动获奖分数由班长或班主任计入当周小组分数。

七、小组激励办法（年级部、教学校长负责表彰）

（1）每周各班评出一个“周冠军小组”（分数最高的小组），由年级部每周一在年级宣传栏通报表彰。

（2）每月各班评出一个“月冠军小组”（获周冠军次数最多的小组，如小组次数相同则比分数），由教导处在周一升旗仪式上通报表彰，并同时在年级宣传栏通报表彰。

（3）每学期各班评出一个“学期冠军小组”（获月冠军次数最多的小组，如小组次数相同则比分数），由主管教学的校长在散学典礼上通报表彰并颁发奖状，同时在学校宣传窗进行展示。

（4）以上分数和荣誉（包括“星级学生”）作为评选优秀学生、优秀干部、推选团员等各种评先选优的主要条件。

第二节 “精致课堂”教学督导工作条例

为提高教师业务水平，促进“精致课堂”教学改革，实现高效课堂，根据学校教学实际特制定本条例。

一、督导组的组成

（1）督导小组由教导处和教研室负责人、学科组长、核心组成员、备考组长以及资深教师组成。

（2）按初中和高中分别分为文科组和理科组，每组 3 ~7 人。

二、督导组的职责

（1）受校长委派，教研室负责，对学校工作进行全方位、全过程的监督、评估和指导。

（2）必须体现学校的办学思想和办学理念。

（3）推动学校教学工作的改革，善于发现典型、推广典型。

（4）为校长的决策提供依据和路径。

（5）对学校各阶段、各方面的工作进行反馈、评估。

（6）定期对教师工作进行质量的评估和规范。

三、督导组的要求

（1）负责、深入、客观、及时。

（2）全程规划，分段实施，点面结合，阶段报告。

（3）处理好督导工作与处室工作的关系。

（4）尊重教师，通过督导，促进教学，提高效益。

四、督导组的做法

（1）督导的内容：教师的备课、上课、作业布置、作业批改、考试命题、试卷评判、教研活动、课改情况、教学效益等。

（2）督导的方式：听课、检查（教案、作业）、召开座谈会、做问卷调查等。其中，对科组内每位教师每学期有不少于一次的评价性听课。课堂教学评价办法见附录《“精致课堂”教学评价表》。

（3）建立及时的反馈制度：

①建立“信息员”制度。各班设立信息员一名（可以是学习委员），信息员收集本周本班同学学习情况及建议，填进信息表内，在下周一上交。

②定期召开座谈会制度。分年级每月召开一次科代表座谈会。

③建立专项学情调查制度。如作业调查、家教调查、教学调查等，每学期一至两次。

（4）建立教师教学评估制度：评估内容包括考勤情况、教学效果、公开课开设、作业布置与批改、论文发表、获奖情况、学生满意度等，可用等级制（A、B、C）评估，其评估结果供校长参考，作为教师定岗、聘任的重要依据。

（5）运作机制：有分有合，以分为主。

（6）会议制度：每周一第二节课举行例会。

附录：

“精致课堂”教学评价表

授课人：　　　　　　　　评课人：　　　　　　　　　　　　　　　　　　　年　　　月　　　日

<table>
<tr><th>评价指标</th><th>评价要素</th><th colspan="3">评价标准</th><th>权重</th><th>得分</th></tr>
<tr><td rowspan="12">学生自读情况（60）</td><td rowspan="2">课前预习（10）</td><td colspan="3">1. 预习有深度，能提出有一定价值的问题</td><td>5</td><td rowspan="2"></td></tr>
<tr><td colspan="3">2. 及时、自主地完成自读设计预习题，准确率高</td><td>5</td></tr>
<tr><td rowspan="6">自读展示（30）</td><td colspan="3">3. 参与状态：精神饱满，兴趣浓厚，学习投入状态良好</td><td>5</td><td rowspan="6"></td></tr>
<tr><td colspan="3">4. 思维状态：善于思考质疑，能提出个人观点，见解独到、有价值，并引发同学思考</td><td>5</td></tr>
<tr><td colspan="3">5. 自主状态：能独立思考，探究问题有主见，能总结提炼学习所得</td><td>5</td></tr>
<tr><td colspan="3">6. 合作状态：组织有序，讨论热烈，同伴协作，帮扶到位，按时完成小组分配的学习任务</td><td>5</td></tr>
<tr><td colspan="3">7. 展示状态：大胆自信，表达简洁，答疑解惑正确，征求意见谦虚</td><td>5</td></tr>
<tr><td colspan="3">8. 交往状态：尊重同学和老师，清晰表达自己的观点，耐心听取别人的意见，质疑研讨诚恳，评价客观公正</td><td>5</td></tr>
<tr><td rowspan="4">自读效果（20）</td><td colspan="3">9. 知识掌握：快速掌握当堂知识，训练准确率高，知识目标达成度好</td><td>5</td><td rowspan="4"></td></tr>
<tr><td colspan="3">10. 方法运用：学会解决问题的方法，形成有效的学习策略，养成良好的学习习惯</td><td>5</td></tr>
<tr><td colspan="3">11. 能力形成：学生发现问题、表述问题、解决问题、综合运用等各方面的能力得到提高</td><td>5</td></tr>
<tr><td colspan="3">12. 情感发展：学生学习过程愉悦快乐，思想情感积极向上</td><td>5</td></tr>
<tr><td rowspan="8">教师导读情况（40）</td><td rowspan="2">自读设计（10）</td><td colspan="3">13. 学习目标正确、重难点恰当，关键问题把握准确，能根据学习内容合理使用教学资源</td><td>5</td><td rowspan="2"></td></tr>
<tr><td colspan="3">14. 自读设计实用，体现教学要求；问题有梯度，适合不同层次学生的需求，评价及时、客观</td><td>5</td></tr>
<tr><td rowspan="5">课堂活动（25）</td><td colspan="3">15. 注重情景创设，兴趣激发，学习目标呈现清晰、贯穿始终</td><td>5</td><td rowspan="5"></td></tr>
<tr><td colspan="3">16. 及时整理提炼学生生成的问题；适时、适度指导学生的学习活动，矫正纠错，提炼总结，方法得当，体现智慧型指导</td><td>5</td></tr>
<tr><td colspan="3">17. 指导学生当堂落实问题、训练题，且学习效果良好</td><td>5</td></tr>
<tr><td colspan="3">18. 课堂环节紧凑，时间调控合理，按时完成学习任务</td><td>5</td></tr>
<tr><td colspan="3">19. 评价适时、适当，激励性、指导性强</td><td>5</td></tr>
<tr><td>个人素质（5）</td><td colspan="3">20. 教学基本功（表达、板书）扎实，知识储备足；亲近学生，关爱、尊重学生，能满足不同层次学生的学习需求；有一定的教学智慧</td><td>5</td><td></td></tr>
<tr><td>总体评价</td><td>突出亮点</td><td></td><td>分数合计</td><td>100</td><td colspan="2"></td></tr>
</table>

第二部分　实践研究

因情赋声，依声入境

——《沁园春·雪》“精致课堂”教学朗读模式探究（实录）

田飞虎

［教学设计］

诗词的教学在于让学生领会其意念、意象和意境（“三意”），诗词的理解在于如何指导学生朗读。正如清代曾国藩所言：“非高声朗读则不能展其雄伟之概，非密咏恬吟则不能探其深远之韵。”如何进行朗读教学？笔者在实践中总结出诗词教学“三读”法：音读、品读和情读。

本词是一首大气磅礴、意境丰满的“正能量”之歌，要引导学生通过诵读把握作者睥睨千古、再造乾坤的思想感情，通过分析意象品味其壮美开阔、心旷神怡的恢宏意境。

在教学方法上，以诵读为核心，采用初读、听读、分组朗诵、全班朗诵、个读等多种形式，让学生在诵读中感悟诗词的内涵，感受意境之美；通过小组合作探讨，让学生积极参与和互相学习，感受探究的乐趣，体会作者的感情。

在教学组织上，按照“精致课堂”教学“定向—自学—讲练（点拨）”三个基本环节，将诵读作为主线贯穿全过程，并分为三个乐章：通过音读，把握诗词思想内容；通过品读，理解诗词描写的恢宏意境；通过情读，感受词人的胸襟气度，熏陶壮美情怀。

［教学过程］

一、导入反馈

（一）课前思考

1. 你对毛泽东的事迹有哪些了解？

2. 写作背景对把握诗词的思想感情有何作用？

（二）导入新课

1. 中国出了个毛泽东：让一个学生唱《东方红》。（一学生自告奋勇唱，渐渐其他学生深情吟唱）

师：“他为人民谋幸福，他是人民大救星”，这是人民发自内心的歌颂，他让中国人民从此站起来了，他是我们的伟大领袖毛泽东！

他不仅是一位伟大的政治家、军事家、哲学家，更是一位杰出的诗人。他一生写下了许多催人奋进、震撼人心的光辉诗词。我们今天将要学到的《沁园春·雪》（板书）就是其中的典范之一。

2. 请大家看课文下面的注释一，这首词写于什么时候？（1936 年 2 月）

师：1936 年是一个什么样的历史时期呢？请一位同学介绍一下这首词的写作背景。

生：1931年5月，日本帝国主义占领我国东北地区。1935年，日本帝国主义侵占我国华北地区，中华民族处于生死存亡的危急关头。而此时，国民党政府却奉行不抵抗政策。1935年10月，毛泽东率领长征部队顺利到达陕北。1936年2月，毛泽东率领抗日先遣队准备东渡黄河，奔赴抗日前线。在渡河前夜，恰逢大雪，毛泽东曾于雪后登上海拔千米、白雪覆盖的塬，视察地形。面对祖国的壮丽河山、茫茫雪景，毛泽东意气风发，豪情满怀，写下了这一气吞山河的壮丽词篇。

[回答要点：①中华民族处于生死存亡的危急关头；②毛泽东率领抗日先遣队奔赴抗日前线；③恰逢大雪（触景生情）]

师：下面让我们一起走进毛泽东的《沁园春·雪》。

二、呈现目标

老师展示“学习目标”，让学生齐读学习目标；

1. 通过音读，诵读感悟，把握诗词思想内容；
2. 通过品读，品味极富表现力的语言，理解诗词描写的恢宏意境；
3. 通过情读，纵情高歌，感受词人的胸襟气度、英雄情怀。

师：同学们读学习目标时发现学习这首词的方法了吗？

生：要通过“读”来学习这首词。

师：人们常说“三分诗，七分读”，可见，对诗词的理解在于诵读，正如古人所讲：“书读百遍，其义自见。”所以，我们今天也从诵读入手，分三个乐章来领会全诗。

三、自学讨论

第一乐章：音读——初步感悟。

（一）读得准确流畅

师：这是一首韵律优美的词。让我们一起走进诗词学习的第一乐章：音读感悟。

（出示PPT）

师：请大家以自己喜欢的方式读一遍课文，注意屏幕上的字音，要求读得准确、读得流畅。

（生自由读，师倾听）

师：让我们把屏幕上的字词朗读一遍。接下来，我想请一位同学读这首词，哪位同学愿意站起来试一试？

（生读。注意提醒学生读准字音）

师：不过在朗读时还是有一定技巧的。大家认为朗读诗词有哪些技巧呢？

（PPT展示、板书）

明确：读出节奏、重音；读准语速、语调；读出感情。

（二）读出音韵美

师：读准了节奏和重音，我们就能将诗词读得抑扬顿挫，感受到它的音韵美了。

（老师试着读前三句，投影展示重音和停顿）

师：请同学们根据老师读的节奏和重音来读一遍课文，注意突出节奏和重音。

（生看屏幕齐读）

师：现在同学们和同桌一起读这首词，一边读一边讨论如何读得更好，力求读准重音和节奏，然后每组派一个代表比一比。

（生分组读。师选两个组：一个组读上阕，一个组读下阕）

师：这一遍读得很有韵味。

（三）读出豪迈情

师：读诗词还要读出感情，通过刚才的朗读，大家觉得这首词要读出怎样的感情？

（明确：豪迈；赞美；气势磅礴）

师：同学们把握得很准确，诗人柳亚子读后曾经这样评论这首词（展示 PPT），咱们一起读一遍。

（生齐读："展读之余，以为中国有词以来第一作手，虽苏、辛未能抗，况余子乎？"）

师：连豪放派词人苏轼、辛弃疾都不能与他相提并论。同学们，毛泽东他不是一个普通的文人，而是一位叱咤风云的一代伟人，他有着经天纬地之才、再造乾坤之志，有着奋发向上、永不消沉的性格，所以他的诗词豪放激昂、大气磅礴（板书），足以雄视万代、辉映千秋。那我们先来欣赏扮演过毛泽东的著名演员唐国强朗诵的这首词。

（播放视频）

师：真是慷慨激昂，豪迈大气！哪位同学愿意来向唐国强挑战的？

（生读）

师：你不但读出了音韵美，而且感情也很投入，我们大家都被深深感染了。

（生再齐读）

第二乐章：品读——品味意境。

师：刚才我们一起领悟了诗词的音韵之美、情感之美。这又是一首意境深远的词，好词一定是有丰满意境的。下面我们进入诗词学习的第二乐章：通过品读，品味这首词的意境。

（出示 PPT）

（一）品壮美雪景

问：词的上阕描写壮美雪景，品读这一部分，想一想我们应读出什么样的感情？请找出关键字词，结合描写手法加以分析。

（师简要提示，生讨论回答）

提示：应读出对祖国壮美河山的赞美和歌颂之情。可从以下角度分析：

1. 品领字

①师：什么叫作领字呢？通俗地说，就是在词中起领起作用的字，它能领起词中的一句话或者几句话。同学们细细品读上阕，能不能发现上阕哪个字是领字呢？自己读一读，想一想，思考一下如何朗读，再分小组讨论。

生："望"字是领字，它领起到"欲与天公试比高"。"须"以下是诗人的想象。

②师：下阕有一个字同"望"字有异曲同工之妙——惜。通过领字的巧妙运用，我们看出了诗人的写作思路，也增加了诗词的节奏感。

（开头两句"江山如此多娇，引无数英雄竞折腰"承上启下，从上阕的写景过渡到下阕的抒情）

③师："望"能不能换成"看"呢？

生：不能，长城很长，用"看"表意普通，根本不能显示这是一片白茫茫的景色。"望"说明诗人站的位置高，突出诗人极目远眺的情态，视野开阔呀！

（师板书：视野）

④师：那首先请一组同学说说上阕该怎么读。

生：第四句的"望"要读出由近及远眺望的感觉，要拖一点。"莽莽""滔滔"展现出了几千里地都被大雪覆盖的场景，所以要有激昂的感情。"欲与天公试比高"的"试比高"一字一顿，表现了要与天公比个高低的气势。最后"分外妖娆"要读出一种委婉的感情。

⑤师：让我们带着对祖国大好河山的赞美和歌颂，带着自己的体味，走进北国的飘雪世界，美美地朗诵上阕。

（全班齐读上阕）

2. 品手法

①师：写景都有哪些手法？

生：修辞角度，比喻、拟人、夸张；描写角度，衬托、动静结合、以动写静、虚实结合等。

②师：现在大家和同桌一起从上阕中找出一种手法细细品味，说说它好在哪里。

a. 夸张："北国风光，千里冰封，万里雪飘。望长城内外，惟余莽莽，大河上下，顿失滔滔。"用夸张的手法，让人十分直观地感受到雪下得大，绵延千里。

b. 拟人："山舞银蛇，原驰蜡象，欲与天公试比高。"运用比喻、拟人的手法，生动形象地表现了雪白、山高，高原连绵起伏。

师："欲""比"拟人，读这一句时我们要读出这种斗志来。男生来一遍吧。

（男生齐读）

c. 以动写静：一个"舞"字，一个"驰"字，把群山高原写得富有生机。这叫"着一字而境界全出"。从这里我们可以体会到诗词语言凝练、含蓄的特征。

师："银""蜡"是什么意思？表示白色。不见雪字，却写得雪景，这就叫"不着一字，尽得风流"。

d. 虚写："须晴日，看红装素裹，分外妖娆。"写的是雪后晴天的美丽景色，用的是想象的手法，虚写。

师：雪后晴天，分外的美呀！读得婉转一点，读出那种艳丽多姿。所以要美美地读呀！这几句咱们女生一起读一读。

（女生齐读）

师：作者在这里运用精妙的语言和多种手法给我们描绘了一幅幅壮丽的自然画卷。不仅词中有画而且景中有情。现在我们再来齐读上阕，体会蕴藏在字里行间的词人对壮丽山河的热爱。

（二）品千古帝王

师：上阕是一幅意境开阔的自然画卷，下阕则是一幅波澜壮阔的历史画卷。

（板书：下阕历史画卷）

师：作者将视野转向烟波浩渺的历史长河"指点江山，激扬文字"！作者对历史人物是怎样的态度？应读出什么样的语气？

生：从“惜（惋惜）”“略输”“稍逊”“只识”等字可见作者对他们的态度。历史人物有着共同的缺陷——只知武功，缺少文治，缺少文学才华。

（师引导学生朗读，语气从惋惜到不屑）

师：同学们，秦始皇扫除六合，汉武帝平定匈奴，唐太宗南征北战，宋太祖结束五代纷争，成吉思汗更是纵横驰骋，他们都是英雄啊！但毛泽东委婉地批评他们，傲视群雄，可谓“欲与英雄试比高”，谁胜过这些英雄，比这些英雄高呀？

生：后来者居上，今人必定超过古人。词人发出了超越历史的宣言：俱往矣，数风流人物，还看今朝。

（三）品风流人物

师：毛泽东所指的风流人物是哪些人呢？咱们来一起了解一下这首词的写作背景。

（PPT 出示写作背景，生读写作背景）

写作背景：这首词发表于1945年8月，中国人民刚刚取得抗战的胜利，毛泽东不顾个人安危，去重庆与国民党谈判，为和平做积极的努力。其间，诗人柳亚子向毛泽东“索句”，毛泽东就赠以《沁园春·雪》。随后该词在《新民晚报》公开发表，迅速在民众当中广为传颂，极大地鼓舞了全国人民的革命斗志和胜利的信心。

师：结合时代背景，毛泽东笔下的风流人物指哪些人啊？

（明确：以毛泽东为首的共产党人领导人民大众，他们必将胜过古人，平定乱世，开创辉煌，迎来“分外妖娆”的明天，他们就是那个时代的风流人物）

师：下阕评价千古帝王，歌颂风流人物，在时间上跨越上下几千年。作者的大视野、大胸襟、大抱负，使得这首词大气磅礴（板书：“大”字）。现在我们都来当一回伟人毛泽东，共同演绎这种大气磅礴！

（生齐读下阕）

师：在今天这个和平年代，什么样的人称得上风流人物呢？

生：在各种平凡的岗位上做出贡献的人，科学家、体育健儿、战士、劳动模范等。

师：十年、二十年后，时代的风流人物是谁呀？

生：是我们。

师：你们都有毛泽东“自信人生二百年”的气概，让未来听到了我们的呐喊。“江山代有才人出，各领风骚数百年”，同学们，只要我们大家立下鸿鹄大志，并为这个目标拼搏奋斗，相信我们一定会成为国家的栋梁之材，也一定会自信地高歌——“俱往矣，数风流人物，还看今朝”！

第三乐章：情读——纵情吟唱。

师：这真是一首大气磅礴的词。我们进入诗词学习的第三乐章：纵情吟唱。

（出示 PPT）

师：现在请全体起立，让我们怀着深深的敬意纵情吟唱，唱出诗词优美的韵律，唱出词人豪迈的激情，唱出词人伟大的抱负，更唱出我们对未来的无比自信。

（生全体起立，配乐，集体朗诵）

四、拓展延伸

（1）搜集毛泽东的其他诗词，摘录背诵其中名句，写在积累本上。（提示：可推荐《沁园春·长沙》《长征》等）

（2）展开联想、想象，用一段文字描绘诵读本词时脑中浮现的北方雪景的画面。

［课后记］

本节课是在全市“精致课堂”教学观摩会上的一节展示课。“一引其纲，万目皆张”，笔者抓住诵读这条主线，层层推进，不断深入，臻至高潮。到了最后一环，观摩的嘉宾甚至一起站起来，与学生一起诵读，场面感人！有位嘉宾课后甚至流着眼泪与笔者握手致谢。“诵之如行云流水，听之似金声玉振。”因情赋声，依声入境，本节课取得了很好的教学效果。

（本文发表于《中学课程辅导》2018 年 3 月）

发挥“组织”作用，实施“精准扶贫”

——初三语文教学学困生转化例谈

田雪莲　田飞虎

［摘要］ 学困生转化成效的高低，直接影响整体教学质量的好坏。以切实有效的转化措施，帮助学困生共同进步，是初三语文教学的当务之急。根据“精致课堂”教学要求，依托小组合作学习模式，采用“精准扶贫”策略，是大面积提高学困生语文成绩的有效方法。学困生“精准扶贫”有六个“精准”：帮扶对象要精准、帮扶派人要精准、帮扶内容要精准、帮扶措施要精准、帮扶效果要精准、帮扶奖励要精准。

［关键词］ 学困生　小组合作学习　精准扶贫

大面积提高教学质量是每所学校、每位教师都期待的事情。而学困生转化成效的高低，直接影响着整体教学质量的好坏。以切实有效的转化措施，帮助学困生共同进步，是初三语文教学的当务之急。

事实上，我们都很重视学困生的转化，而且在这方面花了相当大的精力，“我花在这些学生身上的精力远比那些‘好生’多得多”——这是不少教师的同感，但结果往往是“两败俱伤”——教师身心俱疲，学生收效甚微。加之语文学习是一个“见效”比较慢的学科，尤其是到了初三，很多学生因为急功近利往往不够重视这一学科，最终导致这些学生对语文的学习形成几近放弃的“望天收”心态。苏霍姆林斯基告诉我们：“教学和教育的技巧和艺术就在于，要使每一个儿童的力量和可能性发挥出来，使他享受到脑力劳动中的成功的乐趣。”“如果老师善于把学生引进一种力所能及、向他们预示着并且使他们得到成功的脑力劳动中去，那么就连那些调皮捣蛋的学生也能多么勤奋、专心致志地学习啊！”

那么，如何在最短时间内，大面积提高学困生的语文成绩？实践证明，根据“精致课堂”教学要求，依托小组合作学习模式，采用“精准扶贫”策略，是大面积提高学困生语文成绩的有效方法。

“精准扶贫”是习总书记脱贫致富政策中的一个概念，其要义就是六个“精准”：“扶持对象精准、项目安排精准、资金使用精准、措施到户精准、因村派人精准、脱贫成效精准。”“精准扶贫”与学困生的转化多有相似之处，受此启发，笔者将其迁移到语文教学过程之中，并据此总结出学困生“精准扶贫”的六个“精准”：帮扶对象要精准、帮扶派人要精准、帮扶内容要精准、帮扶措施要精准、帮扶效果要精准、帮扶奖励要精准。

学困生的“精准扶贫”，必须是在班级组建了合理的学习小组的前提下进行的。“精致教学”理论认为，高效课堂教学离不开小组合作学习，小组合作学习的有效模式应按照“组内异质、组间同质、组内分对”的原则建立，让每一个学生做到“有困难、找组织”。一个小组一般由好、中、困三类学生组成，小组内部又按照个体的学习情况划分为AA、BB、CC三个层次。小组（一般6～8人）和小组之间是相对独立的关系，每个小组根据学习任务按照本组情况组织学习，组与组之间相互借鉴又充满竞争。组内对子之间既是合作者，又是竞争者和监督者，对子之间要相互反馈和测评。有了这样的“组织”，“精准扶贫”措施才有可能做到“对症下药，药到病除”。

其实，中考语文试卷出自课文的基础知识较多，比重占到试卷总分的近1/4（广东省卷近三年直接出自课文的内容约29分），而且考纲划出了必考范围，因此，“得基础者必得语文”，只要做到“立足基础（课文内容）求发展（阅读、写作等能力型）”，学生的语文成绩必定能有一个大幅度的提高。故本文以落实语文的基础知识为例说明如何依靠“组织”，实施“精准扶贫”。

一、帮扶对象要精准

找准“扶贫”对象是先决条件。找准了对象，才能做到有的放矢，才能将初三有限的时间和精力利用好。

初三老师有一个特点，即很多人是初二调整后新接手毕业班的。作为新老师，往往是凭学生的成绩或前任老师的介绍来尽快了解学生的情况。但语文考试的分数起伏较大，学生学习表现也呈现多面性和复杂性，因此，语文学困生更容易被我们忽视。

根据“精准扶贫，不落一人”的要求，可以运用“相爱相杀”的方式来进行扶贫对象的精准识别。首先要激发小组之间的学习竞争。既然是竞争，就要找对方最薄弱的点或短处“攻击”。比如，在复习《曹刿论战》一文中的重点词语的含义时，已知甲组林同学的语文成绩是最后一名，老师在抽他回答完问题之后，可以让他从其他组选择一名他觉得有可能回答不出问题、能让对方组扣分的同学接着回答问题，于是学困生乙同学就出现了。以此类推，在短短的两三节课时间里，新老师基本就能找全班上的语文学困生，因为没有哪位老师比相处了两年的学生更了解他们的同学。

二、帮扶派人要精准

找准帮扶对象之后，就要派人帮扶。确定学困生的帮扶对象，结成“师徒”关系，要讲究方式方法，尽量做到“两厢情愿”，避免“乱点鸳鸯”。先让学困生自己在组内找一个语文学习比自己强的“师父”，这种方法的好处是，因为是自己挑选的，不容易有抵触心理，会心甘情愿地接受别人的帮助甚至是批评。我们的做法是，在课堂上，故意让学困生回答有难度的题，在他答不出来的情况下，告诉他可以在本组寻求觉得最能帮助他的人。这样，他的“师父”在短短几节课内就可以被找到。如果学困生自己找不好，老师可以帮他选择一个了解他并愿意为他服务的优秀组员。如果第一次“师徒”结对效果不理想（看上课回答问题或分析组内得分情况便可知），老师要及时了解原因，并适时调整。组内总会有至少一个精准的“师父”适合这个被帮扶对象的。

确定帮扶关系后，要在班上举行隆重的帮扶仪式。要像真正开展“扶贫工程”一样，要“挂牌”帮扶，要“拍照留证”，要签“责任书”，也可以让“徒弟”准备一份小小的礼物去“拜师”。这样一来，“师徒”两人就会打心底重视这项帮扶活动。在执行帮扶之前，老师要对“师父”“徒弟”们进行培训或分别谈话，不仅要指导“师父”们完成每天的任务，告知“师父”们注意帮扶的方式、方法、态度等，还要做好“徒弟”们的思想工作，让他们心怀感恩地接受“师父”的帮助，并按“师父”的要求严格落实学习内容。

三、帮扶内容要精准

小组内帮扶对象和帮扶派人都配备精准之后，就可以开展“一帮一”的帮扶工程了，力争在小组内实现兵教兵、兵练兵、兵强兵。这里首先要做到帮扶内容明确，让帮扶的学生知道帮什么。

（1）思想动力帮扶。给各组成员带上精神“紧箍咒”：“一荣俱荣，一损俱损”，一人犯错，全组受罚；一人表扬，全组光荣。让他们明白，一桶水的容量取决于最短的那块木板，要想取得整体进步，“一个都不能少”。正如苏霍姆林斯基所说：“每一个学生都要对集体的智力生活做出自己的贡献”“感到自己的知识、思想、技能是一种荣誉和尊严”。所以组员间务必要分工细致，齐心协力，共同进步。这样，不仅要让学困生主动参与到小组当中来，而且还要让组内其他成员想尽办法主动帮助学困生，让全组成员形成一个共同的信念：我要进步，我要帮大家一起进步。

（2）学习习惯帮扶。如课前三分钟，让“师父”抽查学困生背书，让学困生养成课前提前进入学习状态的习惯；学困生完成作业后，交给“师父”检查，不懂的问题要向“师父”请教，养成认真完成作业的习惯。还可以利用小组之间的竞争，培养学困生课后自觉复习的习惯。比如，在复习《曹刿论战》时，提前对学困生说：“明天早上会抽查你代表本组上台进行检测，今晚回去要好好复习，明天为小组加分争光!”学困生提前有针对性地复习，可以提高他回答问题的正确率。学困生回答对了，给小组带来荣誉，就会激发他的自信心和自尊感，激发他继续学习的动力，由此形成一个良性循环。

（3）复习内容帮扶。每次月考结束，第一时间将下一次月考的基础知识考试的范围告诉学生，让他们及早准备。根据每次月考范围，我们专门设计了一个考点检查登记表（见下表）。这些考点知识绝大部分都来自课文，只需要下功夫记住即可。由“师父”每天监督抽查记录“徒弟”的落实情况，并及时向老师汇报。老师再对这些学生随机抽查，按回答情况评分。为了激发学生学习的自觉性，对主动来找老师抽查并回答正确的学生，给予其小组双倍加分。

考点检查登记表（部分）

	林同学	全同学	庞同学	陈同学	周同学	梁同学	黄同学	郭同学
词语 3								
词语 4								
《关雎》								
《蒹葭》								

四、帮扶措施要精准

在教学实践中，有很多行之有效的方法，有利于提高“精准扶贫”的效率。下面列举几个有效的方法：

（1）建立学困生档案。要指导每个“师父”建立好学困生转化工作档案，对“徒弟”的性格特点、爱好特长、家庭情况、近期思想、学习状况等做详细记录，并能每周定期检查、了解。

（2）“师父”要和“徒弟”一起制订学习计划，确定每次月考要达成的目标和具体的帮扶措施。目标一定要切合“徒弟”自身情况，不可盲目求高，不可急于求成，要循序渐进，否则容易挫伤学困生学习的积极性。

（3）要尽量创造机会，让学困生尝到甜头，由易到难，使其不断体验到成功的喜悦，真正做到“让每一个孩子抬起头来”。比如在小组分配任务时，将一些比较简单的文言文词语的解释、句子的翻译，比较容易背的古诗句交给学困生来回答。甚至课前私下透露要检测的内容，让学困生先做准备，以便课堂上回答得胸有成竹，老师也要及时给予肯定和表扬，增强他们的自信，使他们感受到成功的乐趣。“教育的理想就在于使所有的儿童都能成为幸福的人，使他们的心灵由于劳动（学习）的幸福而充满快乐。”

（4）对学困生的知识掌握要“抓反复，反复抓”。学困生的一个突出问题就是今天记过的内容明天可能就忘了，所以要多次练习，反复巩固。比如听写字词，每次学困生在“师父”那里听写完、订正在错题本上后，“师父”还要帮他们把这个星期所错的词语再听写一遍。还可以采取组内自查（戏称“工兵排雷”）、小组互查（戏称“相爱相杀”）、老师抽查（戏称“扔炸弹”）的方式来不断强化学困生对知识点的掌握。

（5）让学困生批改或检查作业。不要以为学困生就是被动“帮扶”的对象，平时可以让他们帮助批改本组的默写、听写等小测作业，再由“师父”或组长把关。这样一方面他们可以向完成得好的同学学习，另一方面也在批改中弄清了易错的知识点，强化了对知识的记忆，不会轻易犯同样的错误。

（6）老师要随时掌握学困生“师徒”帮扶情况。“师父”要将“徒弟”的学习、思想状态定期向老师汇报，老师也要经常了解学困生的思想动态，并及时进行沟通。为激发“师徒”帮扶热情，可以多开展“赞赞我的好师父”“夸夸我的好徒弟”“给徒弟/师父的一封信”等活动，以此增进“师徒”之间的友谊，激发学困生积极向上的学习热情。

五、帮扶效果要精准

陶行知说过“‘差不多’三字是我国人的大毛病”，“如果要改良中国的教育，非从数目入手不可”。因此，对于小组和“师徒”间的帮扶效果评定宜采用量化考核的办法（分数制），这样才有可能做到精准衡量。对学困生每次日清、周测、月结（考）的完成情况或名次进退赋予不同的分值，然后累计总分评出优劣。比如，根据学困生日清完成的情况按优、良、中、差分别计 3 分、2 分、1 分和 0 分；周测情况在日清的基础上翻一番，即 6 分、4 分、2 分和 0 分；月结（考）则根据排名的进退计分。小组计分则主要根据周测和月结（考）分数的进退计算。除此之外，对学困生的表现也可以量化，比如，按时完成作业可以加 1 ~ 3 分，作业及时更正并记在错题本上可以加 1 ~3分，上课主动回答问题可以加 1 ~3 分等。这样，每人、每组的每周、每月学习情况一目了然（教室后面的黑板上有一个总表），非常直观，改变了“差不多”的状况。

六、帮扶奖励要精准

奖励方案要具体、细致、合理，注重过程激励。李镇西说得好："欲转变差生，除了加强深入细致的思想教育和科学严格的行为规范外，还应帮助差生获得学习上的成功感，并以此树立起一种健康而稳定的精神追求。"即让学困生"跳一跳就能摘到桃子"，让学困生想跳起来且动力十足。根据学困生的平时表现，可以设置各种奖项，如周优秀学困生（即一周内各方面都表现很好、个人加分最高的学困生）、周优秀"师父"（帮扶对象进步最快的"师父"）；月考进步最大学困生、学困生总分前三名、基础知识得分进步奖；评选"黄金搭档"（最佳"师徒"）等。这些个人的奖励又可以给他们所在的小组加分，增加他们的小组荣誉感。奖励的方式也不一而足，可以加分、发奖品或减作业量等。这样，充分调动了学生的积极性，让学困生由"要我学"变成"我要学"。

最后要强调的是，学困生的转化是一个长期工作，非一日之功，切忌虎头蛇尾，有始无终，短期内不见成效便不了了之。李镇西说："教育者应该容忍后进学生的一次次旧病复发，与此同时，又继续充满热情和信心地鼓励学生在一次次战胜自己的过程中，看到自己点点滴滴的进步，体验进步的快乐，进而增强继续进步的信心。"即要坚信学困生是能够转变的。苏霍姆林斯基也说过："每一个儿童都是带着想好好学习的愿望来上学的。这种愿望像一颗耀眼的火星，照亮着儿童所关切和操心的情感世界。他以无比信任的心情把这颗火星交给我们，做教师的人。""任何时候都不要急于灰心失望。"

总之，通过"精准扶贫"的开展，我们班的一批语文学困生在基础知识落实上都有了很大的进步（见下表），基础知识的掌握又提高了语文学习的能力，并促使阅读、写作等运用能力的相应提高。更为可喜的是，语文学困生的帮扶，带动了其他学科的学习，班级学习风气明显好转，实现了"共同富裕"。记住苏霍姆林斯基的话，"只要哪一个人在某一件事上得到了优异的成绩，他就应当鼓舞起另一个人，唤醒另一个人身上的那种独一无二的个性的源泉——这是集体生活的最主要的规律性之一"。

初三（7）班10月月考和11月月考语文学困生的基础知识得分情况对比（部分）

	古诗文默写（10分）		拼音写汉字（4分）		课内文言文（7分）		总分（21分）	
姓名	10月月考	11月月考	10月月考	11月月考	10月月考	11月月考	10月月考	11月月考
林同学	1	5	0	4	0	5	1	14
全同学	5	8	2	4	0	5	7	17
庞同学	3	8	1	3	0	5	4	16

参考文献

［1］瓦·阿·苏霍姆林斯基．给教师的建议：下［M］．杜殿坤，译．北京：教育科学出版社，2009.

［2］李镇西．做最好的老师——李镇西30年教育教学精华［M］．桂林：漓江出版社，2014.

［3］方明．陶行知教育名篇［M］．北京：教育科学出版社，2005.

基于“精致课堂”教学改革，探索初中语文作文教学序列性

许瑞恩

[摘要] 湛江二中港城中学的“精致课堂”教学确立了“三环五步”模式，制定“精致课堂”教学三维评价标准，其本质是促进教师的自主发展，学生自主学习核心素养的形成。初中没有专门的作文教材，初中语文作文教学更没有专门的教案。教师对作文教学往往是敬而远之，除了硬性规定每学期完成8篇作文以外，作文课要讲什么，怎么讲，都没有很好的规范，随意性过大，因而导致作文教学目标不明，内容不清，方法手段单一，教学效果不好。基于“精致课堂”教学改革，通过实践，笔者从教师的作文教学序列性着手研究，希望能对初中语文作文教学的有效性起到一定的促进作用。

[关键词]“精致课堂”教学　初中语文　作文教学　序列性

对于作文教学，很多老师是束手无策的。王荣生教授说：“课堂教学中几乎没有写作教学。”这句话说得很重，但事实的确如此。老师的教没有系统规划，学生的学更没有规范、方向与体验，因而作文教学处于一种“死胡同”当中。作文训练时间长，成效低，并且会不断出现反复，时间成本高，与产出形成不对称的关系。因而，老师和学生都在计算这一笔账，在有意无意中回避这个问题。甚至，还把作文搬出来作为语文成绩不理想的理由：“我语文不好，是因为作文写离题了。”“我语文不好，是因为那评卷老师不喜欢我的写作风格。”“我语文不好，是因为这一次写作文的时间太短了，以前没有训练过这种作文题目……”

近年来，湛江二中港城中学开展“精致课堂”教学改革，其本质是促进教师的自主发展，学生自主学习核心素养的形成。基于此，笔者从“精致课堂”教学的本质着手，探索初中语文作文教学的序列性，努力使作文教学成为一个相对科学的系统，为广大老师的初中语文作文教学提供参考。

一、“精致课堂”教学改革内涵为初中语文作文教学提供契机

2016年8月，湛江二中港城中学“精致课堂”教学成功申报了省级课题，一方面从集体备课、个人备课、课堂教学、作业布置与批改、复习、考试六个方面提出22项措施，确立“定向—自学—讲练”三个基本环节，确立“三环五步”模式，制定“精致课堂”教学三维评价标准，同时制定了“精致课堂”教学的教案、学案及课堂教学和学生评价的办法。表面来看，这是教学各环节的改革，其实质在于培养学生的自主学习能力和创新思维，减轻学生过重的学业负担，正好与国家教育部推行的培养“中国学生的核心素养”能力相一致。另一方面，促进教师主动发展专业，深入研究专业知识，做到精致精通，提高教学质量。基于“精致课堂”教学改革，笔者分析了初中

语文作文教学现状，对初中语文作文教学的序列性进行了深入研究探讨。

二、初中语文作文教学现状

长期以来，初中语文作文教学都缺乏规范与指导，主要表现在以下三个方面：

（一）低效随意的作文教学状态

学校安排每个班每周有 6 节语文课，又有一天是两节连堂课，一位语文老师教两个班，这就意味着老师一天要上四天课的内容，很多老师就很自然地把这连堂课用作作文教学。根据每学期20 周来计算，除开期中、期末各两周用作考试，余下16 周的课程。也就是说，在作文教学里，学校一般会安排每 2 周就写一次作文，一个学期至少要写 8 次作文。有很多老师对待连堂课的态度是：既然连堂，那我们就来写作文吧。基本的操作方式是：找一道作文题目让学生当堂写，这样第一周的连堂课就结束了。然后老师花一周多的时间去改两个班的作文，找出优秀文章，在第二周的连堂课上读范文，再布置新的作文题目。至于要写什么作文题，很多老师是在连堂课的前一天晚上才找的，甚至没有思考为什么要选择这个作文题给学生写。对于学生来说，这样的作文教学不会使其写作水平得到提高。

究其原因，到现在为止，老师都没有系统完整的作文教材，语文教材与作文教学衔接不上，学校又没有能力去开发写作的校本教材。对很多老师来说，作文到底要教什么，要怎么教，没有明确的教学目标，没有明确的教学内容，没有科学的教学方法；再加上每一位老师的教学主动性、学习能力、花在教学上面的时间都各不一样，因而，教学水平显得参差不齐，随意性大。

（二）“有点无面”的无规划作文教学状态

总有一批优秀的老师，他们对作文教学有很多自己的思考，对作文教学中遇到的问题都会进行探索和实践，这多表现在各种各样的公开课及赛课上。老师精心准备一节作文课，讲解精彩，解决一些问题，获得好评。但是，这样的课只能算是一个亮“点”，缺乏的是“一课一得，得得相联”。笔者认为，这种状态是“有点无面”的作文教学状态。此种状态特点是亮点突出，但无规划、不连贯。

此种类型的课，大多数是针对公开课及赛课准备的，表演性质较多；或是在某一次的作文教学里，教师对某一教学点有很深体会。其他的常态课就像打游击，“左打一枪，右打一炮”。究其原因，是教师个人寻求发展，但缺乏系统规划的结果。

（三）“眼中无生”的变味作文教学状态

部分老师把作文课上成了“仿写课”“阅读课”等，过分强调知识而忽略过程和体验。这样的课讲得很精彩，学生也听了，可是听完之后，学生的写作水平并没有提高。

究其原因，是因为老师只考虑到教师的“教”，而忽略了学生的“学”，“眼中无生”，忽略了学生的主体性。于是有人得出结论：作文很难教，作文教不好；作文很难学，作文学不好。这样，就给我们提出了一个问题：如何规范初中语文作文教学的序列性？

三、多角度科学、系统地找出初中语文作文教学序列性的途径

作文真的是很难教，教不好吗？作文真的是很难学，学不好吗？

其实不然。只要我们科学系统地找出初中语文作文教学序列，教学难题就解决了。

（一）对初中三年的教学进行规划

为了做到有的放矢，初中三年作文教学要根据实际来安排。例如：初中三年一共有6个学期，每个学期有20周，除开期中、期末考试，就只剩下16周，也就是说，每学期至少有8次的作文教学课程安排（见下表）。

初中三年的作文教学最低要求课程节数安排

（单位：节）

年级	第一学期	第二学期	学年	总课程
七年级	8	8	2015—2016	48
八年级	8	8	2015—2016	
九年级	8	8	2015—2016	

还有一些具体情况要注意。从作文教学课程节数来看，七年级课程相对少，教学任务轻松，可以适当增加作文教学的课程节数。从作文教学的内容来看，七年级可以侧重作文的规范要求；八年级可以侧重作文的素材积累与语言表达；九年级则相对会更综合，侧重作文的专题教学。

各年级作文教学课程内容侧重点规划

	七年级	八年级	九年级
教学重点	作文基本规范与兴趣	作文评价规范与积累	作文专题与技巧
规划的内容	根据中考作文评分标准进行作文教学规划		
	从教材中选择一篇适合的文章进行读写结合		
	根据学生出现的问题进行作文教学规划（此项内容从学生角度考虑）		

（二）从新课标要求及文体特点的角度进行规划

《新课程标准》提出了初中语文作文教学的总体要求："能写记叙文、简单的说明文、议论文和一般应用文，做到思想感情真实、健康，内容具体，中心明确，条理清楚，文字通顺，不写错别字，正确使用标点符号，格式正确，书写规范、工整，初步养成修改文章的习惯。"具体的要求如下：

写作时考虑不同的目的和对象。写作要感情真挚，力求表达自己的独特感受和真切体验。多角度地观察生活，发现生活的丰富多彩，捕捉事物的特征，力求有创意地进行表达。根据表达的中心，选择恰当的表达方式；合理安排内容的先后和详略，条理清楚地表达自己的意思；运用联想和想象，丰富表达的内容。

写记叙文，做到内容具体；写说明文，做到明白清楚；写议论文，努力做到有理有据；根据生活需要，写日常应用文。

能从文章中提取主要信息，进行缩写；能根据文章的内在联系和自己的合理想象，进行扩写、续写；能变换文章的文体或表达方式等，进行改写。

有独立完成写作的意识，注重写作过程中的搜集素材、构思立意、列纲起草、修改加工等环节。

养成修改作文的习惯，修改时能借助语感和语法修辞常识，做到文从字顺；能与他人交流写作心得，互相评改作文，以分享感受，沟通见解；能正确使用常用的标点符号。

作文每学年一般不少于140万字，其他练笔不少于1万字。45分钟能完成不少于500字的习作。

因为《新课程标准》对不同文体的作文提出的要求不同，对不同文体的教学课程规划会有所不同，侧重点也会不同（见下表）。

各年级各学期开展的作文教学课程及侧重点安排

	七年级			八年级			九年级		
文体教学	记叙文	说明文	议论文	记叙文	说明文	议论文	记叙文	说明文	议论文
第一学期	√			√√	√√		√√	√	√√
第二学期	√			√√	√	√√	√√	√	√√

注：“√”表示该学期作文训练的侧重点，“√√”表示该学期要更加突出。

（三）从中考评分标准的角度进行规划

广东省中考作文对评分标准有很明确的规定，笔者根据作文训练的实际情况，大致归纳概括为如下几点：

1. 作文基本要求

（1）书写工整；

（2）字数达500字（各校对学生要求可适当提高，如我校优质学生即要求字数在700字左右）。

2. 作文评分标准

在满足作文基本要求的前提下，根据如下标准评分：

（1）中心明确（点题）：即可获70%～75%的分，按中考分值即为35～37.5分；

（2）结构清晰（结构）：即可获75%～85%的分，按中考分值即为37.5～42.5分；

（3）细节亮点（细节）：即可获85%～95%的分，按中考分值即为42.5～47.5分；

（4）语言流畅（语言）：即可获95%～100%的分，按中考分值即为47.5～50分。

（四）其他规划方法

1. 根据中考作文评分标准进行作文教学规划

（1）作文的基本要求；

（2）作文的评分标准；

（3）学会看作文；

（4）学会点评作文；

（5）学会修改作文；

（6）点题训练；

（7）作文的开头与结尾；

（8）作文的结构一：首尾呼应；

（9）作文的结构二：详略分明；

（10）作文的结构三：过渡自然；

（11）文章的解构与建构：美在骨而非皮；

（12）寻找文章的动情点；

（13）环境描写的方法及作用；

（14）作文的抽象与具体；

（15）作文的“以小见大”；

（16）作文的“托物言志”及“物”与“情”的关系；

（17）作文的“真”的训练（小实验）；

（18）作文的叙述性语言与描写性语言；

（19）表达情感或情绪的词的陌生化；

（20）作文叙事的节奏感；

（21）作文的双线索结构及几种常见的高分作文结构；

（22）如何一题多文。

2. 从教材中选择一篇适合的文章进行读写结合训练

（1）通过《羚羊木雕》（七年级上册第一单元）学习倒叙的写法；

（2）通过《我的老师》（七年级上册第二单元）学习如何处理素材作文；

（3）通过《春》（七年级上册第三单元）学习写景的方法；

（4）通过《紫藤萝瀑布》（七年级上册第四单元）学习托物言志的写法；

（5）通过《从百草园到三味书屋》（七年级下册第一单元）学习文章的结构及对比手法；

（6）通过《最后一课》（七年级下册第二单元）学习文章的细节描写与情感表达；

（7）通过《安塞腰鼓》（七年级下册第四单元）学习修辞手法在作文中的运用；

（8）通过《猫》（七年级下册第六单元）学习作文中的详略分明的写法；

（9）通过《新闻两则》（八年级上册第一单元）学习新闻的写法；

（10）通过《阿长与山海经》（八年级上册第二单元）学习处理文章的素材；

（11）通过《背影》（八年级上册第二单元）学习线索结构作文及细节描写；

（12）通过《我的母亲》（八年级下册第一单元）学习积累素材及一题多文；

（13）通过《我的第一本书》（八年级下册第一单元）学习处理作文中“物”“事”与“情”的关系；

（14）通过《云南歌会》（八年级下册第四单元）学习文章中的环境描写（正面描写与侧面烘托）；

（15）通过《端午的鸭蛋》（八年级下册第四单元）学习处理作文中“物”与“情”的关系。

以上的内容就是一个“明确而合乎科学的序列，以保持知识的连贯性、渐深性，使教学做到循序渐进、环环相扣、步步深入”。正如朱作仁等人所主张的那样“作文训练应是通过有计划、有目的、有指导的写作实践，使学生形成语言表达能力的活动过

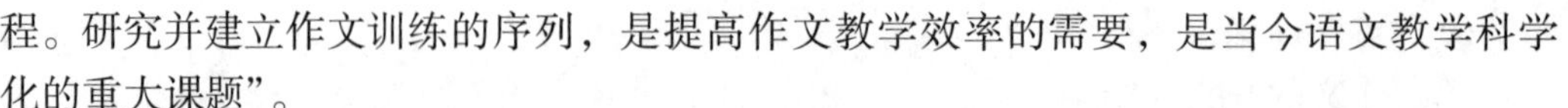

程。研究并建立作文训练的序列，是提高作文教学效率的需要，是当今语文教学科学化的重大课题”。

笔者认为，“精致课堂”教学改革的内涵实质，给初中语文作文教学的实施带来了契机，既培养了学生自主学习的核心素养能力，更促进了教师在专业上的发展。能够把初中语文作文教学规范化，基于学生写作需求而构建作文教学，这对提高作文教学实效性是有很大帮助的。

参考文献

[1] 王荣生．我国的语文课为什么几乎没有写作教学？［J］．语文教学通讯，2007（35）．

[2] 皮亚杰．发生认识论原理［M］．王宪钿等，译．北京：商务印书馆，1981.

[3] 教育部基础教育司语文课程标准研制组．语文课程标准（实验稿）［S］．北京：北京师范大学出版社，2001.

[4] 朱作仁．小学语文教学法原理［M］．上海：华东师范大学出版社，1988.

基于对学生核心素养的自主发展能力的培养，探索落实初中语文课前预习的方法

许瑞恩

[摘要] 很多刚升上初中的学生，语文成绩一下就掉了下来，学生无所适从，家长亦无法接受。究其原因，表面看是小学升初中角色转换不顺，深层来看，其实是因为学生被动学习，学习意识没有形成，没有养成良好的学习习惯，没有掌握适合自身的学习方法，缺失的是学生核心素养的自主发展能力。笔者认为初中语文各学段和教学各环节应围绕学生核心素养开展。本文针对初中语文课前预习现状存在的问题，通过实践，基于对学生核心素养的自主发展能力的培养，积极探索落实初中语文课前预习的方法。

[关键词] 学生核心素养　自主发展　初中语文课前预习

在初中起始年级总会遇到这样的情况，很多学生小学语文成绩都很好，可是到了初中，语文成绩一下就掉了下来。面对成绩下降，很多学生无所适从，家长亦无法接受。究其原因，表面看来是因为学生由小学转入初中，角色转换没有完成，或是因为小学只有语数英三大学科，而初中增加了好几科，学生没有合理安排学习时间而导致成绩下降；深层次来看，则是因为学生学习被动，学习意识没有形成，没有养成良好的学习习惯，没有掌握适合自身的学习方法，缺失了学生核心素养的自主发展能力。

笔者认为，初中语文教学要围绕着发展学生核心素养来开展，在各学段及教学各环节中，都要渗透着对核心素养的培养，学生核心素养的自主发展方面是教学中的重要部分。基于对学生核心素养的自主发展能力的培养，笔者尝试探索落实初中语文课前预习的方法。

一、初中语文的课前预习离不开对学生核心素养的自主发展能力的培养

2014 年国家教育部提出“教育部将组织研究提出各学段学生发展核心素养体系，明确学生应具备的适应终身发展和社会发展需要的必备品格和关键能力”。2017 年北师大林崇德教授发表《中国学生发展核心素养研究报告》，深入回答了教育要“培养什么人、怎样培养人”这一重大问题，并建构了三大领域六个指标的中国学生核心素养体系总框架。

“核心素养以培养‘全面发展的人’为核心，分为文化基础、自主发展、社会参与三个方面。”其中“自主发展”包含了“学会学习”和“健康生活”。对于初中起始阶段，重点在于使学生养成良好的学习习惯，掌握适合自身的学习方法；能自主学习，具有终身学习的意识和能力等。

笔者认为，课堂教学不仅仅指在课堂上的 40 分钟的教学，还包括课前的预习、课

后的总结巩固等。课前预习是培养学生自主发展能力的重要环节。不管是洋思中学的"先学后教，当堂训练"，还是许市中学的"五环渐进式"，课前预习都显得尤为重要。近年我校"精致课堂"教学的"三环五步"模式中的"预习反馈"环节也凸显了预习的重要性。

然而在实际操作中，初中语文课前预习却更多地成为一句空话，难以落实。

二、初中语文课前预习的现状与学生核心素养自主发展能力相去甚远

1. 教师方面，布置预习随意性强，内容与要求不明确

在我们的身边，我们可以看到，很多教师在布置预习任务的时候，都只是一句"请同学们今天晚上预习课文……明天我们讲新课"，便轻松随意地抛出所谓的预习任务了。其结果都是，任务不具体，内容不明确，收到的效果自然也就不好了。

2. 学生方面，缺乏预习路径方法，随便应付

对于教师布置的课前预习任务，学生早就习以为常。因教师布置任务不明确，没有对预习方法的具体指导，学生想预习却无从下手。看课文，写练习，看参考书，这就算是认真的预习了。教师对预习的检查，也只是在课堂上进行师生问答，而参考书中早就有了现成的答案。

此种预习方式，有一定的效果，但不是真正有效的课前预习，长期下去，会让学生丢掉了"学会学习"的各种方法与途径，完全依赖参考书，而缺乏良好学习习惯的养成，丢掉运用语文知识技能的方法及失去自主学习的能力。

那么，基于对学生核心素养的自主发展能力的培养，课前预习该如何落实呢？

三、明确课前预习方法与要求，有利于对学生核心素养的自主发展能力的培养

1. 针对不同的学习内容，归纳不同的预习方法及要求，使预习任务明确

针对不同的文学体裁，可以有不同的预习方法及要求，如记叙文、说明文、议论文的预习方法与要求等；针对不同的学习内容，亦可以归纳不同的预习方法与要求，如现代文阅读预习方法与要求、文言文阅读预习方法与要求、名著阅读及读书笔记预习方法与要求等。

如记叙文预习的方法与要求，具体如下：

（1）清楚文章的相关文学常识。

如作家作品相关知识、对作家作品的相关评价等。

（2）一读：通读全文，标出每段序号，画出并弄懂生字词。

①"生字词"指本文中新字词、难懂难写字词、出现在本文下方或"读一读，写一写"里的字词、对理解文章有帮助或自己认为重要的字词、出现的成语等。

②"弄懂"指至少要清楚字词的读音（拼音）与字词的意思。

③解决的办法：一是注意看课文中给出的拼音和注释；二是查找字典等工具书；三是参考各种教辅参考书；四是利用网络查找相关知识。

（3）二读：细读全文，分析"环境＋人＋事＝结果"，完成几个问题。

①找出文章的写作意图（中心、主题）。

②归纳各人物或各类人物的性格特点（在文章具体段落中找，明确人物描写的方法与作用）。

③概括文章的主要内容或主要事件。

④分析环境作用。

（4）三读：品读全文，分析文章标题、段、句、字词作用。

①标题作用：作为线索贯穿全文、突出文章中心等。标题含义：字面上的含义是什么？深层次上的含义中心是什么？

②段的作用：开头段、结尾段、中间过渡段、中心段等的作用。

③句的作用：写人的句、写环境的句、中心句等的作用，多运用修辞手法，结合视听触嗅觉、动静结合等手法来分析。

④字词的作用：主要是刻画人物或描写环境，结合中心来分析。

（5）四读：回读全文，完成课后练习题，讨论重点，结合自身生活实际谈理解、发表自己的看法。最后完成教辅相关练习。

2. 明确预习路径与方法，落实预习要求，养成独立思考的习惯，促使学生自主发展

拿记叙文预习方法与要求来分析，一读、二读、三读、四读，这是预习的路径；每一读都有具体的任务要求，如“一读：通读全文，标出每段序号，画出并弄懂生字词”。其他文体也是一样的，如下面文言文《孙权劝学》的预习例子。

初，权谓吕蒙曰：“卿今当涂掌事，不可不学！”

［猜译］

［直译］当初，孙权（人名保留）对……说吕蒙（人名保留）说：“你现在当权管事不可以不学习！”

［意译］当初，孙权对吕蒙说：“你现在当权管事了，不可不学习！”

注：［猜译］部分不要求答案准确，重在让学生独立思考完成；［直译］部分重在借助参考书或古汉语字典去对每一个字词进行注释；［意译］部分讲究翻译达到“信、达、雅”，要让学生熟悉“留、替、删、补、倒”方法。

3. 借助学习工具，利用学习资源，教会学生面对问题，寻求解决方法

借助学习工具及学习资源预习，如记叙文预习中的“解决的办法：一是注意看课文中给出的拼音和注释；二是查找字典等工具书；三是参考各种教辅参考书；四是利用网络查找相关知识”就明确指出运用学习工具、资源来预习。

4. 面对课前预习无法解决的问题，可以师生合作、生生合作解决

对于课前预习的内容，有些问题借助工具与资源都无法完满解答，这时学生就要学会把问题带到课堂上，寻求教师的解答，同时，这些问题就成为课堂上教师讲解的重点与难点。正所谓“不愤不启，不悱不发”，对于学生来说，这正是学习的兴奋点。将教师讲解的重难点与学生的兴奋点结合，这是高效课堂最好的体现。除了课堂上的师生合作，还有课后的小组合作，通过同学之间相互的合作探讨来完成预习任务。

5. 加强预习指导，同时要对预习进行检查反馈

我校“精致课堂”教学的“五个步骤”是“预习反馈—呈现目标—自学讨论—展

示提升—检测巩固”，第一环节“预习反馈”就明确提出对预习的检查。同样，反馈的结果，就是为下一环节目标的明确做好准备，这样的设计环环相扣，课堂教学重点难点就呈现出来了。总之，有预习任务，就要有检查反馈。

四、落实课前预习能够培养学生核心素养的自主发展能力，亦带来了新的问题

在落实预习的同时，我们会发现，预习的过程就是全程自学学习内容的过程，这个过程是学生独立思考，运用学习方法的过程，这就意味着学生耗费的时间会更多，家长不了解情况，就会认为作业量一下大了很多，因此教师与学生或教师与家长之间容易产生矛盾；每天的自学内容是多少，要根据课程任务及学生的实际情况进行安排，否则就会带来量过大的问题；预习内容不同，也就决定着预习的方式方法会有不同，可以书面预习，可以口头训练，也可以借助工具寻找学习资源等，这样检查评价方式也就要不同……一个问题的确定，也意味着另一个问题的产生，需要全程配套去落实。发现问题就是发现价值，我们要在实践的过程中去解决问题。

综上所述，笔者认为课前预习任务内容明确，学习方法路径清晰，并且可借助各种学习工具及学习资源来帮助学习，能使学生逐步养成预习的习惯，掌握学习的方法。培养出了自主学习的核心素养能力，学会学习就不是一句空话，培养学生核心素养的自我发展能力才成为可能。

参考文献

[1] 中华人民共和国教育部．关于全面深化课程改革落实立德树人根本任务的意见［R］. 2014.

[2] 中华人民共和国教育部．中国学生发展核心素养发布［EB/OL］．人民网，2016.

“精致课堂”教学中小组合作探究存在的问题和应对策略

谷丽

[**摘要**] 传统教学中，教师是课堂的主导者，教学方法常常是“满堂灌”，学生的课堂参与很少，时间长了，学生的积极性会越来越弱，对于学科的兴趣也减弱了，成绩自然会下降，教学就进入了恶性循环。我校开展“精致课堂”就是为了从根本上解决这种现象，把课堂还给学生，让学生在小组合作中有明确的学习责任分工，并通过互相启发、互相帮助完成学习任务，共同进步，从而激发学生的学习兴趣，提高学习效率，还能培养学生的思维能力和合作精神。

[**关键词**] 精致课堂　小组合作　应对策略

我校推行“精致课堂”教学已有一个学期了，对于每节课的“预习反馈—呈现目标—自学讨论—展示提升—检测巩固”五个环节我都熟记在心。“精致课堂”教学中的五个环节，最能体现学生的课堂主体地位的就是体现合作学习的自学讨论这一环节，学生在小组中有明确的学习责任分工，通过互相启发、互相帮助完成学习任务。这种学习方式有利于活跃课堂气氛，提高学生学习效率，培养学生的思维能力和合作精神。但教师在操作过程中，也存在一些问题。

一、存在的问题

实施“精致课堂”教学以来，我也在积极实践着小组合作学习，学生们很喜欢，因为学习氛围更为轻松、自由。不像以往那种“老师讲，学生听”的模式，小组之间还有了竞争，学生一下都活跃起来了，讨论问题十分热烈。可是过了一段时间，我发现，每个小组中只有个别同学活跃，有的小组没有一个人愿意回答问题，有的小组只有小组长在意小组得分，这让我意识到无论是教师还是学生，虽然理念、教法和学法都在改变，但目前实施下来还是存在不少的弊病：

（一）教师仅关注知识技能目标的达成

教师常常为了解决一个比较难的问题，而让学生合作学习，所以合作学习的直接目的是解决学习中的某个问题，促进学生认知的发展，然而这导致很少关注学生在发展认知能力之余，其他能力是否提高。

（二）“优势学生展示，弱势学生搭车”的现象

由于学生的能力和知识积累有差异，显然小组合作成了优势学生展示的舞台，他们在讨论和集体交流时无疑成了中心人物。久而久之，弱势学生也就成了旁观者，最后小组合作再也不关他们的事了。但是小组合作的成绩评定是以小组为单位的，所以其他小组成员的劳动成果也成了他们的劳动成果，他们搭着这辆“顺风车”取得了分数。

（三）缺少合作精神

在进行合作学习时，小组中时常发生争执，有些时候学生从争得脸红脖子粗到谁也不理谁，最后造成学习任务无法完成；在集体展示环节，绝大多数代表小组的同学总喜欢这样开头“我认为……”，而不是“我们认为……”，他们忘了这是小组合作学习的结果；有时候，学生认为当老师说“现在我们一起来交流一下”时，小组合作学习也就结束了，然后就开始自顾自地说话，做别的事情，而不再去关注其他小组的交流，甚至是本组同学的发言。

二、应对策略

虽然小组合作学习在实践的过程中，出现了这样或那样的问题，但是小组合作学习这种学习方式无疑让学生成了课堂学习的主体，这有助于培养学生的合作精神和良性的竞争意识，同时也可以弥补教师在上课时难以时时照顾到不同层次的学生的不足，从而真正实现使全体学生都得到全面发展的目标。因此，结合理论和自己的教学实践，针对上述发现的问题，我提出以下应对策略：

（一）改变观念，及时指导

小组合作学习让学生掌握了学习的主动权，不再是教师的“一言堂”，那么教师在教学中的地位又如何呢？

首先，教师要根据课文的具体内容，确定三维教学目标。新课程改革强调学生知识、技能的获得，更注重学生获取知识的过程与方法，注重学生情感、态度与价值观的形成。可见新课程改革关注的是人的发展，而非仅仅是知识的获得。因此教师在设计教学时，应该有针对性地确定三维教学目标，更重要的是明确这些目标在教学的具体环节中如何体现，使合作学习真正落到实处，使学生在获取知识与技能的同时，有效地改善学习方法，培养团队合作精神。

同时，教师作为“总调度师”应参与到学生的学习中，及时发现问题，及时指导，把学生的思维拉上正轨。但是教师在指导过程中要做到“三不”：参与而不干预、引导而不控制、帮助而不包办。比如，我在执教《故乡》一文时，组织学生分小组讨论问题“造成杨二嫂前后不同变化的原因”。有一个小组开始争执，而其中一方的观点来自于初读文本之后的主观臆断，我发现这一问题后，并没有指责谁，而只是做了提醒“有了观点，就要到课文中去寻找依据，让你的观点能站得住脚”，在我的引导下，学生深入课文，形成正确的结论。如此一来，争执不再出现，输的一方心服口服，合作学习取得了实效。

（二）合理分组，分担任务

一个班级中学生的学习程度是有差异的，因此合理的分组是有效进行小组合作学习的首要条件。分组要遵循“组内异质，组间同质”的原则。我在分组时，首先让学生分析自己的特长，接着根据他们提供的资料进行统计归类，分为书面表达强、口头表达强、有组织领导能力、有绘画书写特长等，然后再进行合理分组。这样就保证了每个小组中都拥有不同能力的学生，为学生与学生之间的互助合作奠定了基础，又为全班各小组之间展开公平的竞争创造了条件。

在进行小组合作学习时，为了使学生能更深入地解决一个问题，教师可以实行各小组分担任务，然后全班汇总的措施，这样可以有效地调动学生的积极性，实现资源的共享。比如，我在执教《孤独之旅》一文时，学生通过初读了解了故事大意，并厘清了情节，接下来就要让学生圈出环境描写的语句进行品读，这是本节课的重点。然而一节课的时间毕竟有限，为了能在有限的时间内使学生真正深入地品读，我将文章不同段落的品读任务分派给不同的小组，这样的教学设计既节约了时间，又能让同一组的学生真正沉入文本，有效地解决问题。在接下来的集体交流中，通过小组之间的互动，让其他组的学生也能掌握解决问题的方法。

（三）分工明确，有效记分

每位学生都必须依靠自己的努力去独立完成任务，为小组做出应有的贡献。在最初实行小组合作学习时，小组成员有很强的相互依赖性，出现了“优势学生展示，弱势学生搭车”的现象。在不同的学习任务中，角色可能轮流互换，这样既保证了小组互助合作学习分工明确，秩序井然，又能使个人的特长得到充分发挥，实现彼此间的协调，并通过良性循环，使每位学生自身存在的能力弱项得到有效的改善，最终达到全体学生全面发展的目标。

成功的小组合作学习不仅能使学生通过轮流发言、互相鼓励、互相帮助、互相理解、互相聆听、互相探讨来获取知识，更能使学生在愉快的互动中，关注他人，调动学习兴趣，发展各方面的能力，并在参与和自我表现中获得成功的体验和喜悦。

关于小组合作学习，我还有很多没有解决的难题：怎样设置一些难度适宜的问题让学生讨论（这些问题不能和市面上的辅导书重复）；怎样能够做到让每位同学都发表自己的看法，又不耽误时间；如何让每个学生都能领悟到每一节课的重点。这些存在的问题都是我要在今后的教学中不断探讨、不断解决的，当然也会有新的问题出现，但小组合作学习无疑是很适合学生的学习方式，能让学生从被动学习转变为主动学习，真正地喜欢上课堂，真正成为课堂的主人。

浅谈“精致课堂”教学中的“自学讨论”

田雪莲

[摘要]“精致课堂”教学是着眼于“提高常态课的精致程度”的课堂教学改革，是探寻适合学校发展新路过程中的一项自主行为。本文针对“精致课堂”教学基本环节中的“自学讨论”，深入探讨了“自学讨论”的内涵与作用，对出现的问题提出了相关建议。

[关键词] 精致课堂　自学讨论　存在问题　思考建议

在“精致课堂”教学五个步骤之中，最受老师青睐、学生喜爱的是课堂“自学讨论”环节。通过平时听课和自己上课，笔者发现“自学讨论”这一关键环节，有时并不能达到我们预期的效果。面对存在的问题，本文重点探讨新授课的“自学讨论”环节。

一、“自学讨论”的内涵及作用

“自学讨论”分“自主学习”和“交流讨论”两个阶段。自主学习是学生自己“长肉”的过程，有助于其真正实现自我成长。自主学习有三个层次要求：“一是完成自读设计上老师预设的问题，了解学习文本的主要知识点、需掌握的知识点、考查的技能等；二是要对自读设计中涉及的问题进行质疑，提出自己的问题，对未涉及的问题进行补充，丰富完善；三是敢于否定书本中既成的事实和结论，并发表自己的见解和结论。”

“交流讨论”指小组内的合作探究。这是教学环境最宽松、学生参与度最高的互动学习方式，是学生互相学习、共同促进的重要步骤。“在此步骤中，主要针对自读设计中的内容在自主学习的基础上在组内交流、探究。要充分发挥‘兵教兵’的作用，不仅是优秀学生帮助后进生，最重要的是让每个学生都提出不同的观点、交流思想、碰撞智慧。这样，后进生弄懂了教学内容的疑难，优秀学生增强了对知识理解的能力，合作互相提高。”

在课堂教学中的“自学讨论”提倡以学生的自学和探究为前提，将课堂还给学生，从而激发学生兴趣，满足学生的心理需求，促进学生情感的发展，让学生真正体会到探索学习的乐趣，这既可有效扩大学生的参与面，提高学生课堂活动的密度，又可充分发挥学生的主体作用，使每一位学生的自主性都得到张扬，同时又能培养学生互助学习、取长补短的协作精神，更能调动后进生的学习积极性，促进全体学生共同发展。总之，相比于传统课堂，“自学讨论”好处多多。只是，“自学讨论”虽好，教师却不是都用得恰到好处。

二、教师在“自学讨论”环节中出现的问题及建议

存在问题一：分组明确，组内分工合理，但是部分教师不能熟练地安排小组，使小组讨论变得混乱，时间一长，教师自己都懒得去弄清小组及分工，不能真正地开展实质性的、效果良好的讨论。

思考及建议：这主要是教师的态度出现了问题，一旦觉得自己不适应，就开始将分组及分工抛诸脑后，按照自己固有的一套模式来上课。只要我们转变态度，尽快适应“精致教学”课堂的环节，在尝到小组建设的甜头之后，一定会想办法调动学生的积极性并促成小组讨论。

存在问题二：部分教师追求“形式主义”，预设的问题不具有讨论性。

思考及建议：培养学生具有问题意识是让学生进行课堂讨论的必要前提。教师盲目创设这一环节的现象较为普遍，对于设置需要学生讨论的问题缺乏目的性和科学性。一是因为对小组讨论的本质意义理解不透彻，二是因为缺乏对小组讨论的理解，存在局限性，三是对小组讨论的时机把握不准确及小组讨论的问题设置不合理。要解决这一问题，要求我们教师在备课时，必须在深入钻研教材和了解学生的基础上，对哪些问题应该通过小组合作学习共同解决，做到了然于胸。很简单的问题，绝不要开展小组合作学习；只适于在班级内讨论交流的问题，也没有必要开展小组合作学习。

存在问题三：教师不给学生独立思考的时间。

思考及建议：学生的小组合作学习如果没有一定的自主思考时间，就是“空中楼阁”。既然“自学讨论”环节分为个人自学和交流讨论，那么个人自学阶段就是留给学生独立思考的时间，在讨论前学生应有自己的主体性，有自己的看法与思考。小组讨论应该建立在学生独立思考、体验、感悟的基础上。有了学生个体的独立学习，讨论时才能做到人人有话可说，有感而发，从而有效地避免以个别学生的思维代替其他学生的思维，才能真正实现民主平等的合作交流。教师不必担心过多的讨论时间会影响后面的教学进度。事实上，学生在小组讨论中锻炼的空间更大，发言的积极性更高，能让学生实在地多获得一些知识，这点“浪费”的时间是值得的。所以无论时间多么紧张，教师在要求学生对某一问题进行小组讨论时，一定要留给学生充分的个体思考时间。当学生对需讨论的问题有了自己的观点或者观点雏形时，再去参与到小组讨论中，那么讨论目的性、针对性和实效性才会更强，才能真正体验到讨论给自己带来的挑战性，以及与他人分享思想成果的快乐。

存在问题四：小组交流讨论变成部分优秀学生的专属舞台。

思考及建议：小组讨论时发言的学生总是基本固定的少数几个组员，或是其他的组员虽有发言但其意见总是不受小组的重视，部分组员在讨论过程中被边缘化，这都是未能有效建立小组讨论的规则所导致的。教师要特别关注学困生的参与，适时鼓励指导，促使优秀学生在小组合作学习中对他们施与更多的帮助，在进行全班交流时应有意识地请他们代表全组发言，给他们参与的机会。

存在问题五：缺乏及时指导，教师角色转变不到位。

思考及建议：学生是学习的主人，教师是学习的组织者、引导者和合作者。教师在学生小组合作学习的过程中，要时刻变换自己的身份，时而是一个促进者，时而是一个帮助者，时而是一个激励者。教师要考虑到学生的年龄特征和心理特征，为学生

的合作学习提供有效的帮助与指导。在小组活动期间，教师要走下讲台，以一名合作者、指导者的角色巡视并参与，了解学生任务的完成情况，分析他们的想法，对活动中出现的问题及时进行指导。

俗话说："教学有法，教无定法，贵在得法。""精致课堂"教学既是一种理念，也是一种教学策略，更是我校目前课堂教学的基本追求。可能一开始学生不适应这个模式，教师也不适应这个模式，彼此都还有个适应的过程。但一旦学生适应了，习惯了，掌握了方法，运用灵活了，教师开展"自学讨论"就会得心应手，就会高效起来。尤其是作为课堂引导者的教师，一定要深入研究、善于反思、总结提高。在这一过程中，我们遇到的困难一定不会少，碰到的问题也会很多，但只要我们一直追求"精致课堂"教学，我们终会取得"精致课堂"教学改革的成功。

参考文献

[1] 王晓春. 精致课堂教学：一种课程领导的校本化实践 [J]. 江苏教育研究，2011（32）.

[2] 徐万春. 浅谈如何进行精致化课堂教学 [J]. 科学中国人，2015（1）.

基于以生为本的“精致课堂”教学模式

——以初中英语学科为例

高明阳

[摘要] 本文在分析课堂教学低效的原因的基础上，提出了“精致课堂”教学模式，从做精致的教学设计、重新定位师生在课堂中的角色、精致小组合作和精致课题氛围等方面阐述了“精致课堂”教学模式。

[关键词] 教学模式　精致课堂　小组合作

怀特海说：“教育的全部目的就是使人具有活跃的思维。”这是一个比传授知识更加伟大，也更有重要意义的目的。然而，纵观我们的课堂，有多少本该青春洋溢、个性鲜明、充满活力的正在成长的孩子却死气沉沉，呆若木鸡。又有多少老师感慨那么简单的知识教了多遍，学生还是一窍不通，如同对牛弹琴。我们的教学不但没有让学生思维活跃，甚至有的连传授知识的基本目标都不能实现。究其原因，笔者认为是因为学生的心思和兴趣不在课堂，而在别处。那么如何才能让学生投入课堂呢？我校从2015年开始尝试“精致课堂”教学模式。经过两年多的实践和探索，“精致课堂”教学模式是改变这一现状的有效尝试。

一、教师要做精致的教学设计，做学生兴趣的唤醒者

学生都有好奇心，但是需要老师帮助学生打开心窗，放飞学生的好奇心。学生不是容器，我们不能将知识从一个地方拿来直接塞进学生的脑子里。知识的汲取取决于求知者内在的渴望，而教师所要做的就是去唤醒这种渴望。教师必须运用得当的方法去唤醒这种渴望，使学生养成思考和探究的习惯。“精致课堂”教学模式中要求教师少讲，但提高了对教师讲的要求。“精致课堂”教学模式要求教师应该在做好学情分析的基础上，精心设计问题和教学活动，激发学生的好奇心，引导学生主动探究。

“精致课堂”教学模式要求教学目标和教学活动要精致，要求教师每节课必须要突出本节课的重点，教学目标要呈现给学生，使学生带着学习目标有目的地学习。如在英语教学中，经常会有词汇教学的目标，“精致课堂”教学模式要求教师必须对每一节课的词汇进行分类，如哪些词汇要求识别、哪些词汇要求理解、哪些词汇要求能够准确运用。针对不同要求的词汇，要设计有针对性的教学活动，以便于学生进行合理的分配和掌握重点。教学活动不要求数量多，而要求精巧。教学设计中的教学活动一定要为实现教学目标而服务，既要能够提高学生的参与积极性，同时还要求学生能够通过活动提高对新知识的理解和吸收。

二、正确定位学生和教师在课堂中的角色，把学习的主动权交回给学生，精致教与学

《义务教育英语课程标准（2011年）》中明确指出教学应该以学生为主体，教师为主导。然而，我们许多教师在教学中却始终不愿放弃自己的“绝对霸权”，始终坚信自己的讲解才是学生最需要的，强硬地剥夺了学生自主学习的权利，却又常常抱怨学生学习不够自觉。我校实行“精致课堂”教学模式就是为了改变这一现状。在“精致课堂”教学模式中，课堂不再是教师展现自身才华的舞台，而是鼓励学生发现问题，在同伴互助的过程中探索和解决问题的场所。这是一种变革，我们需要转变观念，勇敢地破茧而出，只有突破传统观念的束缚，我们的课堂才能发生根本变化，我们的学生才能有所改变。

“精致课堂”教学模式要求在教学实施过程中必须要以任务为依托，引导学生自主完成探究学习任务，要给学生足够的时间先自学，然后小组内同学之间互相答疑解惑。教师在课堂中承担的角色是学习探究活动的参与者，是学生遇到困难时的指导者和协助者。实践证明，把课堂时间留给学生，让学生自主学习和互相学习，更容易使学生成为课堂的主人和学习的主人，学生学习也更为高效。

三、“精致课堂”教学在学生小组合作学习中提高实效

笔者所教学科是英语，英语是一门语言学科，语言最基本的功能就是交流。《义务教育英语课程标准（2011年）》要求英语教师要培养学生“运用语言做事情的能力”。许多老师会担心小组合作学习会占用大量的课堂时间，使课堂教学无法完成。以英语课堂教学为例，有研究者计算了以下不同课堂活动形式所占用的时间与参与的人数（见下表），提供了一个看待这个问题的不同视角。

不同课堂活动形式所占用的时间与参与人数

活动形式	活动内容	活动占用时间	参与人数
教师对学生个体	回答问题	10分钟	最多10人
小组活动	互相提问回答	10分钟（2~3分钟为课堂组织时间，其余为学生问答时间）	6（人数）×8（组数）=48人

英语课堂教学中有大量的语言操练环节，我们以10分钟为单位，如果在10分钟内，教师提问，学生逐一回答，按照每个问题1分钟的时间计算，教师在10分钟之内最多可以提问10位学生，也就是有10位同学有机会进行语言输出的训练。同样10分钟，利用其中2~3分钟进行小组活动布置，剩下7~8分钟让学生在小组中进行口语交流，这样，假设全班分成8组，每个组6位同学，就会有48位同学可以进行语言输出的训练。老师们在教学中经常抱怨班级规模大，人数多，无法组织小组活动，但是实际上即使小组活动的组织会占用一些时间，但是学生能够参与训练的比例还是大大提高了，因此小组合作更适合大班教学，可以创造更多的学生操练机会。让更多学生参与课堂，投入课堂，才能让英语教学的目标落到实处。

四、以生为本，营造“精致课堂”氛围

“精致课堂”教学模式下的课堂应该是润泽的，课堂气氛应该是安全的、可信赖的、平等的。以英语课堂为例，课堂的信息加工模式是登山型的——由易到难、拾级而上。对英语课文的不同解读、不同感悟，应该不断进行分享。其间，教师应该学会倾听和应对，不断发现新的契机，生成新的课堂生活。教学活动的展开就像交响乐团的演奏，是教师引领各类学生的、具有个性和主体性的参与。这是一场“静悄悄的变革”，是一个播种希望，静待花开的过程。

五、结语

“精致课堂”教学模式通过教师精心进行教学设计，正确定位课堂中学生与教师的角色，以小组合作的形式，把课堂还给学生，把学习还给学生，以生为本，充分发挥学生的主体作用，为学生营造安全的、可信赖的、平等的课堂氛围。实践证明，“精致课堂”教学模式是提升课堂教学质量的有效尝试。

参考文献

1. 中华人民共和国教育部．义务教育英语课程标准 2011 年版［M］．北京：北京师范大学出版社，2012.

2. 佐藤学．静悄悄的革命：创造活动、合作、反思的综合学习课程［M］．李季湄，译．长春：长春出版社，2003.

初中英语写作教学在“精致课堂”中的方法探究

陈丹萍

[摘要] 爱因斯坦曾说过“兴趣是最好的老师”，初中英语的书面表达教学相对滞后，学生写作水平普遍提高甚微，写作兴趣不浓。初中英语写作是难度较大的教学内容，耗费教师很多精力，实际效果却事倍功半。本文探究了在“精致课堂”中通过小组合作学习提高学生的英语写作质量的方法，并阐述了如何能在写作课中调动学生的积极性。小组合作学习是突破学生英语写作困难、提高学生语言综合运用能力的有效方法。

[关键词] 精致教学　小组合作学习　英语写作　合作互批

一、初中英语写作现状

初中英语试卷中作文占 15 分，比重虽不大，但关系到英语学习的方方面面，所以是很重要的。而现在英语教学的现状却是学生写作不理想、怕写作。纵观近几年的湛江市中考试卷，作文题目越来越活，给出的信息越来越少，学生要根据少量的已知信息写出一篇 80 多个词的完整习作是很困难的。因此，如何提高学生的书面表达能力就成了初中教师在写作教学中亟待解决的问题。培养学生的英语口头、笔头交际能力是整个初中阶段英语教学的目的之一。其中“写”又是较高层次的信息系统，它要求学生具有较高的书面语言表达能力。然而，目前初中英语的书面表达教学相对滞后，学生的写作水平提高甚微，当中的主要原因是：①不理解题意，找不到题眼，主题不突出；②文章的结构混乱，缺乏逻辑，语言衔接能力差；③词汇贫乏，各种短语搭配不当，语法基础不扎实。

二、小组合作的建设

1. 小组的形成

将全班学生按座位的就近原则分组，前后 6 ~ 8 人为一组，根据不同程度分为实力相近的 8 个小组，做到“组内异质，组间同质”。每个小组的组员再根据学业水平的不同进行编号（A、B、C……），编号的目的是在作文评价阶段，便于不同组内同一编号的学生代表自己的小组进行组间比赛。组内选举一个小组长，小组长不一定是英语学得最好的，但要公正、热情、有威信，并愿意为大家服务。

2. 组员的分工

组员的分工由小组长负责（教师协助），根据组员的智能优势和语言水平分配不同的工作。例如，学生 A 负责主题句、衔接语、过渡句等难度较大的内容；学生 B 负责要点和内容、段落与层次的梳理；学生 C 负责句式；学生 D 负责格式和时态；学生 E 负责书写和卷面整理。小组长可以兼任责任人，其责任是分配学习任务，组织小组活动，协调组员关系，协助每个责任人履行各自的职责。

三、如何运用小组合作提高学生写作能力

在传统的写作活动中，由于学生遇到问题时得不到帮助，没人为其搭建支架，因而其无法完成写作任务。而小组合作是生生互动、互助的学习过程，学生在合作交流、互帮互助中发挥各自的智能优势，互相搭建支架，就可以达到最近发展区，完成写作任务。合作步骤分为：写作过程合作→互批过程合作→评价过程合作。

1. 运用小组合作解决作文题目中存在的问题

写作前，教师首先要为学生提供写作素材，然后指出作文中可能会出现的常见问题。针对这些问题，根据作文的篇章结构、语言知识提出讨论的内容要求和步骤。具体分为以下几个阶段：

(1) 责任人准备。讨论之前给学生留出 3 ~5 分钟的独立思考时间，以便责任人对自己负责的内容进行思考和整理，为将要进行的讨论做准备，不明白的地方可以咨询其他学生或教师。此阶段由于思维尚未被激活，那些不能完全胜任的责任人可能羞于开口询问，此时需要组长鼓励他们主动问询，并为主动提问和提供帮助的人加分。

(2) 小组合作写作。学生通过小组内的共同讨论，加深对题目的认识和理解，集中不同的见解，捕捉合适的观点，然后根据讨论结果，确定写作内容、写作时态、文章结构等，小组成员每人根据选定的题目独立进行实际的创作。在这个过程中，学生有困难的话可求助于组员或老师。例如，我们选择新版 Go for it 教材九年级上册 Unit 1 中的写作任务“How to learn English”，学生分别从听、说、读、写等方面对提高英语水平进行讨论，讨论后列出一个思维导图，引导小组成员进行发散性思考，使写作内容更为充实。合作阶段过后，小组成员转入暂时的独立初稿写作阶段。

英语写作框架

体裁		人称		时态	
开头					
要点					
结尾					

2. 实行小组捆绑式评价，激发学生学习动机

评价不仅要关注学生的学业成绩，而且要发现和发展学生多方面的潜能，了解学生发展中的需求，帮助学生认识自我，建立自信。小组评价不仅要评价学生的学习结果，更要关注学生合作的过程，关注学生在表达自己的观点、倾听同学的发言过程中所表现出来的态度，关注学生在合作过程中所表现出来的合作精神、投入程度、情感态度。评价虽然不属于写作内容，但有效的评价是成功的保障，能促进一个人乃至整个小组的学习，对缩小两极分化效果尤为明显。

（1）评价的方法。

①自评。自评是根据所给的项目和标准给自己打分。从内容信息点、语法结构、句子衔接、标点和拼写等几方面来自我检查。通过自我检查，要求学生基本解决简单的语法和拼写错误问题。自我评价的过程成为学生自我认识、自我调整、自我教育能力不断提高的过程，成为学生合作意识和技能不断增强的过程。

②小组互评。这是小组合作成果在全班展示的阶段，也是彰显小组集体智慧的阶段。首先每个小组推荐一篇作文代表本组参评，然后，由小组的某个成员上台评析作文，也可以自己评析自己的习作（最好使用电教设备，将其投影到屏幕上）。评析内容要包括上文提到的几个方面，也可以分整体架构、综合语用、书写规范等几个大的方面来评析。若遇到有争论的地方，教师或小组其他优秀成员的帮助就显得十分重要。对于普遍存在的错误或问题，教师有必要当堂点评，并引导学生应用正确地道的表达方法。

③教师批阅。经过以上几个阶段，学生的作文水平已经大大提高，教师的批阅就会节省很多的时间。在此阶段，教师要从更高的层面来欣赏或批改学生的文章，以增强文章的可读性和美感，并给出恰当的批语，如：Well done！Wonderful！Excellent！You'd better say…或 You need to improve…教师可通过各档次的给分标准对学生作文进行评价。

教师批阅、评价完成后，及时把信息反馈给学生，要求学生整理需要修正、提升的地方。同时表扬作文成绩好的小组，并把最好的作文作为范文张贴在教室的文化墙上或用 PPT 投放在大屏幕上，要求学生与此对照，对自己的作文进行反思评价。这样做，每个学生都会为了自己和小组的荣誉认真地写、主动地合作，既提高了每个成员的写作能力和改错能力，又增强了小组的凝聚力。

英语写作评价表

分数分布	开头（2 分）	内容表达（8 分）	结尾（1 分）	格式（1 分）	亮点句（2 分）	卷面（1 分）	总分（15 分）
自评							
小组互评							
教师评语							

（2）评价的作用。

捆绑式的评价发挥着重要的作用，首先这能够激发学生的学习动力。合作小组就是一种“利益共同体”，通过任务分工、责任到人、资源共享与角色轮换使小组成员相互之间建立起积极的依赖关系。例如，在评析作文的过程中，评析员评析的好坏以及作文质量的高低直接关系着本组每个成员的得分，因此，在写作和互评的环节，甚至在写作之前，要呈现作文的作者和评析员就要开始做积极的准备，主动向大家请教，同组的成员也会从各个方面积极帮助他们，为写出优秀的作文和给出恰当的评析献计献策，这就调动了全体学生的积极性。

其次，评价还会促进学生写作能力的发展和写作情感的升华。首先，本组评析员主要分析作文的优点，其他组的评析员可能分析不足多一些。通过倾听和思考这些优缺点分析，学生熟悉了作文谋篇布局、层次划分以及段落衔接的技巧和语言知识等写作内容，并且在赏析了多篇优秀作文之后，再对自己的作文做进一步的修改和完善。在这个过程中学生的写作技能得到了进一步的训练和强化，写作水平有了进一步的提高。合作评价促进了学生写作能力的发展和写作情感的升华，是保障小组合作学习高效的有效评价方式。

结束语

小组合作步骤分为审题→小组讨论→独立写作→伙伴编辑→教师批阅五个步骤。经过一段时期的尝试和不断改进，学生的写作水平有了明显提高，写作兴趣也逐渐浓厚。与传统的让学生独自写作的方法相比，小组合作的好处主要体现在以下几个方面：

（1）关注了写作过程。在传统的写作教学中，教师侧重于写作结果，写作过程则无人问津，学生得不到及时的帮助和指导，写作能力差。而小组合作则兼顾二者，尤其突出了对学生写作过程的关注。

（2）激发了学习潜能。小组合作学习中，分工明确，责任到人，使小组成员意识到自己对小组的作用是别人无法替代的，于是产生了主人翁的责任感，自然会竭力做好自己的工作，激发了学习潜能。

（3）落伍生受到关注。捆绑式评价使个人成功与小组成功紧密相连，每个人都体会到小组的成功不是基于一两个人的努力，而是大家齐心协力、共同努力的结果。这就促使学生携起手来，互帮互助，落伍生不再被冷落，得到了更多的关注，使其自尊心和自信心增强，成为对自己学习负责的人，课堂中不再由优秀生独享话语权。

（4）教师的工作负担减轻。最后上交的作文由于经过了“讨论→互批→修改→评析→再修改”的过程，不但语言知识错误减少，而且篇章结构也得到了进一步的优化，教师的批阅必然收到事半功倍之效。

努力做到用最少的时间使大多数学生获得最佳的学习体验、最大的进步与发展，实现英语写作教学效益的最大化。运用小组合作学习方式进行英语写作教学是解决学生英语写作困难、培养学生学习兴趣、提高学生综合语言运用能力、大面积提高教学质量的有效方法。此外，小组合作学习模式在培养学生的团队精神、表达能力、社会责任感等方面也发挥着重要作用。

参考文献

[1] NUNAN D. Task based language teaching [M]. Callibridge: Callibridge University Press, 2004.

[2] VYGOTSKY L S. Mind in society: the development of higher psychological processes [M]. Callibridge, MA: Harvard University Press, 1978.

[3] 蔡梨晓．教师介入在高中英语写作教学中的实践与思考 [J]．中小学外语教

学，2011（9）.

［4］陈玉卿．基于过程的初中英语写作教学实践［J］．中小学外语教学，2011（12）.

［5］关世民．中学英语写作教学薄弱问题分析与解决对策［J］．中小学外语教学（中学篇），2008（2）.

［6］关世民．转识成智：英语写作技能的训练途径与对策［J］．基础教育外语教学研究，2010（6）.

浅谈“精致课堂”教学之初中英语写作

李宛霖

[摘要]“精致课堂”教学提倡以学生为中心，充分体现学生的主体性，大力提倡自主学习、合作学习，鼓励学生进行独立思考和合作学习，进而提高学生各方面的能力。在“精致课堂”教学指导下的合作学习写作带来的不仅仅是写作水平、成绩的提高，还增强了学生人际交往的能力、团队合作的精神，树立了相互帮助、相互勉励、相互尊敬的正确的情感态度和价值观，锻炼、增强了学生的良好心理素质，同时也缩短了师生之间的距离，增加了交流机会，因此将“精致教学”模式运用到初中英语写作教学当中有着极其重要的意义。

[关键词]“精致课堂”教学　合作学习　初中英语　写作

一、引言

“精致课堂”教学作为我校推行的一种教学模式，注重在英语写作中采用合作学习的方法，这有利于把学生的兴趣、经验与具体的事件、交流与合作结合起来，有利于培养学生的语感，增强语言的实际应用能力。同时，还有利于培养学生的思维机制、养成主动思考的习惯，从而提高学生自主学习的能力和跨文化意识，促进良好情感价值观的形成。

二、“精致课堂”教学下初中英语写作教学的写作过程与问题

（一）“精致课堂”教学下初中英语写作教学的写作过程

“精致课堂”教学以学生为主体，取代了传统的以教师为中心，使学生的主动性、积极性得到了极大提高，兴趣得到了有效激发。在完成写作的过程中，学习怎样写，提高写作技能，是真正的“用中学”，更具有实效性。“精致课堂”教学侧重采用“五步教学法”，即通过“预习反馈—呈现目标—自学讨论—当堂检测—展示提升”完成合作写作过程。

预习反馈：学生提前预习，然后填答自读设计上的问题。这一环节既能让学生了解自己的预习程度，熟悉课本内容，同时也能让教师了解学生的预习情况，为下面的写作展开做铺垫。

呈现目标：在预习反馈的基础上明确本堂课的学习目标和重难点，教师简明地告知学生本次写作的主要内容。

自学讨论（写前合作讨论）：以六人小组进行合作讨论，分析话题，列出提纲。在此基础上，学生进行头脑风暴，分析语言材料，讨论并组织语言。教师强调注意文章结构、首尾句、首尾段、过渡语。

当堂检测（草拟初稿）：经过大量讨论，学生头脑中已经有了丰富的语言准备。此

时，鼓励学生写下自己的想法，学生几乎会毫无停顿地将自己的想法流淌于笔尖。当然可能有学生不会表达的语言，要求学生做好标记，以便于以后修改，培养学生写作的积极性。

展示提升（合作式批改与评析）：完成写作之后，同学互相批改，或师生共同评价，学生在评别人错误的同时，要反思自己相似的问题，学习他人的行文思路。教师提醒学生注意动词的运用、名词的单复数、连词的使用，并让学生参考中考标准，共同把握评改原则和标准。学生不仅是作者还是读者，不再是教师单一评价，而更多的是同学之间的互相评价学习。在这个评价过程中，教师要积极关注学生的问题或疑惑，并给予有效帮助。对于优秀的文章，要在全班示范，树立榜样和标准。

"精致课堂"教学下的写作教学是一个相对完整的体系，从写作前的讨论到初稿的拟定再到小组合作讨论评析，最后到定稿，每一个环节都体现了合作精神。所以，与传统的个人写作相比，合作学习下，同学间不再是一种竞争关系，他们有共同的目标，承担共同的任务，是一个小组共同体，因此各组员间能相互协作，互相帮助，也更能调动学生的写作积极性，激发学生的兴趣，培养学生的能力，提高他们的写作水平，让全班同学一起进步。

经过小组的讨论评析后，学生要对自己的作文进行反思，对存在的问题和不足之处要及时改进，并反复修改。必要时进行重写定稿，再上交教师批改。

（二）"精致课堂"教学下初中英语写作教学的问题

1. 参与程度不平衡

有些个性较强，语言功底较扎实，善于表现自我的同学会在小组合作时取得话语"霸权"，而相反的，有些学生默默不语，可能是自身水平有限，或者不善于表现。这样，就出现了最终的观点仅是一方之言而不是合作得出的结果。

2. 缺乏合作技能

在整个实践的过程中，学生合作技能的缺乏是一个凸显的问题。比如组员之间有不同意见时，谁也说服不了谁，有时候会导致不欢而散。虽然分组是本着公平的原则，但在实际操作过程中，优秀小组与较弱小组，合作技能表现的差异较大。

3. 过分依赖母语

在小组合作写作时，一方面，为了提高效率并使得相互理解更轻松，学生在小组讨论时习惯性使用汉语交流。这样，就不能充分地训练学生口语，不利于英语语感的培养，对英语写作更没有起到好的辅助作用。另一方面，进行英文写作时，很多学生都是英汉互译的过程。受母语影响，很多英文句子都是汉语化的英语。

三、运用"精致课堂"教学提高初中英语写作水平的建议

（一）教师要明确自己的角色

1. 辅助者，合作者

在传统的教学模式中，教师起主导作用，注重教授知识而忽略学生的真实感受和需要，也忽略了学生的学习过程。然而，在"精致课堂"教学中，尤其是在合作写作模式中，凸显了学生与学生之间的协作，教师仅在他们解决问题的过程中提供适当的帮助，有时甚至会出现答案并不唯一，或者教师也不知道答案是什么，那么在这种情况下，教师就可以引导学生自己找到解决问题的方法，培养解决问题的能力。在此过

程中，教师始终鼓励、赏识学生，激发他们求知的欲望，并培养他们的信心，形成举一反三、触类旁通、积极思考的习惯。

2. 拓新者

在为学生创设具有创新性和时代性的课堂合作学习模式时，教师不能按部就班，要从关注知识传授转移到关注教学活动设计上，使得课堂丰富多彩，富有生命力。在课堂上，教师要具有更加灵活和随机的教学机制，善于课堂生成，让学生在每节课中都有所提高和收获。

3. 研究者和学习者

在如今日新月异的大环境下，无论对于教学还是对于学生的管理工作，现代的教师都面临着巨大的挑战。教师仅仅靠固有的经验和原来在书本上获取的知识，远远不能解决现今存在的课上和课下的问题。因此，一名教师若想更加胜任教育教学工作，成为更加优秀的教育工作者，那就必然要通过大量的学习研究储备知识。在小组合作学习模式下，教师要观察、总结、研究学生的活动现象，在科学客观的理论指导下，从事小组合作学习的研究实验工作，并不断调整，不断反思总结。在教学过程中，教师要不断向自己的学生学习，提高自身文化修养和丰富实践经验。

4. 观察者，发现者

在“精致课堂”教学模式下，学生活动更加丰富并充满了未知，教师在参与和观察的过程中，会发现学生存在的问题，甚至学生心理的变化。教师在此过程中，就要针对不同的问题及现象对学生进行帮助和指导，为学生提供丰富的信息及获取信息的渠道方法，培养学生解决问题的能力，提高学生的自信心，最大限度地开发学生潜能，让每一个学生都能有所收获，有所发展。

（二）教师要注意有效的评价方式

1. 即时评价

在小组合作写作的课堂上，教师一定要有发现问题、发现学生优点的慧眼，一旦发现学生的可圈可点之处，如学生的立意结构有创意，遣词造句优美恰当，过渡语使用恰如其分，小组讨论热烈，积极参与，文章修改时能够倾听别人的建议等情况，当场给予表扬和肯定。表扬的形式不唯一，可以是口头表扬，表情、眼神的肯定或者小小的物质鼓励，这些都会让学生能够更加主动地参与课堂。

2. 过程评价

过程评价是对小组学习活动过程中各项合作能力的评价，可以分为组内成员自评、成员互评、小组自评、组间互评、师生合作评价、教师的自我评价六种形式。教师制定好评价表格发给各组，记录每一次成绩。在这个长久的过程中，学生提高了合作能力，激发了积极性。在此过程中，考验了学生的能力，同时也对教师个人智慧进行考验。教师也需要走出思维的限制，积极动脑，有效地利用这些评价方式让学生愿意参与。

3. 结果评价

在学期中、学期末根据学生平时小组得分及各项活动的表现，评出“优秀创作小组”“优秀作家组”“优秀编辑组”“进步之星”等各种小组整体奖或个人奖，以此肯定学生的表现，使得各小组更加团结，促进组间良性竞争。

四、结束语

“精致课堂”教学强调学与思的结合，为学生营造了独立思考、自由探索、勇于创新的良好环境，注重培养学生的自学能力、合作能力和创新能力。“精致课堂”教学作为一种先进的教学模式，必将受到更多人的关注和重视，也必将随着教学改革得到进一步深化，在初中英语作文教学上发挥重要作用。然而，这并不意味着这种模式是放之四海而皆准的。“精致课堂”教学的实施要实事求是，量力而行。课堂中的活动设计及实施步骤，都要根据实际情况做出判断。这样，才能真正发挥“精致课堂”教学的本质作用，使学生真正学会自主学习，自主探究，在提升自我的同时发现学习的乐趣。

参考文献

[1] 沈军燕. 中学英语教学中合作学习模式的行动研究 [D]. 苏州：苏州大学，2007.

[2] 陈玉玲. 合作学习理论在大学英语写作教学中的具体应用 [J]. 陕西师范大学学报，2013 (11).

[3] 李莹. 合作学习在综合英语课上的应用研究 [D]. 大连：东北师范大学，2011.

“精致课堂”教学之班级小组建设“精准扶贫”例谈

王海波　刘俏斌

［**摘要**］学生成绩差异是每一个班级存在的问题，如何缩小学生之间成绩的差距，是教师工作的一个重要课题。本文从“精致课堂”教学要求出发，通过建立学习小组，合理分配组员，“贫富”搭配。通过优带差、学生互相帮教等形式，提高学生自主学习能力，激发学生学习兴趣，从而达到“精准扶贫”“全面脱贫”的高效教学目标。

［**关键词**］“精准扶贫”　小组建设　对象

在新课程背景下，教师和学生是民主、平等、和谐的师生关系，在日常班级管理中班主任不仅要密切关注学生的个性发展，同时也要关注学生的成绩差异。而成绩差异是每一个班级都存在的问题，缩小班级学生成绩的差距是每一位任教教师最根本的任务，如何缩小学生成绩差距是教师和家长共同的话题。

“精致课堂”教学要求面向全体学生，建立小组合作学习的模式，有利于班级管理和建设。因此，在日常班级管理工作中，组建学习小组，使小组的组员间出现成绩“贫富差距”，合理利用组员间或其他小组成员的富足资源来帮扶组内的“学困生”，为“学困生”建立学习的自信心，提高其学习成绩，达到共同进步。

如何实现这一目标？在实际工作中，我们实施“精准扶贫”策略，取得了较好效果。

一、“精准扶贫”的存在价值

班级学习小组实施“精准扶贫”有两个内在意义，第一个意义在于提高组内成绩落后的成员的学习成绩，激发组内“学困生”的学习兴趣，提高其学习自信心，营造良好的班级学习氛围；第二个意义立足于“正面管教”中的自我价值的体现，让学生能在班级里体会到归属感和自我价值感，进一步培养学生的集体荣誉感。

二、“精准扶贫”的开展

仔细研读了习近平总书记的“精准扶贫”重要思想的相关内容后，笔者对班级“精准扶贫”有了新的认识、新的见解和新的策略。本次班级“精准扶贫”工作的开展以期中考试为契机，期中考试结束后，对班上学生的各科成绩进行分析，并结合学生的成绩、性格和学习能力等因素来实施“精准扶贫”策略。在开展“帮扶”学习过程中，我们也应该每一项都做到精准。要有效开展这项工作，首先要做到“六个精准”：①扶持对象精准；②扶持科目精准；③知识内容精准；④措施到户精准；⑤因组派人精准；⑥进步成效精准。

（1）扶持对象精准。这是开展工作的前提，根据这次期中考试的成绩，还有平时的学习情况，确定需要扶持的对象。在确定对象前，要多方面、多角度地考虑“学困生”的因素，不能只根据本次考试成绩去确定“帮扶”对象。因为影响学生成绩的因素不是单一的，而是多方面的，比如说做题策略不对、答题卡填涂不当、身体原因等。因此需要从考试成绩和平时的学习情况、作业情况等方面来综合考虑该生是否该被确立为“帮扶”对象（以下简称“对象”）。

（2）扶持科目精准。在需要扶持的学生当中，绝大部分学生都只有某个科目学习有困难，其他大部分科目是可以进行自主学习的。因此在确定“对象”的时候，要根据学生的学习能力，精确到科目来进行扶持。在精准科目的过程中，除了老师确定人员外，学生也可以根据自身的学习情况来选择需要加强的科目进行学习。这样的双向选择能够更全面、更有效地提高成绩。

（3）知识内容精准。知识内容精准是整个“精准扶贫”工作的重点内容。如果传授的知识不准确，就会给整个工作带来负面的影响，甚至会起到反作用，因此这方面是最需要下功夫的，也是开展工作之前需要沟通与准备的重点内容。在开展工作之前，班主任必须与各科老师进行沟通。在学生们进行小组扶持工作之前，“小老师”需要在科任老师那里进行一次集体备课，确保传授给“对象”的知识是准确的。因此要求班主任、科任老师和“小老师”（成绩优异的学生）要密切联系，通过不断交流，不断强化，达到知识内容精准。

数学：由数学老师出题目，“小老师”完成后核对答案，进行集体备课，然后利用每周一的自习课给“对象”讲解题目，并安排接下来需要完成的任务。

英语：基础部分：听写单词，背诵课文、句子和短语。能力提升：为“对象”准备了一些比较简单，但是常考的题目，做完以后由“小老师”进行讲解。

语文：基础部分：加强生字词的识记和理解。能力提升：加强阅读，加强作文的训练。

历史、地理、生物、政治：由于这些属于新增加的科目，很多学生还没找到正确的学习方法，于是“小老师”在巩固知识点的基础上还需要为“对象”指出正确的学习方法：①巩固基础：抽查老师发下的提纲，讲解难以理解的内容；②老师上课讲解练习时没有讲到的题目，“小老师”在进行辅导时要补充讲解这些题目；③以同龄人的身份传授给“对象”该科有效的学习方法。

（4）措施到户精准。对于每个“对象”来说，在学习上遇到的困难都不一样，根据学生的个体差异，在扶持的过程中也会有所差异。有些学生是因为对知识点理解不透彻，因此就需要加强知识点的讲解；如果学生所学的知识出现了断层，不能连贯起来，那就需要查漏补缺，把缺失的部分知识补充完整；一些学生是基础不牢固，就需要加强练习；还有些学生是不能坚持学习，学习懒散，那就需要加强监督……对于不同问题的“对象”，我们需要采取不同的措施，才能做到有的放矢。

（5）因组派人精准。每个学习小组都有“对象”，同时每个学习小组也会产生“小老师”，有些科目的“对象”可以在组内消化，但是有些科目就需要调派人员。因此“小老师”的确定也需要认真考虑。之前提到“正面管教”中的“自我价值的体现”，主要呈现在“小老师”的挑选上：在挑选“小老师”时，不只是挑选品学兼优的学生，也可以挑选思想后进，但是某科成绩尤为突出的学生。这些学生被挑选为“小老师”时会非常高兴，同时他们在辅导的过程中会觉得“我的贡献有价值，大家确实需要我”，从而会对班级产生归属感。其他“小老师”的调派可以根据学生的日常交往来确定，关系比较好的可以分派到一个组内，这样容易形成向心力，“对象”对“小老师”的指示也乐意执行。

（6）进步成效精准。在确定了以上各项内容后，接下来需要给每位“小老师”定下目标，每个“对象”在下一次考试中要取得一定的进步，辅导的“对象”取得进步，“小老师”会有相应的加分。根据每个“对象”的个体差异，每个“对象”的进步目标也会不一样，达到目标的“对象”也会有相应的奖励作为鼓励。

三、小结

总的来说，班级管理工作既要细致入微，又要大刀阔斧，想要提高班级的成绩并不是简简单单、一蹴而就的，它需要每一名班主任不懈的努力和奋斗，从“精致”入手，通过学习和总结，进一步提高学生的学习水平，增强学生的集体荣誉感，打造品牌班级。

参考文献

[1] 习近平用“六个精准”把脉扶贫攻坚 全面小康指日可待［EB/OL］. 腾讯新闻.

[2] 李登. 精准扶贫模式在教育教学工作中的实践与探讨［J］. 新教育时代电子杂志（学生版），2017（5）.

[3] 简·尼尔森. 教室里的正面管教［M］. 北京：北京联合出版公司，2014.

浅析“精致课堂”教学下的班级小组建设

邓健玲

［摘要］在“精致课堂”高效模式下，学习的最小单位不再是学生，而是小组。我校课堂教学改革把小组建设作为高效课堂的重要突破口，试图通过小组合作学习的力量激发每个学生自主学习的积极性。改变传统的班级管理方式是新一轮基础教育课程改革的核心，以小组为基本单位进行教学活动，构建了班主任管理工作的核心。

［关键词］“精致课堂” 文明班级 学习小组

从进入港城中学，我就感觉到学校的教育理念和管理模式与众不同，它“精致”在创意，令人眼前一亮。而在所有的创意中，“精致课堂”教学模式下的班级建设中的小组建设则是我们新到校班主任一个成长的亮点。

班级合作小组建设得益于我校的“精致课堂”教学模式，小组的建设与发展又促进了我们“精致课堂”的纵深发展，同时小组的建设还给我们班级的管理和德育工作的开展打开了一扇神奇的大门。它的神奇在于它充分调动了学生参与的积极性，在于它让学生翻身当了“主人”，达到“双自”，即“自主学习”和“自我发展”；它的神奇还在于将教师从管理全班的疲劳中解脱出来，以小组为单位进行管理，使学生能做到主动学习，交流成果，自查互纠等，逐渐形成追求卓越的良好竞争氛围，实现学生自我发展的育人状态。这样不仅加强了管理的针对性，同时也解放了我们教师的双手，能腾出更多的时间去思考，去优化自己的创新。下面我就结合自己所带班级平时的一些具体操作方法与思路浅谈一下在小组建设中的做法和探索。

一、小组成员的分配与动态变化

学校的小组建设有两大原则——“均衡”和“适时调整”，所以在开学初学校开始要求建组时，我就考虑要实现小组成员分配的大致均衡，每个学习小组都必须由好、中、弱三类学生组成，小组长必须是能力最强的。根据班级的实际人数组建学习小组，每小组人数6~8人。明确一名小组长，组内成员明确分工。在实践过程中，我在此大原则的基础上，结合学生不同的特点，适度地进行小组内的分配，如在第一学期上半学期，在强调拔尖的前提下，注重大多数学生的均衡发展。而在下半学期，则更加注重组员间的强强联合，成绩相近者共同发展的原则。

在小组成员的分配基本定下来之后，成员的编排应该尽量保持稳定，但有特殊情况也可以做适当的微调。首先小组长有权利对小组间的成员进行个性化调整，而对于每次月考或者期中、期末考试后的成绩变化，根据各任课教师、各小组组员，尤其是各小组长的意愿可进行成员间的微调。在这种微调的过程中也让各个小组成员的组合一点点趋进优化与完美。

二、小组长的选择与培养

小组活动开展得如何，一个关键的因素就在于小组长的选择与培养，对此我是特别重视的。首先是小组长人选的定位，组长不一定是学习最好的，但组织能力、协调能力应该是最强的；人缘不一定是最好的，但责任心一定是最强的。对于小组长的选择既要做到心中有数，同时还要兼顾各小组成员的意愿，所以一开始采取小组投票的方式，让小组成员不记名投票，如果票数比较集中，作为老师尽量不干预他们的选择，即便是不太合人意的选择，也要鼓励他们，让他们感觉到老师相信他们的眼光。但意见不统一时，就只能宏观把控，引导他们深入了解考核条件，理解其含义和目的后再做最后的选择，这样可以让理论来指导他们的行动，从而减少他们的不满和不服的情绪。在实际中考核是由我和班长同时把关的，并最终确定结果。

对于小组长的优化与动态发展，每五周就要对小组长进行评价，而这种评价并不局限于小组内的评价，我们可以将所有小组长公示于学生面前，然后让大家进行评价，再结合小组内成员的评价，对小组长优胜劣汰。学生对这一点会比较关注，在公示期间很多学生会来提意见和想法，他们的目的是找到最好的人和方法来为小组提分。在这个过程中老师可以随时留意小组竞争是否良性发展以及这种方法是否具有效性和延续性，以便进行相应的调整。

三、小组、小组成员的良性竞争与合作

各小组成员根据自己的实际情况对自己的下一次考试制定目标，小组长与班主任对小组成员所定下的目标进行审核，过高或过低都要做适当的调整，让每一个学生定下的目标都是经过自己一番努力之后完全可以达到的。为了激发成员的干劲，小组长还可以结合成员制定出达不到目标的具体惩罚措施，这是行之有效的方法。另外，每个小组长在管理自己小组的同时，每周还有一次向班主任求助的机会，即当发现小组成员出现动力不足或心理问题，而自己又无法帮助解决时，可以本着一种帮助的态度向班主任求助。如果在以上这些问题都解决的前提下，而小组成员仍达不到预期的目标，在惩罚成员时，小组长有一定的连带责任，必须对小组长进行重新评定和考核，必要时还要对他进行额外的辅导。

四、小组的特色建设

各小组利用小组长这一基层代表，制定出他们小组自己的规章制度和奖惩方案，这样老师就由原来的管理全班的52名学生变成了管理16个小组。另外我们还有例会制度，即每周在规定的时间里召开小组长的碰头会，让小组长提出自己一周以来的问题及改进办法，或者向老师或其他小组长进行求助等，让小组中的问题及时得到合理的解决，同时也及时地推广了优秀小组的经验。

我们班在开学初期实行班级文化板块分工责任制度，由各小组投标自己负责的板块进行布置，而且民主决定一律不准在网上或实体店购买现成的标语或彩图，必须由各组购买普通的白纸或有色卡纸手工制作完成，锻炼大家的动手能力，完成后必须进行评比。学生热烈响应，各个小组成员分工合作，热火朝天地布置自己的“责任区”。尽管他们自己布置的效果是粗糙和简陋的，但我的目的是让他们合作，让他们意识到

我们需要的是无私、和谐和团结的团队合作精神。在“责任承包”期间，各组负责的板块也是由各组负责管理和维护，必要时还可以进行更新，这样非常有利于维持班级文化板块的有效性和持续保留的必要性。

学校的“精致课堂”教学的内涵远远不止以上这几点，还需要我们继续去探索、观摩和学习，但我相信小组建设确实能让学生在懂得爱自己的同时，更爱我们的班级，也更爱我们的学校，因为他们不仅在学习上做了主人，也正一步一步地在管理上变成自己的主人。通过实践、总结、优化、创新、成长，让教师和学生都慢慢成为“精致”的港城人。

参考文献

[1] 王坦. 合作学习：原理与策略 [M]. 北京：学苑出版社, 2011.

[2] 湛江二中港城中学精致课堂教学研讨文献 [C]. 2016.

浅谈初中数学如何有效实施“精致课堂”教学

潘丽梅

［**摘要**］随着教学改革的实施和发展，教学方式日渐多样，每位教师都在探索高效课堂的组织方式，而“精致课堂”教学正是一种高效课堂模式，因此实施“精致课堂”教学刻不容缓。关于怎样实施“精致课堂”教学，本文从八个方面进行了阐述。

［**关键词**］精致课堂　有效教学　学生

夸美纽斯曾说过：“找出一种教育方法，使教师因此可以少教，但是学生可以多学。”“精致课堂”教学正是这样一种教育方法。那何为“精致课堂”教学呢？“精致课堂”教学是一种培养学生的自学能力，以学生为主，关注学生发展，注重过程，让学生参与整个课堂，教师进行及时、合理的引导及点评，使大部分学生都在较短的时间内获得更多学习体验，取得更大进步和实现更好的自身发展的教育。“精致课堂”教学能有效地提高课堂教学效率，符合新课程改革的要求，与时俱进。那如何有效地实施“精致课堂”教学呢？以下是笔者实施“精致课堂”教学的一些做法和体会。

一、课前准备充分，体现教学设计

备好课是上好课的前提，教师需要重视备课过程，严格要求自己，做到最好。在“精致课堂”教学中，备课显得更重要，准备必须充分。“精致课堂”教学要求多次备课，每位教师需在假期里提前备好新学期的课程。教师要积极研究教材，结合学生特点，编写好讲读设计和自读设计。每周备课组进行一次集体备课，即二次备课，集体备课要落实好“精致三条”：教学主题精炼深刻、教学内容精当合理、教学方法精巧有效。在集体备课的基础上，每位教师还需进行个人再备课。在这个过程中，教师以学生为主体，预想可能出现的问题，并想好解决方法，需精心设计体现个人教学风格、符合学生实际情况的讲读设计，并熟记于心。还要根据该课的学习目标精心准备自读设计并提前发给学生，指导学生预习。

二、注重预习，反馈预习成果

在“精致课堂”教学中，预习是至关重要的，关系到一节课是否能顺利进行及这节课是否能达到高效。这需要学生在课前认真研究教材，自主学习；教师在课堂上要求学生反馈自己的预习成果。在自读设计的第一个环节就设置预习反馈部分，让学生在自主学习之后，检测自己的预习成果，初步了解新课所学的内容，以及新课所需的知识点，这体现了孔子的“温故而知新”的教育思想。同时突出了知识点之间的衔接性，使新知识的出现不会太突然，学生更易于接受，为学生能顺利掌握新课内容做好准备。教师在课堂上让学生反馈预习情况，并提出疑问，让学生带着疑问和思考进入课堂。

三、确立学习目标，让学生有目的地学习

在“精致课堂”教学中，学习目标是一堂课的灵魂所在。它为学生提供了学习的方向，让学生有目的地学习。美国教育心理学家奥苏贝尔的“先行组织者”理论认为，先于学习任务本身呈现的一种引导性材料，它要比原学习任务本身有更高的抽象、概括和包容水平，并且能清晰地与认知结构中原有的观念和新的学习任务关联。因此，在学习新的内容之前要呈现学习目标，让学生明确学习目的，有目的、有方向地进行学习。同时，激发学生学习的动力，调动学生学习的兴趣和积极性，促进学生在整节课中主动围绕学习目标进行探索和学习。而确立学习目标需遵守科学性、规范性、适度性、持久性、层次性和全面性等原则。例如，“实际问题在二次函数中的应用”这一节课的学习目标可设计为：①能够从实际问题中抽象出二次函数关系。②运用二次函数的知识求出实际问题的最值。

四、创设问题情境，激发学生的学习兴趣

创设问题情境，激发学生的学习兴趣是“精致课堂”教学非常重要的一个环节。研究表明，学生对新知识的理解和掌握程度，主要取决于学生的兴趣及其自主学习的程度，“精致课堂”教学自读设计中的“自学探讨”这一环节就体现了这一点。例如，笔者在“用直接开平方法解一元二次方程”这一节课中，创设了这样的问题情境：一桶油漆可刷的面积为 1 500 平方分米，李林用这桶油漆恰好刷完 10 个同样的正方体形状的盒子的全部外表面，你能算出盒子的棱长吗？通过此问题情境，激发学生的学习兴趣和学生的探究意识，让学生主动参与学习，自主学习，从而达到高效教学。“精致课堂”教学要求在设计问题情境时尽量创设我们熟悉的生活问题，使学生感受到我们所学的知识与现实生活密切相关，体现了知识来源于生活又服务于生活，同时也体现了知识的应用价值，从而引起学生的注意，激发学生学习知识的兴趣。如在新授课“最短路径问题”中，可以创设这样的问题情境：如下图，将军每天骑马从城堡 A 到城堡 B，途中马要到小溪边饮水一次，将军问怎样走路程最短？

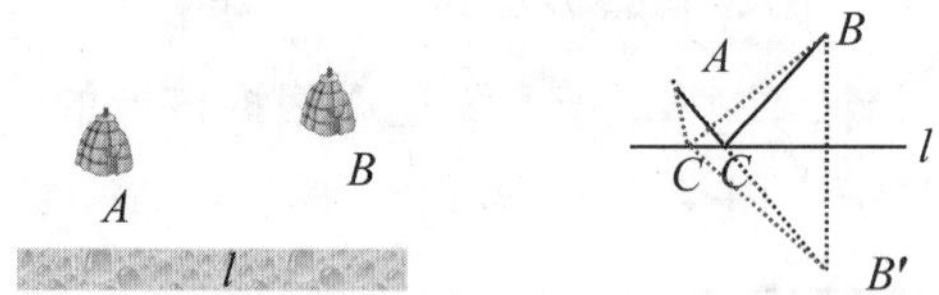

学生对这一实际问题有很大的兴趣，进而积极思考，迫不及待地想解决问题，让学生产生学习数学的兴趣。在“精致课堂”教学中，以学生为主体，让学习发生在学生身上，充分体现学生的主体性，真正实现了自主学习。

五、合理分配任务，小组内交流讨论

在“精致课堂”教学中要求学生自学，完成自读设计上预设的问题，教师对学生进行自学指导，在此基础上，教师再将学习任务合理地分配给每个小组。“精致课堂”教学分配任务遵循以下原则：中下游学生讲解、分析，优生点评、拓展。学生围绕着

所分配的任务进行小组讨论，教师负责巡查，监督学生高效讨论，对有困难的学生进行方法上的指导。比如在“用列举法求概率”这一节内容中，笔者设置了这样的一个问题供学生讨论交流：老师向空中抛掷两枚同样的一元硬币，如果落地后一正一反，老师赢；如果落地后两面一样，你们赢。请问：你们觉得这个游戏公平吗？请说明理由。这样一个贴合实际的问题，学生讨论积极，满足了学生想说的愿望，让他们在交流讨论中体验成功的喜悦。又例如，在“实际问题与二次函数”这一课中，笔者设置了这样的一个问题：从地面竖直向上抛出一小球，小球的高度 h（单位：米）与小球的运动时间 t（单位：秒）之间的关系式是 $h=30t-5t^2\ (0\leqslant t\leqslant 6)$。小球运动的时间是多少时，小球最高？小球运动中的最大高度是多少？在解决这道实际应用的问题之前，笔者设置了以下几个问题让学生进行讨论：① $h=30t-5t^2\ (0\leqslant t\leqslant 6)$ 的图像是一条什么线的一部分。②这条抛物线的最高点在什么位置。③当 t 取顶点的什么坐标时，小球最高，最大高度为顶点的什么坐标。先要求学生画出二次函数 $h=30t-5t^2\ (0\leqslant t\leqslant 6)$ 的图像，通过观察图像，在小组内讨论教师提出的几个问题。在学生讨论之前，教师先分配任务：第 1、2 组负责画二次函数图像；第 3、4 组负责第一个问题；第 5、6 组负责第二个问题；第 7、8 组负责第三个问题。小组内带着任务进行交流讨论，学生在交流讨论的过程中，学习的热情变得高涨，思维会被激活，通过交流讨论之后，会发现这道题有多种解法，进而去讨论不同的解法，达到了发散思维的作用。在这个讨论的过程当中，做得好的学生可以指导不会做的学生，让整个小组的学生都获得成功，这样就提高了课堂的效率和扩大了课堂容量。

六、展示提升，让学生做课堂的主人

在小组讨论交流过后，由小组推选代表进行展示，这是“精致课堂”教学中最关键也是操作难度较大的一个环节。在这一环节中，一方面教师需认真倾听学生的表述和观看学生的展示内容，另一方面还要督促其他学生关注展示的学生。代表学生展示完之后，其他学生要进行点评以及提出自己的疑问，然后由同学或者教师来解答。在这个过程中，教师要注意掌控教学时间，注意调控回答问题的学生人数，对于学生有疑问或者表达得不清楚的部分要适当点拨和引导。特别是规律性的结论，要引导学生归纳总结，提高学生的理解能力，使学生自己获得知识和学习方法。比如，在“一元二次方程的根与系数的关系”这一节课中，笔者给出以下表格，让学生通过计算填写表格，从表格中找出两根之和 x_1+x_2 和两根之积 x_1x_2 与系数 a、b、c 的关系。

方程	两个根 x_1 与 x_2		两根之和	两根之积
	x_1	x_2	x_1+x_2	x_1x_2
$x^2+5x+6=0$				
$x^2-5x-6=0$				
$2x^2-3x+1=0$				
$3x^2-4x-4=0$				

学生展示讲解表格中的内容后，教师引导学生观察两根之和 x_1+x_2 和两根之积

x_1x_2 与系数 a、b、c 的关系，学生思考、讨论、归纳、总结，得出一般规律，然后再展示所得的规律，教师鼓励学生积极参与学习展示，让学生体验学习的成功和快乐。

七、当堂检测，让学生学以致用

在“精致课堂”教学中，在当堂检测之前，教师先引导学生对所学知识进行全面的回顾、归纳、总结、整理和反思，构建课堂知识网络，让学生加深对新知识的印象，接着再进行当堂检测，学以致用。当堂检测是“精致课堂”教学中必不可少的一个环节，也是“精致课堂”教学的重中之重。当堂检测，一方面可以检测学生所学，另一方面让学生学以致用，巩固新知识。先让学生独立完成自读设计上的当堂检测题，接着在小组内交流讨论结果，然后教师鼓励学生进行展示讲解。

八、评比激励，激发学生学习的内在动力

在“精致课堂”教学中，少不了对学生的激励。“精致课堂”教学需要学生非常积极和主动，而在实际课堂教学中，很多学生不乐意回答问题，究其原因，是不够自信，害怕出错被同学们取笑。每个人都希望得到肯定，“精致课堂”教学更需要多多激励学生积极参与。美国教育家布鲁纳强调，学习的最好动机是对所学材料的兴趣，是奖励、竞争之类的外在刺激。“精致课堂”教学采取了各种评比加分的竞争方式，一节课一考评，教师在课堂上根据学生的表现，进行相应的加分鼓励。用“正”字统计分数（一笔一分），每天都统计，一周进行一次评比，评出一名“星级学生”。以下是每节课的小组评比表格：

小组	预习检查	课前准备	自主合作	成果展示	课后作业	纪律情况
1						
2						
3						
4						
5						
6						
7						
8						

通过以上各项评比，激励学生积极参与学习。让学生主动解决问题，体验成功，建立自信，形成学习的积极性，教师也要适时地表扬学生，学生在被肯定的同时会增强自信心，进而激发学生学习的内在动机，最终达到“精致课堂”教学的要求和目标。

在“精致课堂”教学中，教师的主要任务是组织课堂，让学生真正动起来，做学习的主人。这需要教师利用教育智慧，做到随时指导学生进行合理有效的学习。一方面帮助学生学会管理自己、约束自己；另一方面充分调动学生的学习状态和情绪，增强学生学习数学的兴趣和信心以及克服困难的勇气和决心。保证学生积极投入学习，使学生真正想学，喜欢学，会学，真正落实“精致课堂”教学的高效性。

参考文献

［1］杨鑫辉．西方心理学名著提要［M］．南昌：江西人民出版社，2007.

［2］何聪华．以“学案导学”实现有效教学［J］．教师博览（科研版），2011(2).

［3］冯巧红．课堂导学　且行且思——一份导学案，给学生一个高效精致的课堂［EB/OL］．http：//www. eduwg. com.

关于高三数学总复习的“精致课堂”教学的探索与思考

袁剑峰

[摘要] 笔者在学校“三环五步”课堂教学的基础上做了一些摸索和改进，意图在“三环五步”中更多地融入“因材施教”的因素，对“精致课堂”模式进行拓展延伸，使其适合高三数学总复习。让高三的学生养成思考、探讨、归纳的学习习惯，积极主动参与“精致课堂”教学并有所收获和进步，使得我们的高考数学复习课堂更加有效、更加适用。

[关键词] 高三数学　因材施教　课例模型

在我校“精致课堂”教学的大背景下，注重知识回顾和课前预习、强调学生的自主学习和教师的适当引导相结合、培养学生良好的思考和学习习惯已成为我们学校教师教学的一个重要思路，这也正是现代教学理念所倡导的。我们的教师已经经历了一年多的教学实践与适应，本人这一年多以来都负责高三毕业班的数学教学，也一直尝试去寻找一条适合我们的学校、我们的生源和侧重我们复习方向的高考备考之路，因此本人也在学校“三环五步”课堂教学的基础上做了一些摸索和改进，意图在“三环五步”中更多地融入“因材施教”的因素，使得我们的高考数学复习课堂更加有效、更加适用。

在毕业班总复习的“三环五步”教学中，第一步是“预补反馈”，课前预习能增加学生的学习兴趣。课前预习不仅可以锻炼学生的归纳猜想能力，而且可以使他们觉得许多数学规律、数学公式似乎是自己在研讨中发现的，因而有较高的成就感，从而学习兴趣更加浓厚。课前预习能增加学生的注意力，预习中学生遇到的疑难问题，会在老师讲解时格外注意。而在高考数学的复习课堂中，“预补反馈”的重点可以是教师指导学生把所学的知识点构建成“树形图”的提纲形式，让学生学会由点连线、由线及面地去对知识点进行系统的回顾，这对于高三学生来说也是一种很好的思维发展训练。

在“自学探讨”环节中应更多地倾向于高考复习总结以及融入高考题的讲解和训练。在新授课中，“自学提示、合作探讨”环节能激发学生的自主学习兴趣，通过合作探讨使学生对知识的理解更加深入；而在复习课中，“自学提示、合作探讨”环节更多地倾向于让学生对学过的知识进行总结性归纳，尤其是对做题方法的探索与思考，力争通过一题多解、多题一解、难题巧解等对数学思想和数学规律、方法进行归纳，这样才能使我们在高考备考中有的放矢。而在“自学提示、合作探讨”后面的“探究提升”环节，本人增加了对历年高考相应考点题型的总结和考题再现，让学生清楚这几年来这一知识点的相关考点是如何呈现的，以后应对此种类型题目该如何把握。

在“归纳小结”环节中应增加对当堂课学生掌握相关知识的易错点的归纳，所以建议增加“易错点归因”。“学生在高三数学复习中，一定要去除依赖性，要主动思考、主动分析，同时解决问题时需要有强烈的纠错意识。”我们的学生学习基础较差，在反思这一点上做得不够好。本人觉得我们的学生在对所学习的知识点的查漏补缺上需要多下功夫，在平时的学习中要形成“纠错意识”，经常反思，把这些错误记录下来。每个高三的同学，都应该学会主动地在老师的指导下不断地检查自己的学习，做到心中有数，一份试卷看了之后，不但要知道哪些题会做，哪些题不会做，而且还要知道哪些题能得分或者好拿分，这就需要我们在平时的课堂训练中注意对错题的积累，所以“易错点归因”部分必不可少，值得重视。

在“当堂检测”环节中提倡对题目进行来源的标注和难度（基础、中档、难题）的标注，体现我们教学中的“因材施教”原则。因为一个班的学生的学习能力肯定有所区别，因此在练习题的设置上也要强调这一点，这让我们的讲解和辅导更具有针对性，我们强调让学生做好力所能及的题目，把能拿的分数拿到，把能拿的步骤分拿到，不提倡盲目做题。我们要求学生要有上进之心，能争取学习进步即可，而不需要花太多力气去攻何种类型的题目和太多超过自己能力的题目，我们更强调学生学习的“保稳性”。

附录：

“三环五步”精致课堂模式下高三数学总复习新探索的课例模型（学生自读设计）

一、【预补反馈】

1. 知识点填空；

2. 知识网络系统构建（树形图）。

二、【学习目标】【学习重点】

三、【自学探讨】

1. 自学提示、合作探讨；

2. 探究提升：精研高考题点，提升备考智能：

（1）关注历年高考考点；

（2）真题再现。

四、【当堂检测】

1. 2016 年河南洛阳三校联考模拟，基础。

2. 2016 年广东广州一模，中档。

五、【归纳小结】

1. 需掌握的知识点及方法；

2. 易错点归因。

六、【课后作业】

“三环五步”精致课堂模式下高三数学总复习新探索的课例模型（教师讲读设计）。

一、【预补反馈】

1. 知识点填空；

2. 知识网络系统构建（树形图）。

二、【教学目标】【教学重点】【教学难点】

三、【自学探讨】

1. 自学提示、合作探讨；

2. 探究提升：精研高考题点，提升备考智能：

（1）关注历年高考考点；

（2）真题再现。

四、【当堂检测】

1. 2016 年河南洛阳三校联考模拟，基础。

2. 2016 年广东广州一模，中档。

五、【归纳小结】

1. 需掌握的知识点及方法；

2. 易错点归因。

六、【课后作业】

七、【板书设计】

八、【教后反思】

参考文献

[1] 耿天娥. 磨刀不误砍柴工——浅谈如何指导学生数学课前预习［J］. 高考（综合版），2015（5）.

[2] 崔贺. 新高考模式下的数学复习策略［J］. 大连教育学院学报，2017（2）.

五环节构建高三政治“精致课堂”

——以“生活在人民当家作主的国家”为例

郑海燕

［摘要］“精致课堂”鼓励学生自主学习，而教师的任务是要让学生学会学习，尤其是自主学习。在高中政治“精致课堂”教学中，我们要以“自主学习”为基础，以“合作探究”为桥梁，以“精讲释疑”为关键，以“拓展延伸”为手段，以“当堂训练”为目的，将这五环节作为“精致课堂”的必然环节，并把它们有机结合起来，以培养学生的自主学习习惯，提高自主学习效率，让自主学习成为一种习惯、一种常态。

［关键词］五环节构建高三政治　“精致课堂”

“精致课堂”教学的核心理念是“以生为本、以学定教”，课堂教学逐渐由“师本”向“生本”转变，由“讲堂”向“学堂”转变。在高中思想政治课教学中，如何提高学生的自主学习效率，让自主学习成为一种习惯、一种常态？在“精致课堂”教学实践中，本人尝试使用“自读设计”，取得了很好的效果，提升了学生自主学习的意识与能力，培养了学生自主发展的核心素养。本文结合复习课“生活在人民当家作主的国家”的教学，展示高三政治“精致课堂”的设计理念与实施过程。

一、自主学习：基础知识的梳理

自主学习指依据自读设计的要求，阅读教材。教材是学生开展自主学习的一个重要资源，老师要充分利用这一资源，培养学生阅读教材的习惯。学生通过自主阅读，学习教材基础知识，在自学过程中，要让学生学会提炼重点，把握整体。比如：“生活在人民当家作主的国家”自主学习设计如下：

1. 我国的国家性质：____________________
2. 人民民主专政的本质：____________________
3. 人民民主专政的特点：____________________
4. 我国公民享有的政治权利：____________________
5. 公民参与政治生活的基本原则：____________________

学生通过预习，依据以上要求，在书本上进行标记，标记有助于学生理清条理，空格有助于学生突出重点，时间的限制要求有助于学生集中精力，提高效率。在教学实践中，学生通过阅读，基本能够准确地把握本课学习的重难点。自主学习能让学生对知识产生兴趣，做好课前储备；标记能让学生识记知识，理清条理。在阅读过程中，要养成“眼到、手到、心到”的习惯。在学生的自主学习中，要充分发挥教师的主导作用，学生通过自主阅读，学习教材基础知识。教师应根据教学内容，预测学生可能存在的问题，并就这些疑难问题进行学法指导，帮助学生少走弯路，提高自主学习的效率。

二、合作探究：重难点知识的升华

在本环节中，教师导学，以导促学，注重学法指导。在合作探究中，要充分发挥教师的主导作用，正确处理好“导与学”的关系。通过生生、师生的交流互动，合作探究，才能释难解疑。值得注意的是，探究的内容是学生在自主学习有一定困难的地方，在探究的方式上，应注重思维的逻辑性与系统性。可以让学生阅读相关情景材料，然后引导他们从多个角度来回答相关问题。比如，“生活在人民当家作主的国家”合作探究的材料如下：

微博已成为当下最炙手可热的新媒体，正悄然影响着人们的生活，也改变着公众参与政治的方式，彰显了“网络问政”的重要性。但这种“微博文化”喜忧参半，一方面，在惩治腐败、城市建设、公共服务等许多热点问题上，网民通过微博参与其中，在政府的反腐败等各项建设中宣扬着正能量（指健康乐观、积极向上的动力和情感）；另一方面，很多谣言通过微博平台传播，向大众投放着虚假负面的信息，造成社会恐慌，败坏社会风气。

在本环节中，教师要引导学生学会如何学习，如何全面地理解书本知识，而不是直接给学生一个答案，也就是说要注重学生学习的过程，给学生一个思考的空间，帮助学生搭建一个知识体系与框架结构，明确学习的方法。通过以上情景材料，教师要引导学生思考，要让学生学会运用辩证的思维，从多个角度对知识进行分析。比如，结合材料，运用我国公民政治参与的有关知识，说说公民如何使微博在政治生活中传播正能量？网民运用网络参与政治生活应该把握哪些基本原则？

三、精讲释疑：反思质疑，知得失

学生自主学习的过程是一个不断自我反思、总结、提升的过程。以教师为主体的课堂教学方法，容易导致学生在学习过程中遇到问题不善思考、懒于思考、不会思考，养成依赖性和懒惰性。学生是教学的主人，教是为学生的学服务的，鼓励学生学会质疑，大胆发问，让学生由过去的被动接受向主动探索发展。

本环节的设计理念是：在思中学，自思得疑，注重培养问题意识。学生只有不断反思，才能构建知识体系，总结自主学习成果，在梳理已获知识的基础上，提出还存在的困惑与疑问。而“精致课堂”对“思”的要求是：对自主学习情况进行归纳，写出疑惑，时间5分钟。在教学实践中，主要通过学生课堂自述及检查自主学习单“问题记录”来检验学生的学习反思过程。比如，本人会在这一课设置以下问题：①我国的国家性质；②坚持人民民主专政的必要性；③我国公民的权利和义务有哪些；④公民参与政治生活的基本原则。这些问题反映了学生在自主学习过程中的思考与疑惑，也是教师在教学过程中应该注意和重点讲解的问题。

四、拓展延伸：知识迁移的桥梁

在高三政治教学中培养学生的知识迁移能力，既是《考试大纲》的要求，也是素质教育的题中之意。提高学生广泛迁移知识的能力，不仅能让学生更好地理解新知识，认识事物的本质和规律，完善知识结构，提高学习效率，提升学生素质，而且能让学生做到理论联系实际，学以致用，促进自身发展。

在教学过程中，有的学生在学习中过于重视对知识个体的孤立、机械性记忆和理解，就事论事，割裂了知识点间的联系和对知识点之间关系的融合性理解与应用。而现代学习十分重视知识的迁移问题，学习目标是学生能够形成举一反三、灵活运用所学知识解决类似问题的能力和方法，所以这一环节的设计理念是：将书本上的原理与实际生活有效地结合。比如：在讲“生活在人民当家作主的国家”时，本人会引入“互联网＋”政府这个时政材料例子，让学生来探讨思考：①我国公民享有的政治权利；②公民参与政治生活的基本原则。

五、当堂检测：自主检测，需反馈

经过了前面四个环节的学习，最终要对自主学习的效果进行检测，这就是“练”的环节。

本环节的设计理念是：课前自测，自察自纠，注重问题反馈。通过当堂检测，一方面让学生自己发现问题，带着问题进课堂；另一方面可以通过反馈平台，让教师了解学生自测情况，针对问题进行备课教学。自主检测题一般为选择题，题目要精选，要尽量涵盖本课教学的知识点，对于重点知识可以选择多道题，从不同角度进行检测。练要精练，这就要求题要精选。选题要有目的性、创造性，教师可以对一些原题进行改造，一是素材的更新，用最新的素材能吸引学生的注意力；二是题肢的变化，增加或减少陷阱，以改变题目难度。在本课的训练中，本人选择了《名师面对面》真题训练中的几道真题，加以适当改造。通过“练”的反馈，可以看出学生对主要问题的理解，这就为课堂教学指明了方向，真正体现了“以学定教”。“精致课堂”教学要求提升学生自主学习能力，养成终身学习习惯。设计“课堂集训”的目的就在于培养学生自主学习的习惯，依据认知规律，引导学生学会学习。

参考文献

［1］陈再发．读导思练 高效自主——高中政治“自主学习单”的设计［J］．教育教学论坛，2016（14）．

［2］丁丽娟．高中政治新授课高效课堂教学模式探讨［J］．现代阅读（教育版），2013（21）．

浅谈初中政治“精致课堂”教学对学生自主探究能力的培养

王振

[摘要]“精致课堂”教学强调学生在教学活动中的主体地位，教师不能再实施灌输式教学，而是应该激发学生的学习兴趣，培养他们的自主探究能力。探究能力是新时代学生应该具备的一项基本能力，初中政治教师在教学中也要注重运用多样化的教学手段，唤醒学生的学习热情，让他们积极主动地投入到教学中，从而实现教学效果的提升。本文主要论述了初中政治教学中依据“精致课堂”教学理论培养学生自主探究能力的策略，以供参考借鉴。

[关键词] 初中政治 “精致课堂” 自主探究能力培养

在传统教学模式下，教师只是实施单方面的灌输式教学，学生被动地接受知识，并且在学习上对教师产生了依赖心理，使得学习能力不强，教学效率低下。在新课程改革背景下，初中政治教师应该遵循“精致课堂”教学理念，革新教学观念，树立学生的主体地位，注重调动学生的学习热情，培养学生的自主探究能力。一个具有良好探究能力的学生，无论是学习方法还是学习思维，都会有一个质的飞跃，真正实现学习能力的提升。

一、建立激励机制，唤醒学生探究学习的热情

在初中政治课堂教学中，为了唤醒学生探究学习的热情，政治教师应适当地建立激励机制，这对学生的学习热情和兴趣有积极推进作用。众所周知，教师的态度和鼓励，对学生学习热情和兴趣的增强，具有关键性的影响。心理学研究发现，教师适当地鼓励和奖励学生，能让学生在考试中考出优异的成绩。由此可见，教师的鼓励和奖励，对学生学习初中政治和培养学生探究能力，具有不可估量的作用。政治是一门需要理解和记忆的学科，特别是材料分析题对学生的理解和记忆能力的要求相对较高，而学生理解和记忆能力的培养，需要从学会探究开始。为了提升学生的理解和记忆能力，培养学生的探究能力是一个可行的选择。例如当学到“依法治国”相关内容时，教师可以在课堂开始前准备一些小奖品，如笔记本、钢笔等，然后在课堂上鼓励学生参与教师的探究课堂。教师可以事先制定激励机制，如哪位学生探究理解和记忆的速度最快，出错的次数最少，就奖励一本笔记本。在“依法治国”的政治学习中，我们知道，依法治国包含了四个大板块：有法可依、有法必依、执法必严、违法必究，在这四个板块中又有相应的阐述和内容，需要学生在不断的探究学习中加强理解和记忆。因此，针对这类课堂，建立激励机制，唤醒学生探究学习的热情，是非常有必要的。

二、创设和谐的氛围，树立学生探究学习的信心

一个良好的学习氛围，能够提高学生的学习热情，激发学生的学习斗志，反之，如果在课堂中没有一个良好的学习氛围，学生只会在课堂上无精打采、兴味索然，教师只能扮演自导自演的角色，不能让学生很好地参与自身的课堂。创造和谐的学习氛围，能够树立学生探究学习的信心，并在一定程度上培养学生的探究能力。例如在学习“说话是一门艺术”时，教师可以大胆地发挥想象，假设各种场合、各种情况下的说话方式，然后给学生进行独到的分析。如小明之前的政治考试成绩都很优秀，但是这一次意外地没有及格，这时候教师可以这样表达：“小明，你是一个很优秀的学生，这次政治考试中，你没有发挥出自己的实力，不要灰心，回家好好反思和归纳，争取在下一次考试中考出优异的成绩。”通过教师的假设问题和回答问题，能够很好地创造和谐的学习氛围，不仅让学生学到了说话的艺术，还让学生在教师的帮助下积极树立了探究学习的热情。最后，教师可以鼓励学生之间提出假设问题，领悟说话是一门艺术的基本内涵。再比如讲到“维护消费者权益”时，教师可以把课前精心准备的视频资料通过多媒体设备播放，比如播放地沟油的采集和制作过程，里面的场景让人触目惊心，同学们看过以后非常愤慨，瞬间课堂气氛被调动了起来，接着教师设问：“大家预习新课内容，发表自己的观点，说说地沟油流入餐饮市场侵犯了消费者的哪些权益。”学生们早已迫不及待，纷纷展开了讨论，深入开展知识的自主探究。

三、传授基本的探究方法，鼓励实践体验

在初中政治课堂教学中，为了培养学生的探究能力，教会学生探究的方法是必不可少的。只有学生掌握了基本的探究方法，才能在初中政治课堂中提升探究能力。俗话说：“巧妇难为无米之炊。”对于初中政治课堂学习中学生探究能力的培养，也需要一定的基础，这个基础，就是将探究方法贯彻落实到初中政治教学中。“教是为了不教”“授之以鱼，不如授之以渔”，这两句话都是在强调教给学生获得知识的方法的重要性。在初中政治教学的具体实践中，教师要起到穿针引线的作用，帮助学生意识到自己应该是课堂上的主体，要发挥主观能动性，实际上就是教师在政治知识和日常生活之间搭建起一道相互联通的桥梁，体现政治知识来源于生活并指导生活的特点，鼓励学生自主体验。例如在讲到“生命健康与我同在”时，首先让学生自主阅读材料，加强对知识要点的理解、记忆，及时点拨、提问并写下板书：“生命健康权的地位是怎样的？为什么要保护未成年人的生命健康权？保护未成年人的生命健康权，需要哪几个方面的共同努力？”然后引导学生通过自主学习新课内容，独立或者是和同桌讨论找到答案。最后，让学生回忆自己生活的点点滴滴，结合自己的亲身经历，并通过这种回归生活的方式来加深对知识的理解和认识。新教材里面也有很多帮助学生自主学习的新的案例和新闻事件，教师还可以结合本班学生的具体学情，创设多样化的教学氛围和情境，让学生融入其中，获得实践带来的成就感。

总之，在新课程改革背景下，初中政治教师要注重依据“精致课堂”教学理论，深入教学改革，创新教学手段，营造和谐的教学氛围，唤醒学生的学习热情，树立学生探究学习的信心。给学生传授科学的探究方法，一定会有助于培养学生的自主探究能力，能在提高教学质量的同时，促进学生综合能力的全面发展。

参考文献

[1] 张永志．新课标下初中政治教学中培养自主学习能力的探究［J］．学生之友，2011（3）．

[2] 张美红．初中思想品德课培养学生自主学习能力的探究［J］．中学教学参考，2017（4）．

[3] 赵静华．试论初中政治学生自主学习能力培养探述［J］．教育科学：全文版，2017（3）．

[4] 董子首．初中思想品德课教学中培养学生自主学习能力的探究［J］．时代教育，2016（8）．

（本文发表于《教育现代化》2017 年 6 月）

浅谈初中政治“精致课堂”教学的高效开展

申雪利

［**摘要**］在不断发展的社会经济的推动下，教育改革理念逐渐深入，初中政治教学受到社会各界人士的广泛关注。由于初中政治教材中的内容具备大量的理论，且具有很强的实践性，所以政治教学对青少年的发展具有非常重要的意义。而传统的教学模式过于注重理论知识，在教学中忽视了对学生实践技能的培养。本文就新时期初中政治“精致课堂”教学的高效开展进行论述，希望可以给大家提供一些有价值的参考意见。

［**关键词**］初中政治教育　教学提问　合作环境

对于初中教学体系而言，政治教学占有非常重要的位置。随着新课改理念的深入，提高初中政治课堂的教学质量和教学效率已经成为教师教学任务的重点。然而，当前的政治教学还受到很多外界环境的制约，影响着我国初中政治教学高效课程的创建。本文基于新时期初中政治“精致课堂”教学的高效开展，并结合自己的教学经验浅谈一些观点，旨在为大家提供借鉴。

一、重视课堂提问的有效性

为了保证初中政治“精致课堂”教学的高效开展，首先就应该重视课堂提问的有效性。众所周知，在课堂中，提问是师生之间进行沟通的唯一途径。只有重视课堂提问的有效性，并适当地通过一些难度不一的问题对学生进行提问，吸引学生的注意力，激发学生的学习兴趣，提高学生学习政治的积极性，才能使学生养成一种独立思考政治问题的习惯。在课堂进行提问时，教师需要根据学生不同的学习基础和性格特点，对问题的难度进行把控，可以对学习基础和学习能力不同的学生实施分层提问法。因为，如果对学习能力差的学生提问难度系数高的问题或者对学习能力强的学生提问难度系数低的问题就失去了提问的意义。所以，教师在高效开展初中政治“精致课堂”教学时，必须重视提问的有效性。基于初中生的智力发展，难度系数太高的问题会降低学生的学习兴趣，失去初中政治高效课堂的创建意义。

例如，教师在讲述“基本经济制度”时，当学生在对所有制的结构一知半解时，教师就应该根据学生的实际情况并结合教材的内容对问题的难度进行把控。除此之外，还要考虑到学生对知识结构的接受程度，进行针对性提问，从而实现提问在课堂教学中的引导作用。另外，在初中政治教学中，教师主要的教学目标就是培养学生的自主学习能力。因此，教师在课堂上对学生进行提问时，还应该激发学生自主学习的潜能，一步步地引导学生朝着问题的本质进行思考，让学生自愿地对初中的政治问题进行探索。在提高学生自主探究能力的同时，提升课堂提问在初中政治“精致课堂”教学的高效开展中的有效性。

二、重视课堂教学的合理性

在初中政治教学中开展“精致课堂”教学，是教师教学任务的重点。因为“精致课堂”教学的开展，需要教师对课堂上的内容进行规划，并根据教材内容精心设置教学过程。所以，要想保证新时期初中政治“精致课堂”教学的高效开展，就必须重视课堂教学的合理性。“好的开始是成功的一半”，因此，教师在创建高效课堂的时候，需要重视教学导入，在课堂教学中，只有学生明确了学习任务和学习目标，才能够带着目的去学习，从而在课堂教学中实现培养学生自主学习能力的教学目标。自主学习主要分为诵读课本和结合课本两个阶段。在诵读课本阶段，学生需要一边诵读教材，一边进行标注；在结合课本阶段，学生需要根据教材中的内容进行练习，完成自我检测。除此之外，教师在构建政治“精致课堂”教学时，对于教材中的教学重点和教学难点应做到心中有数，才能制定出适合学生共同发展的教学目标。

在课前，教师应该明确地了解自己需要做什么，并对教学方式进行合理的安排，在这个基础上，对学生进行引导。另外，在选择教学内容的时候，还应该体现出初中政治教学改革的目标，在完成写字、阅读阶段教学目标的基础上，还应该结合多媒体等先进的信息技术，对教学过程进行辅助。在这个信息化、网络化的时代背景下，信息技术和教学相结合，是教育发展的必然趋势，并在初中政治课堂的教学中发挥着重要的作用。

自从新课程改革以来，构建初中政治高效课堂已经成为教学任务的新要求。但是在实际教学中，构建高效课堂实际上是一项极其复杂的教学工程。因为在新时期，初中政治的教学目标是实现学生的全面发展，所以教师在高效课堂教学的开展中，应该紧跟时代的发展，通过多媒体等信息技术，不断地提高学生教学活动的参与度，从而加深学生对课本的理解程度。

三、重视课堂教学的合作性

在当前这个迅速发展的时代背景下，为了能够打造初中政治高效课堂，教师必须足够了解学生的思维和能力，并重视课堂教学的合作性，从而实现师生合作探究的教学目标。新时期，打造高效课堂的重要方式之一就是合作探究，合作探究的教学形式是采用小组合作学习，从而营造出一种轻松愉悦的教学气氛，改善传统教学模式的弊端，增加师生之间、生生之间的合作交流，从而提高学生的表达能力和合作学习能力。

在合作学习模式中，教师在进行小组分配的时候，应该让学生进行优势互补，并在轻松的课堂氛围中进行交流，从而提高学生自身的素质，激发学生的灵感，培养学生的思维能力和创造力。另外，重视课堂教学的合作性，还有利于学生合作精神的养成，培养学生的求证精神和探索精神。例如，教师在讲解汇率相关知识时，可以通过模拟实际生活中的情况，提高学生的操作能力。在课前，让学生以小组的形式对实际生活中的现象进行考察，并在课堂中进行模拟表演。在提高学生表演能力的同时，也锻炼了学生参与生活的能力，继而激发学生学习的积极性，并在初中政治教学中培养学生的实践技能，为学生日后的发展提供有利条件。

根据上文叙述可知，在当前的初中政治教学中，构建“精致课堂”教学对学生的发展具有非常重要的现实意义。在初中政治教学中开展“精致课堂”建设，既需要重视课堂的提问环节，又需要重视课堂教学的合理规划。只有营造良好的教学氛围，激发学生的学习兴趣，并合理开展合作教学模式，才能提高初中政治课堂的教学质量和教学效率，并在教学中培养学生自主探究能力和合作学习能力，为学生未来的发展奠定良好的基础。

参考文献

[1] 韩永博，惠艳．浅谈如何深入开展初中政治课程教学［J］．才智，2012（10）．

[2] 葛吉生．浅谈初中政治如何开展活动教学［J］．学周刊，2015（3）．

[3] 李树威．如何在初中政治教学中开展小组合作学习［J］．学周刊，2013（12）．

（本文发表于《中外交流》2017 年 8 月）

初中历史“精致课堂”教学初探

陈丽娜

[摘要] 课堂实效性是学校“精致课堂”教学的基础和追求。“精致课堂”教学对促进初中历史教学改革具有积极作用，有助于历史教学课堂的优化、学生学习能力的培养和学习成绩的提高、师生的共同进步。

[关键词] 学生主体论　合作学习　历史教学实践　实效性

围绕新课程倡导的三大学习方式“自学、合作、探究”，我校深入开展“精致课堂”教学改革，强调树立以学生为主体的教学理念，倡导启发式、探究式、讨论式、参与式教学，合作学习在形式上成为有别于传统教学的一个最明显的特征。“精致课堂”教学的五个步骤“预习（预补、预纠）反馈、呈现目标、自学讨论、展示提升、检测巩固”给学生提供了自主学习和合作探究的机会，培养学生的团体合作意识，发展学生的沟通能力。通过学生之间的交流和合作，使他们的思维、语言表达、自学、分析解决问题等多方面能力得到训练和提高，使课堂真正成为学生主动发展的环境。

一、初中历史“精致课堂”教学的理论与实践

（一）学生主体论

学生主体论是指“学生是教学过程中的主体”，必须体现学生在学习活动中的主体作用。在“精致课堂”教学中，把教师的“怎么教”转变为学生的“如何学”，把教师的“要我学”变成学生的“我要学”，充分确立学生的主体地位和主动性，让学生获得健康快乐、积极主动的发展环境。“精致课堂”教学的“三大件”——自读设计、讲读设计和 PPT，必须基于学生的整体需求分析和不同层次学生的差异性需求分析，设计出符合学生认知特点、学习规律和个体差异的活动。

以七年级《历史》上册第 1 课“周口店的北京人”为例：

学习目标：①以北京人为例，了解中国境内原始人类的文化遗存；②理解劳动在人类进化过程中所起的作用；③学习远古人类从低级到高级演进的过程，感悟人类进步过程的漫长与艰辛。学情分析：小学未设置历史学科，学生第一次接触历史课，该课为入门第一课。基于课程内容目标和学情分析，明确以下“三个注意”：①以不损害学生学习历史的热情为前提；②在学习过程中，发动学生参与课堂，培养学习历史的兴趣；③进行表格归纳、探究问题的方法指导。

以“三个注意”为前提，我在教学过程中设计了三项活动：一是自主学习，让学生完成以下表格的填写；二是角色扮演，请出 2 ~ 3 名胆大热情的同学扮演北京人；三是小组探究“由猿进化为人的过程中起决定作用的是什么？试着阐述理由”。三项活动设计都紧紧围绕“发挥学生在学习中的主体作用”原则，培养了学生自主学习、知识运用和合作探究的能力。

原始人群	距今时间	生活地点	使用工具	生活方式	火的使用	组织形式
北京人	70 万—20 万年前	北京周口店	打制石器	狩猎、采集	天然火	群居

实际教学过程中，此教学设计收效显著。第一项活动：因课本已对北京人的生活做了具体阐述，学生只需对照课本完成表格，简单易懂，学生觉得历史学习入门不难。第二项活动：课堂气氛非常活跃，有些班级的同学在表演中甚至细致地模拟北京人的面部特征（嘴唇突出）、走路形态（半弯腰）、说话声音（发出简单的音节）等，使得观看的学生捧腹大笑。第三项活动：小组探究“劳动是人类进化的根本原因”这一结论时，集体智慧大放异彩，小组激烈讨论后能举出证据“北京人的上肢用于采集和狩猎，使用频率比大脑多得多，故上肢比大脑进化得快”，得出结论“劳动是进化的决定因素”。三项活动结束后，原本设定的目标都完整地得以实现，实现学生由浅入深、分层次掌握教学内容的教学目标，同时引导了刚上初中的学生学会利用表格归纳知识。

（二）合作学习论

德国心理学家勒温借用物理学中磁场的概念，认为“人的心理、行为决定于内部需要和环境的相互作用，在小组合作群体中，群体动力学是对合作小组内部作用力的研究”。瑞士心理学家皮亚杰也认为：“同伴互助活动，在学业成绩方面，教者与被教者均能从中受益，并且认为，在合作学习中，受益最大的是那些给他人做详细解释工作的学生。”苏联心理学家维果斯基认为：“儿童在其发展阶段还不能独立解决问题，却能借助于成年人或具有相关知识的同龄人的指导与合作学会解决。”这些都为合作学习提供了充实的理论基础。

合作学习在“精致课堂”教学中有“师生合作”和“小组合作”两种形式。前者是协调教师与学生的关系，后者则是处理学生之间的关系。把这两种合作处理好了，整个课堂的气氛就会融洽，也能实现学生快乐学习的目标。

1. 师生合作

教师民主型的领导方式是形成积极和谐的课堂风气的关键因素，对学生集体的道德和团结也有较大的影响。师生关系要走向和谐，教师应改变教学中单纯的知识传授，走出传统课堂的“唯我论”，转变为新型的小组合作学习中的引领者、促进者，努力学习新的教学方法，具备重新整合教材的能力。教师要用自己的爱心去感染学生，做好学生的引路人，努力和学生建立新型的、和谐的、民主的师生关系，从而营造良好的课堂教学氛围，让学生主动、积极地学习。这样，在尊重学生的同时也得到了学生的尊重，民主的、和谐的师生关系使教学目标得以有效实现。

2. 小组合作

在《精致课堂学生评价办法》中，规定每班按照“组内异质、组间同质”的原则，划分为整体实力相近的 8 个小组，每组 6 ~ 8 人。教师在教学中对小组自主预习、自主学习、合作探究、成果展示、课后作业等方面进行 1 ~ 3 分的加减分评价，鼓励优秀、鼓励进步。具有不同智力水平、知识储备、能力水准的学生组成小组，在共同目标的指导下，不断互相启发、互相补充、互相帮助，成功后整组成员得到老师的表扬和肯定，依靠的动力就是小组内部产生的巨大团结力，这种动力使他们互信、互爱、互助、互勉。

以七年级《历史》上册第17课“北魏孝文帝改革”为例：

学习目标：①掌握淝水之战、北魏孝文帝改革及北方地区民族交融的史实；②感受孝文帝顺应历史潮流，勇于克服困难，与时俱进的改革精神；③体会民族交融的重要性。教学活动设计三项：①观看《淝水之战》的视频，教师带领学生梳理淝水之战的时间、交战双方、成语典故、结果和影响；②解析材料，小组合作学习孝文帝改革的内容；③观看图片，小组探究民族交融的具体表现。

从课堂实际效果来看，第一项活动观看视频，为和谐的师生关系打下基础，师生合作完成了掌握淝水之战的史实这一学习目标。第二项小组合作学习，集思广益，因七年级学生不熟悉文言文材料，阅读理解“诏不得以北俗之语言于朝廷，若有违者，免所居官”时会有困惑，小组中阅读能力强的学生会指引小组其他成员明白材料说的是朝廷上使用汉语，禁用鲜卑语，得出“说汉语”的改革措施。第三项小组探究民族融合的具体表现，小组成员畅所欲言，异组竞争，同组补充，极大地活跃了学生的思维。可以说，师生合作和小组合作有条不紊，实现了合作学习的有效性。

二、初中历史“精致课堂”教学的困惑与思考

“精致课堂”教学在各学科的应用上存在着共性。单就历史课堂教学而言，在教学实践过程中出现了如下问题亟待解决。

（1）环节僵化导致历史教学模式化，丧失了历史学习的趣味性与知识性。譬如，部分自读设计由一些精心挑选的目标题组成，尽管照走五步，也完成了课程学习目标，但一节课下来学生感觉都在做题，原本丰富有趣的历史知识变得简单枯燥。

（2）片面追求学生的主体性，把课堂完全扔给学生。教师作为课堂的引导者，指引着一节课的发生、发展和结果。学生参与课堂的主体性离不开教师的精心设计，脱离教师的课堂，学生再主动学习，学习效果也是大打折扣的。尤其是历史学科，大部分学生的知识面达不到课堂要求，完全放手给学生会导致整节课变成了一两个学生的个人演说秀，而不能有效完成学习目标。

（3）过度追求课堂活跃度，教学活动设计眼花缭乱，缺乏对学习内容的科学选择。活动宜精不宜多，课堂既是活跃的也是严肃的。一堂课热热闹闹下来，学生只觉得开心轻松，但没能掌握课程内容，可视为无效教学。

（4）对小组指导性不强，无法在合作目标层面上加以明确化，导致小组合作成为一种形式，一缕课堂风景中的点缀，没有多大实际意义，使得“精致课堂”教学的实效性与价值大打折扣。

基于以上问题的出现，结合近两年的“精致课堂”教学实践，我们应该明白，“精致课堂”教学对教师的要求大大提高了，要求全体教师与时俱进，更新教学理念，并敢为人先地落实在教学行动中。譬如历史学科，它要求教师密切关注史学动态，提高自身的历史专业素养；它同样要求教师花长时间、大力气设计课程，凸显历史学科的张力和每一课内容的落点；它更要求科任教师仔细观察和及时记录小组和小组成员在课堂中的细微表现，便于全面认识和评价小组和小组成员，加强对小组及小组成员的跟踪指导。

参考文献

[1] 黄延春.“小组合作学习”在初中历史教学中的应用 [D]. 哈尔滨：哈尔滨师范大学，2016.

[2] 冯旗红. 新课程背景下历史学科实施小组合作学习的探索 [J]. 内蒙古师范大学学报（教育科学版），2010（10）.

[3] 申春荣. 新课程背景下高中历史教学中小组合作学习的运用策略 [J]，中国校外教育，2015（22）.

〔4〕罗子国. 初中历史教学中小组合作学习的有效应用 [J]. 西部素质教育，2016（22）.

（本文发表于《中学课程辅导》2017 年 7 月）

促进学生自主合作学习，打造高效初中历史课堂

王英

［摘要］学生自主合作学习的习惯与能力培养是新课改的重要目标之一。引导学生自主合作学习，不仅能体现“教师主导，学生主体”的教学理念，调动学生的学习积极性和主动性，也有利于优化课堂教学、提升教学效果，打造高效课堂。我校“精致课堂”教学“五环节”给学生提供了自主学习和合作学习的机会。在初中历史教学中，教师引导学生课前自主预习，课堂小组合作探究、辩论互动，课后自主合作巩固练习、交流，对实现高效的历史课堂具有积极的促进作用。

［关键词］初中历史　“精致课堂”　自主合作　高效课堂

一、促进学生自主合作学习的意义和必要性

新课程改革重要内容之一就是鼓励“自主、合作、探究”的学习方式。《义务教育历史课程标准》（2011年版）指出：“注重初中学生的心理特征和认知水平，了解学生的生活经验和知识基础，结合具体、生动的史实，从多方面调动学生的学习积极性，激发学生学习历史的兴趣，培养学生的问题意识，引导学生主动地进行历史学习，积极参与历史教学活动。”相对于传统的教学课堂，教师更专注于知识的讲解与教授，学生自主合作学习的“精致课堂”教学模式，则更注重于调动学生学习的积极性，体现学生主体角色，以自主学习、平等交流、相互帮助、合作共赢等方式实现活跃高效的课堂教学。因此，促进学生自主合作学习符合新课程改革的方向，也与《义务教育历史课程标准》相一致。

现代科技、文化、经济的发展全球化，其全方位、快速、跨国界传播等，离不开团体的自主探究，也离不开各个领域的人才合作共享。同时，中国近代史和现代史也表明，只有团结合作，才能拥有强大的力量；只有对外开放、合作交流，才能取得经济快速稳定的发展。初中生作为祖国的未来，是未来经济文化建设的主力军，在学校中形成的合作共赢的意识和行为习惯在未来步入社会将具有指导意义。初中生人格发展具有极强的可塑性，在初中时期就培养其自主合作学习能力，体现了终身教育的要求，也是初中生自身发展的需要。

二、通过促进学生自主合作学习，提高历史课堂有效性的途径

“精致课堂”教学的自主合作学习集中体现为小组合作学习。教师通过对学生进行科学的分组后，在课前预习、课堂上的互动讨论、课后小组的相互帮助、查漏补缺等环节发挥小组合作作用。学生可以切实地通过对历史知识的深度加工，加强记忆，在共同营造的活跃、生动有趣的历史课堂中，丰富历史知识，感受历史魅力，稳固掌握知识，培养历史学的学习能力。

1. 有效组织学生开展课前预习

巧妙的课堂情境导入是开展高效课堂的第一步。学生在进行学习前的一项重要内容是课前预习。在传统模式中，预习是由学生独自浏览课文内容，情境导入和学生的预习是分开的，过于枯燥单调。在“精致课堂”的小组合作学习模式中，教师可以转变形式，由学生在课前预习中搜集相关的资料，可以是音乐作品、影视作品、图文史料、文物模型等，让学生自主转变为教师的角色进行课堂内容的开启。

如在学习“三国鼎立”一课时，不同小组成员可以分别搜集魏国、吴国、蜀国的相关资料，集中呈现。相同小组成员之间，可以向不同形式的内容横向延伸。对于魏国，可以由学生口述关于曹操挟天子以令诸侯的大致情节，可以背诵体现曹操志向的诗歌，或者截取影视作品《三国演义》中曹操败逃华容道的情节，让学生在学习历史课本的同时，多角度了解人物形象和历史。对于蜀国最重要的军师——诸葛亮，学生可以收集三顾茅庐、都江堰图片等关于诸葛亮的资料来设计幻灯片，形成大框架的历史事件，再由教师视情况进行补充、点评。在这个过程中教师需要进行适当的引导，以启发学生发散思维。通过这样的形式，学生自主地进行探究整理，把自己先了解的内容呈现出来，而对于未解决的疑问会促使学生更专注地上课。如果学生有认识的偏差，教师也可以及时引导纠正。

2. 课堂上鼓励学生积极互动，辩论辨析

课堂是教学的主要阵地，教师要充分把握，在有限的时间里最大限度地提高教学效率和学生的学习效率。具体可以根据课文内容设计多种形式的教学，让学生经由自主探究、合作共赢方式，达到相应的教学目标。

大多数历史课文学习适用于问题串的设置，如学习“土地改革”内容时，可以设置如下问题：

（1）土地改革的原因。

（2）土地改革法颁布的时间、内容。

（3）土地改革基本完成的时间及实施情况。

（4）土地改革的意义。

由不同小组整理、总结、陈述问题的答案，其他组可以对该组的总结陈词做出自己的判断和见解，最后由老师点评。问题串的答案呈现了土地改革的发展脉络，由教师做出引导，学生带着问题寻找答案，不仅锻炼了学生处理问题的能力，也培养了学生总结归纳的能力，同时培养了一定的辨析能力。相比较于单纯由教师按问题的方式讲读课文，这种方式起到了活跃课堂的效果，带动了学生学习的兴致。

课堂小组合作学习的另一形式可以是小组讨论。结合课文内容和教学目标，针对开放性的问题，教师要充分运用讨论的特点：启发性、思考性、探究性和开放性。每个学生都是独立的个体，看待问题的方式和角度会不一样，通过学习互动交流，使学生能够更全面地考虑问题，相互取长补短，同时在一定程度上发散思维，培养创新意识。如学习“祖国统一大业”一课时，设计这样的小组讨论：澳门在16世纪中叶被葡萄牙占领；香港在100多年前被英国侵占。为什么中国能够在20世纪90年代收回澳门和香港？从中可以得到的启示是什么？在讨论中，允许学生各抒己见，陈述自己的观点，在对比过去和现在的过程中培养学生学史明智的能力。

3. 鼓励学生课后合作复习巩固

教师除了应当设计相应的练习对学生的学习进行查漏补缺，还可以通过引导学生自主合作，相互考察，以提高学生的理解和记忆水平。历史课程的知识多需要记忆，脱离了课本，学生是否能够掌握核心要点呢？教师精力有限，不可能一一帮学生检查，通过小组的相互帮助，将起到良好的辅助效果。

如在学习了“鸦片战争”一课之后，可以让学生在早读课或课后相互提问：鸦片战争发生的时间、导火线；给中国带来的影响；虎门销烟的时间、地点、人物，以及历史意义；清政府求和签订的丧权辱国的条约，以及条约的具体内容，并进行一定的辨析记忆。平常的测验中，学生做错的题，由小组的其他成员再提问，复习回顾，加深记忆。在相互问答中，学生也交换了角色，在不断的复习回顾中形成长时记忆，使基础知识扎实稳固。同时，在此过程中，学生之间的情谊也会有一定的发展，班集体的学习氛围浓厚，形成互助学习的良好学风和班风。

综上所述，教师应当运用“精致课堂”教学理论，充分扮演好课堂引导者的角色，让学生自主合作学习，以更积极主动的态度学习初中历史，即让学生作为学习的主体，创造高效的历史课堂。

参考文献

[1] 中华人民共和国教育部．义务教育历史课程标准2011年版［S］．北京：北京师范大学出版社，2011.

[2] 卢曦．初中历史教学中学生合作学习初探［J］．读写算（教育导刊），2015（5）．

[3] 赵晨飞．初中历史课堂教学“自主、合作、探究”学习方式的尝试［J］．科学大众，2009（4）．

（本文发表于《文理导航》2017年总第270期）

论“精致课堂”在地理教学中的应用

卓春梅

[摘要]“大洲与大洋”是七年级上册第二章“陆地和海洋”的第一节内容，是学习陆地和海洋的基础与铺垫。本节教材内容包括海陆分布、七大洲四大洋和各大洲的分界线三部分内容。对于初中学生认识地理、认识整体世界具有重要作用。

[关键词] 地理　大洲　大洋　优点

本节课遵循循序渐进的原则，从学生讨论“地球还是水球?”到了解海陆的分布，再到探索和发现大陆、半岛、岛屿和海洋、海峡的区别，从科学的角度重新认识七大洲和四大洋。学校推行的“精致课堂”教学模式能使学生参与到课堂中来，有利于学生对地理的学习。

一、“精致课堂”教学的优点

（1）能够提高学生的自学能力。传统的预习往往是让学生提前把课文看一遍，很多学生根本不知道自己要预习什么。而“精致课堂”教学的预习更具目标性，自读设计会分类列出重要词语和关键句。

（2）明确学习目标，使学生在课堂上反应迅速。学生在预习当中，会带着问题去看课文，这有利于学生思考，加深对课文的印象。

（3）能够提高小组间的合作能力。展示提升环节要求学生根据自己的任务进行小组展示。学生会根据教师的提示来进行小组分工。在明确分工后，小组间会互相交流，尽可能确保自己归纳的知识点是全面的，以防回答不出其他小组的提问。在展示提升环节，小组间的荣誉感会增强组员间的合作力度，学生会更加乐意分享他们的预习成果和为他人提供帮助，这种现象在基础不好的班级特别明显。所以，当学生面对其他小组的提问时，如果回答不出来或不知所措时，同小组的其他成员就会赶紧翻书、探讨，为负责展示的成员寻找答案。其实，这就达到了集思广益的效果。小组展示环节在学生自学预习的基础上大大提高了小组间的合作能力。如对于“赤道穿过哪些大洲?”这个问题，很多同学都能答出非洲和南美洲，但是往往会漏了亚洲和大洋洲，而在小组合作中，同学之间的相互帮助就能起到查缺补漏的作用。

（4）记忆深刻，起到一定的巩固效果。对于自己亲自参与的活动，学生往往记忆深刻。如在“大洲与大洋”的授课中，老师制作了每个洲的卡纸，让学生辨认或者在黑板上拼成七大洲，这对于加强印象有很好的效果。

因此，在“精致课堂”教学的五个环节中，预习反馈、目标呈现、自习讨论、展示提升这四个环节其实都能在课堂上发挥作用，为学生学习地理提供了良好的模式。当然，也不是每个章节都适合使用“精致课堂”教学模式。

二、教师对使用“精致课堂”教学模式的把控

（1）每节课的时间有限，不可能让每个小组都有展示的机会。所以，“精致课堂”教学模式在提高学生自学能力和合作能力的同时，也暴露出了一些不足。

以自控能力较差的班级为例，有展示任务的小组在展示环节都比较积极认真，而当教师以及大部分学生的注意力都集中在展示的内容上时，部分没有任务的小组则有可能产生“与自己无关”的心理或是“不想听同学展示”的想法，在课堂上容易走神，甚至讲话聊天。

（2）对于同一个探究，不同层次的学生差距大。比如在认识大洲与大洋时，层次稍好的学生可以通过利用各大洲的轮廓这个教具拼成世界的七大洲，但是层次稍差的学生往往不清楚自己拿的洲在世界的哪个位置，因此，对于教师把控时间和做出指导都有很大的考验。

（3）使用“精致课堂”教学模式前要思考这节课是否适合使用。比如七年级上册的“地球和地球仪”，因为七年级的学生对地理还是比较陌生的，尤其是对于需要一定空间想象能力的地球仪的相关内容。这就需要教师多举一些例子，多讲解一些了。比如把自己比作是经纬网，那么头脚就是经线，而围起来的双臂就是纬线，最后延伸出经线指示南北，而纬线指示东西。

总之，“精致课堂”的效果，除了与教师的掌控能力有关外，更离不开学生的配合。如果学生与教师互相配合，那么课堂教学将是有条不紊的。相反，如果学生的课前预习和自我学习环节没做好，展示环节往往会拖延时间。这将导致后面的时间不够，不能完整地完成“精致课堂”教学模式的五个环节。

子曰：“学而不思则罔，思而不学则殆。”“精致课堂”教学模式强调学与思的结合，为学生营造了独立思考、自由探索、勇于创新的良好环境，注重培养学生的自学能力、合作能力和创新能力。然而事物的推行和发展往往都会遇到不少问题，“精致课堂”教学模式在展现它优势的同时也暴露出一些不足之处，这就需要教师不断地探索、调整、改良，尽最大努力发挥出自身的优势。

聚焦物理核心素养　打造高效的“精致课堂”

——以“测量平均速度”为例

谭振兴

[摘要] 物理学是一门以观察和实验为基础的自然学科，随着新课改理念的不断深入，物理实验教学在物理教学中起到了非常重要的作用。物理实验教学既可培养学生的科学素质，还能培养学生严谨求实的科学态度。发展物理实验教学“精致课堂”既是探究性教育理念的要求，也是我们在物理实验教学中必须解决的问题。

[关键词] 实验教学　核心素养　精致教学　实验探究　创新能力

物理人教版教材中，演示实验、学生分组实验和课外小实验加起来共有 200 多个，还有许多实践性的练习题，凸显了实验在教材中的重要地位。实践证明，实验教学对激发学生学习物理的兴趣，培养学生的观察能力和实验能力、科学的思维方法和实事求是的科学态度等科学素质具有十分重要的作用。因此，作为教师必须重视在物理实验教学中加强对学生科学素质的培养，促进学生的可持续发展。本文以八年级物理第一章第四节“测量平均速度”为例，结合“三环五步”的“精致课堂”教学，浅谈在物理实验教学中如何培养学生的素养及高效课堂如何实现。

一、在“预习反馈”环节中，培养学生主动准备实验的好习惯

“预则立，不预则废”，应如何打造高效的“精致课堂”的“预习反馈”环节的学生实验器材的自我准备？“测量平均速度”实验教学，重在以小组为单位让学生完成富有创造性、主动性的实验器材自我准备。学生需要准备的运动物体包括物理小车、瓶子、圆筒、挂环、乒乓球、胶带等；斜面包括长木板、拖把、细线等；计时工具包括手表、秒表、机械停表、电子表，还有电脑计时显示仪；刻度尺包括钢尺、米尺、皮尺、卷尺等。让学生提前准备实验器材，激发了学生学习物理的热情，调动了学生学习的积极性，培养了学生的自我探究能力、创新能力及动手实验能力和综合分析能力；使他们体验到了如同科学工作者进行科学探究时的相似过程，体验到了科学探究乐趣；通过学习科学家的科学探究方法，领悟到了科学的思想和精神。

二、在“呈现目标”环节中，提高学生学习任务的明确性

“测量平均速度”这节课的学习目标是：①学会使用刻度尺和停表正确测量路程和时间，并求出平均速度。②会分析实验数据，加深对平均速度的理解。这样的学习目标具体明确，有助于学生在实验中有明确的方向，提高实验效率。

三、在“自学讨论”环节中，培养学生科学的思维方法和创新能力

科学的思维方法是科学素质的核心。科学思维主要包括模型建构、科学推理、科

学论证、质疑创新等要素。在中学物理实验教学中培养学生的探究精神和创新意识，提高创新能力，是落实素质教育的核心，是新课程标准的教学要求。

例如，在“测量平均速度”一课中，通过指导学生认真观察实验、积极思考有关问题，澄清模糊认识，真正建立科学的概念。可提出如下问题让学生思考：

①小车在斜面上滑下的过程中有什么特点？②为什么实验得到的两个速度 v_1、v_2 不一样？两者有什么关系？③该实验误差主要来自哪几方面？④要减小误差，应注意什么？

在学生独立思考和小组交流的基础上，按照实验的有关要求，师生共同合作，规范地完成实验的操作。实验结束后，教师可继续提出这样一些问题让学生思考：①分析实验数据，可得出什么结论？②评估与交流本次实验成功的关键或存在的问题是什么。通过“思考—实验—思考”的程序，不仅可以帮助学生巩固“平均速度”的概念，让学生深刻理解“平均速度”和“匀速直线运动速度”，而且可以进一步培养学生的科学思维习惯和方法，提高学生的科学思维素质。通过设置问题，让问题在学生新的需要与原有水平之间产生冲突，激起学生的求知欲望，促使学生积极思考、追求新知识，并主动探索解决问题的途径、方法。正是学生对这种学习活动持主动参与的态度，才会使其思维活动处于最积极、最活跃的状态，变被动的学会为主动的会学，思维才最具有创造性。

四、在“展示提升”环节中，培养学生探究的科学方法

科学方法就是研究和解决问题的正确方法。在物理实验教学中对科学方法的培养主要包括：第一，科学方法是实证的。第二，有意识地让学生了解科学发现和实验创新的思想和方法。第三，科学探究的基本方法训练：实验归纳法和实验验证法。

在实验展示环节中，笔者让学生展示出创新的斜面的构造，其中让人最震撼的是：有一个小组将一条大约 13 米的细绳的一端系在教室左侧的窗户距离地面大约 1.5 米高的地方，另一端横跨教室系在教室右侧的窗户距离地面大约 1.2 米高的位置，构造一个斜面较长、坡度较小的理想斜面，为了减少摩擦，细绳事先套入一个挂有一定重量的滑轮作为运动物体。由 5 位同学完成这个展示，一号同学负责在细绳某一高度释放滑轮；二号同学负责用卷尺测量路程，并站在斜面中间位置用手挡板；三号同学负责站在斜面末端；四号同学用机械停表计时；五号同学用电脑计时器计时；二号、四号、五号同学将实验数据填入表格中，并计算两次实验中平均速度的变化。

五、在“检测巩固”环节中，培养学生的科学态度和科学作风

培养严谨的科学态度和科学作风，是物理实验教学中对物理科学自身文化内涵的教育，是科学教育中对人文素质的培养。科学态度就是求真的态度、实事求是的态度。科学的实验方法本身就要求具有实事求是、老老实实的态度。在“检测巩固”环节中，坚持实验探究的理念，通过巩固性练习题鼓励学生大胆质疑、猜想和创新；允许异常现象发生，引导学生追索这些预定目标之外的现象和偶然事件的科学原因，打破旧观念的束缚，把科学探索引向新的领域。

总之教师应解放思想，大胆尝试，积极探索创新。教师要善于通过演示实验、学生实验，把教师的教学目标转化为学生的学习效果，激发起学生的求知欲，努力使物

理实验教学真正成为培养学生创新精神和实践能力的新天地。

参考文献

[1] 胡淑珍，等．教学技能［M］．长沙：湖南师范大学出版社，1996.
[2] 巩寒瑛．物理实验教学中的思维训练［J］．中学物理教学参考，2013（1）．
[3] 延生．中学物理实验教学研究［J］．物理实验，1985（6）．

（本文发表于《学校教育研究》2017 年 2 月）

精致课堂　以生为本　积极体验　主动发展

——以“平面镜成像”教学为例的“精致课堂”尝试

谭振兴

[**摘要**]“精致课堂”教学指提高常态课的精致程度，在教学目标的确立上体现精准明晰，在教学内容的整合上体现精当合理，在教学方法的设计上体现精巧有效，努力做到用最少的时间使大多数学生获得最佳的学习体验、最大的进步与发展，实现课堂教学效益最大化；“精致课堂”教学充分体现学生的主体性，让学习发生在学生的身上；“精致课堂”教学注重培养学生的自主学习能力和创新能力，注重在教学全过程中落实细节，把常规工作做到极致。

[**关键词**] 精致　体验　主动

2015 年 11 月 19 日，广西田阳县教育局组织 48 位骨干教师到我校观摩学习，主要是学习我校实施的“精致课堂”课堂教学改革。学校推荐我上物理公开课，内容是“平面镜成像”（八年级上册第四章“光现象”第三节），其教材设计的目的是让学生在“平面镜成像”的探究过程中体验物理现象的美妙与和谐，掌握研究物理的方法“替代法”。下面以该教学为例，按“预习反馈—呈现目标—自学讨论—展示提升—检测巩固”五个步骤进行教学，谈谈“精致课堂”教学模式在物理教学中的实践。

一、创境设疑　激活体验　情境精致

教师根据教学内容创设各种不同的情境，能使学生获得丰富的体验。物理教学中创设情境的方式很多，比如，实验演示，创设真实情境；多媒体展示，创设形象情境；学以致用，创设应用情境；讲述故事，创设想象情境；设疑启智，创设探究情境等。在“平面镜成像”的教学中，我先通过多媒体播放了一段“真假加菲猫”的视频，把学生置身于“平面镜成像”的情境中。然后演示实验，把一块玻璃立在桌子上，在玻璃的前方竖一支蜡烛，在玻璃的后面放一个盛水的大玻璃杯，拉上窗帘使屋子变暗，让学生从蜡烛这边向玻璃看去，就会看到一个奇怪的现象——蜡烛在水中燃烧。接着，为了让学生理解平面镜成虚像的特点，让两位学生上讲台演示，让学生体验“不识庐山真面目，只缘身处此山中”的感觉。

二、探究思考　深入体验　问题精致

提出问题重要，解决问题同样重要。体验性学习倡导教师围绕提出的问题，为学生提供探究的机会，让他们通过多种形式的合作解难、释疑，体验物理规律。问题是科学探究的基础，也是探究的动力。上述的实验让学生感到新奇、有趣，促使他们产生了积极的思考：从平面镜里面看到的是什么？平面镜成像时像和物体的大小是什么关系？像和物体的位置是什么关系？

在“平面镜成像”的教学中，我围绕学生提出的问题，引导他们观察蜡烛、圆珠笔、橡皮、铅笔盒等在平面镜中所成的像，比较像与物的大小、形状以及像到平面镜的距离和物到平面镜的距离；观察当蜡烛前后左右移动时，像在镜中的移动情况，并观察像的大小与形状有无变化，像移动的方向及速度与物体移动的方向及速度的关系。然后，请学生阐述自己的猜想。学生不仅提出了“像与物的大小、形状完全相同，像到镜面的距离与物体到镜面的距离相等”这样的猜想，也提出了“像比物小”“物体离平面镜越远，像越小”这样的猜想。

学生的猜想是否正确，需要通过实验进行验证。主体体验式教学主张学生通过小组合作等方式，自主制订实验计划与设计实验过程。教学中，教师先不要急于向学生出示实验的原理、器材、实验步骤等，而要放手让他们通过讨论，自主设计实验来验证猜想。

放手不等于放任，在学生自主讨论、验证的过程中，教师要适时、适当地加以引导。比如，在讨论如何比较像和物体的大小时，有学生提出用刻度尺测量。学生反复尝试后，发现用刻度尺测不出像的大小。在学生陷入迷茫之际，我拿出两支笔问：“怎样知道这两支笔是不是完全一样？”这样一点拨，学生很快想到，可以用重合的方法比较像和物体的大小。再比如，当学生把物体移到镜后，观察物体和像是否重合时，却看不到像。怎样设计实验才能既看到像，又观察到物体和它的像是否重合呢？我引导学生反复讨论、尝试。最终，学生设计出用玻璃代替镜子，取和物体一样大的另一物体代替原物体，观察代替物是否和像重合，这样就能比较像和物体的大小。

三、交流感悟　升华体验　主体突出

主体体验式教学十分注重交流。交流的目的是鼓励学生各抒己见，提出解决问题的方法和思路，并在讨论、争议的过程中提高认识，完善思维。比如，在探究像到镜面的距离和物体到镜面的距离的关系的实验中，有的小组把坐标纸垫在底板上，把一支蜡烛放在玻璃板前的坐标纸的格子上，另一支蜡烛放在玻璃板后面，移动玻璃板后面的蜡烛的位置，直到和前面的蜡烛的像重合，数一数两支蜡烛到玻璃板的格数，发现格数相等。有的小组是把白纸垫在底板上，再把一支蜡烛放在白纸上，另一支蜡烛放在玻璃板后面并移动，直至和像重合，在白纸上标出蜡烛、蜡烛的像、镜面的位置，然后用刻度尺测量蜡烛到玻璃板的距离、蜡烛的像到玻璃板的距离。富有创意的是，我设计了“欢迎广西名师”和“师名西广迎欢”广告牌，让一位同学在大平面镜前左手举“欢迎广西名师”广告牌，另一位同学在10秒钟内选择余下的哪一个广告牌才是平面镜像。让学生学以致用，深刻理解平面镜成像的特点，且给远道而来的广西名师一种温暖的人文关怀。

我及时地让学生展示了这两种实验方法，并引导参与实验的学生反思自己的探究过程、探究思路、探究方法、探究步骤、探究结果等，检查探究是否有错误和疏漏，从而对结论的可靠性进行评估。我还引导全班学生对实验的设计、实验的过程、实验的结论进行质疑与答辩，从而使学生对这个知识点有了更深刻的认识。

四、评价反思　落实体验　知识升华

教学中，学生分组交流了探究过程中的感悟和困惑后，我引导小组间进行相互评

价。在此过程中，学生又有了许多新的收获。比如，确定物体和像的位置时，在白纸上留下痕迹更好一些；用刻度尺测量物体到平面镜的距离、像到平面镜的距离更精确等。知道了这些“小窍门”后，我及时地引导学生将其运用到实验中，使实验的效果更加明显，使获取的数据更加准确。

苏霍姆林斯基说：“让学生体验到一种亲身参与掌握知识的情感，乃是唤起少年特有的对知识的兴趣的重要条件。”“精致课堂”教学模式注重让学生通过主动参与、积极体验来获取知识，这不仅是教学方式的转变，更是教学思维方式的转变。“精致课堂”教学让学生在“活动”中学习，在“主动”中发展，在“合作”中增知，在“探究”中创新。

参考文献

[1] 胡淑珍，等. 教学技能 [M]. 长沙：湖南师范大学出版社，1996.

[2] 巩寒瑛. 物理实验教学中的思维训练 [J]. 中学物理教学参考，2013 (1).

[3] 延生. 中学物理实验教学研究 [J]. 物理实验，1985 (6).

（本文发表于《教育》2016 年 10 月）

物理课堂中开展“精致课堂”教学合作学习探究

高庆鑫

［摘要］物理是初中教学课程体系中的重要学科，具有重要的实践教学意义。因此，初中物理教学质量的提升至关重要。“精致课堂”教学改革的不断深化，在一定程度上优化了初中物理教学效果。其中“精致课堂”教学合作学习方法是一种高效的教学方法，能够充分调动学生的学习积极性，进而促进学生自主探究能力以及创新能力的提升，是提高学生学习能力的重要途径。

［关键词］合作学习　初中物理教学　应用“精致课堂”教学

在物理课堂教学中开展“精致课堂”教学合作学习是符合新课程理念的一种教学方式，在探索这种教学方式的过程中应解决好几个关键问题。教师树立正确的互动观念，选择合适的教学内容，合理地分组与分工，小组目标的具体明确及正确的评价方式等是“精致课堂”教学合作学习有效进行的关键。

一、开展“精致课堂”教学合作学习的实践

1. 合理设立合作小组

充分了解全班每个学生的学习成绩、能力倾向、个性特征和家庭背景等，将全班学生依各方面的差异合理分成若干个学习小组，一般 4 ~ 6 人为一小组。在一段时间后，根据合作情况做适当的调整，如小组成员角色的变换，重组小组成员，使小组合作更加合理与有效。

案例 1：某教师在上一节“电阻”课时，采用合作学习的模式。把书本上的演示实验改为学生分组实验，让学生亲自动手，小组合作，共同探究导体的电阻 R 与它的长度 L、横截面积 S 及导体材料的关系。教师将实验器材发给每个小组，每个小组按照课本电路图连好电路后开始做实验。但在这个过程中存在两个问题：一个问题是教师没有做好前期的组内分工指导，每个小组进行合作时都比较混乱；另一个问题是组间没有分工，而实验需要测量的量较多，学生又不熟练，导致一节课的大半时间过去了，仍然没有一个小组完成所有实验。眼看要下课了，上课的教师只得让所有学生停止实验，匆忙将结论告知学生。探究式合作学习的目标根本没有达到，教学任务也没有完成。如果改变一下方式，教师首先将学生分成 9 个小组，其中 1 ~ 3 小组研究导线的电阻 R 与它的长度 L 的关系，4 ~ 6 小组研究导线的电阻与它的横截面积 S 的关系，7 ~ 9 小组研究导体的电阻 R 与不同材料的关系（如果学生基础较差，还可以将每个小组的任务分得再少些）。让每个小组的学生都明确分工、明确具体的小组目标，就不会出现前面的匆匆收场的尴尬局面。当全班学生在教师的引导、组织、参与下得到电阻定律时，每个学生都会有一种成就感。这样的合作才能使学生体会到合作的愉快，培养学生合作的精神。

2. 培养学生掌握合作技巧和养成良好的合作习惯

在开展合作学习前，教给学生合作技巧和方法有利于合作学习的开展。如学会在交流中倾听，学会在交流中提出自己的问题和困惑，学会表明自己的观点等。良好的合作习惯是合作学习顺利进行的重要保证。在合作学习中培养学生积极思考、主动提问的习惯，学会对自己和其他小组成员的不同观点进行分析和处理，服从分工等。

3. 创设情境，明确分工

组建小组后，组内成员有明确的分工。在一个阶段里，每个人都有一项相对侧重的职责，担任一个具体的角色，比如小组讨论的组织者、记录员、资料员、首席发言人、补充发言人，甚至还要有专门反驳对方的辩论员。一段时间后，角色互换，各人在各个岗位上都能得到锻炼，使学生体会到合作的乐趣。要求每个小组中的成员相互友爱、坦诚相见、民主平等，并适时组织一些游戏，使学生在游戏中时时体会到成功的喜悦和互相关爱的真挚情感，既学会了合作又增强了自信心。同时，教师还要营造氛围，激发学生合作学习的兴趣。

案例 2：在上“物质是由大量分子组成的”这一课时，先让学生分组合作研究这样一个问题“怎样测出菜籽直径，并提出多种方案”。提供下列器材：2mL 菜籽、一只 10mL 量筒、一把塑料尺、一段铁丝，同时说明以下几点：

（1）测量的方案可以是近似的。

（2）提供的器材供选用，可用可不用。

（3）每小组只研究讨论测量的方案，不必测出结果。

（4）每小组自定一个组长，将测量的方案列出。

（5）比一比，看哪一组的方案既好又多。

将全班 54 位学生按 6 人一组分成 9 个探究小组。每组男生和女生、物理学习较好的和有一定困难的、性格外向和性格内向的分到一起，其目的是形成一种互补。同时由于对每组都提出了明确的目标和要求，学生在分组讨论时非常热烈、认真，很多学生跃跃欲试，并发表了自己的观点，在课堂上形成了浓厚的积极探究的气氛，小组之间形成了积极的竞争氛围。一些基础较差的学生也通过小组合作感受到了成功的快乐和合作的愉悦。

4. 把握合作时机，提高合作实效

在合作学习中常见的有以下几种合作方式：①实验分工合作。在课堂教学中有时将演示实验变成分组实验，而有些学生实验需较多时间。这时，通过小组合作，让每人承当一组实验任务，最后小组交流总结，这样既完成了任务，也使学生体会到了合作的意义。②疑难问题分工合作。有些物理知识和疑难问题对初中学生来说较为抽象，难以理解，当学生在处理问题时会出现较多困难。这时采用小组合作，由小组成员提出自己的困惑，其他小组成员共同讨论，最后解决问题。在合作中，通过有意义的讨论和补充，使每个成员从别人的意见中受到启发，从而拓展了思维空间，培养了学生的思维能力。③其他合作。在一些课外实践活动中，如实验报告、资料查阅、社会调查等方面，由于学生的能力和时间等方面的原因，可组织学生进行小组合作学习。

案例3：在一节复习实验课“探究滑轮组机械效率”中，我将学生带到实验室，给每一实验小组提供了多种实验器材，让学生分组合作探索。要求每组根据机械效率，想出多种测定方法。每个小组结合桌上的实验器材，都想出了多种实验方法。接下来的环节就是利用实验器材进行测定。由于多种方法要逐个进行研究需要很长时间，而一节课的时间无法完成上述任务。此时我就以小组为单位，分别有重点地落实其中的某两种方法，讲明20分钟后派出代表进行交流。于是各个小组借助桌上已有的实验器材，一试身手。学生在实验中获得感知，再进行分析、比较、概括、归纳，最终学生都积极参与了课堂教学，取得了较好的教学效果。在小组合作的过程中，也培养了学生实验操作动手能力、科学设想能力，真正发挥了物理小组学习的作用。

5. 合理评价，激励合作学习

教师在组织学生以小组形式进行学习时，应充分发挥教师的组织和引导作用，采用小组集体评价和小组成员个人评价相结合的方式，一般以小组集体评价为主。教师的评价要能促使学生增强集体荣誉，激励学生的合作意识和兴趣，保证小组合作取得成功。同时，使学生乐于合作，在合作中提升合作技能，热爱合作学习。

二、“精致课堂”教学合作学习的几点思考

在合作学习中，教师应充分尊重学生。在合作学习中，教师的作用是为小组学习创设情境，引导、帮助和督促小组开展合作学习。学生在合作中学习文化知识、发展个性，而学生最终的学习成果与他们的自身情况、条件、要求和思想认识发展规律有关。教师应创设情境，活跃学生的这些因素，激发学生的探究欲望，促使学生在小组合作中各施所能、各展所学，使学习效果最优化、能力提高最大化、方法收获多样化。

合作学习要建立在独立思考的基础上。心理学家朱智贤认为：初中学生思维发展的主要特点是抽象思维日益占主要地位，但是具体形象成分仍起着重要的作用；思维的独立性和批判性有显著的发展，但容易产生片面性和表面性等特点。合作学习能帮助学生学习，但小组成员过分依赖合作学习，将不利于独立解决问题。让学生思维活跃起来，合作学习需要独立思考。

教师要努力创造条件，给那些平时不善言谈的学生留有独立思考、大胆发言的时间与空间。课堂教学中，我们要尽可能地调动学生的多个感官参与学习，这样学生的体验才会深，收益才会大。有的学生思维敏捷，言语流利，善于表达；而有少数学生反应较慢，跟不上节奏，羞于开口，只听不言，这样就达不到生生互动、互帮互学的目的。为此，教师要努力创造条件，给那些平时不善言谈的学生留有独立思考、大胆发言的时间与空间，甚至可尝试用轮流循环发言的方式。在提出问题后，在小组合作交流前，允许学生先独立思考一会，有了自己的想法后再参与讨论。这样既让学生养成了独立思考的好习惯，又能保证每一位学生都有表达自己观点的机会。

参考文献

[1] 王正. 浅谈小组合作学习在初中物理教学中的应用 [J]. 都市家教（上半月），2016（5）.

[2] 赖松飞. 浅谈小组合作学习模式在初中物理教学中的应用 [J]. 中学物理，2016（6）.

[3] 谢青. 新课标下初中物理教学中合作学习的探讨 [J]. 读与写（教育教学刊），2013（4）.

[4] 罗将虎. 浅析初中物理教学中合作学习的应用 [J]. 亚太教育，2016（32）.

浅谈“精致课堂”新授课预习反馈教学设计

——以九年级化学家庭实验教法为例

林韶芸

[摘要] 以生活中废弃的器皿为化学实验的基本仪器，让学生自主探究九年级相关的化学实验，激发学生学习化学的兴趣，探究在化学教学硬件条件不足的情况下如何用废弃的器皿培养学生的化学实验动手能力，培养学生的自主学习、创新探究的能力，以及如何使平时抽象的化学实验教学具体化、形象化及实践化。“精致课堂”教学的预习环节要求学生在课后能尽自己所能先了解知识，家庭实验对学生课本知识预习有着很好的引领作用，能使学生更好地消化课本中相关实验知识，从而获得新知。

[关键词] “精致课堂” 九年级化学 废弃器皿 化学实验教学

一、提出问题

化学是刚升入九年级的学生新接触到的一门学科。对于很多学生来说，这是一道难度很高的“坎”，跨过这道“坎”，学生会觉得化学新鲜而实用，并且充满了乐趣；跨不过这道“坎”，学生就会产生畏难情绪，甚至会刻意躲避化学教学。化学是一门以实验为基础的学科，实验与探究题的比例在湛江市化学中考中占40%左右，份额很大。对于初学者来说，化学实验的操作步骤、实验现象和实验结论规范书写是一个重点和难点问题，也是中考重点考察的方向和内容。学生在答此类题的过程中，总是不知道如何下手。家庭实验、生活实验都是近几年中考题中的重要部分（下图分别是2012年和2013年的中考题）。家庭实验设计可以让学生理解化学如何来源于生活，弥补学生实验时间不足的矛盾，增强学生的动手能力。针对学生的情况，笔者在“精致课堂”教学中的预习反馈环节采取了一些教学设计。

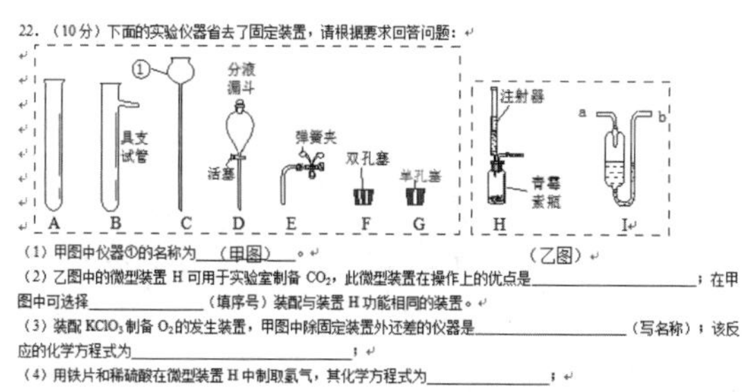
22.（10分）下面的实验仪器省去了固定装置，请根据要求回答问题：

（1）甲图中仪器①的名称为______。

（2）乙图中的微型装置 H 可用于实验室制备 CO_2，此微型装置在操作上的优点是______；在甲图中可选择______（填序号）装配与装置 H 功能相同的装置。

（3）装配 $KClO_3$ 制备 O_2 的发生装置，甲图中除固定装置外还差的仪器是______（写名称）；该反应的化学方程式为______；

（4）用铁片和稀硫酸在微型装置 H 中制取氢气，其化学方程式为______；

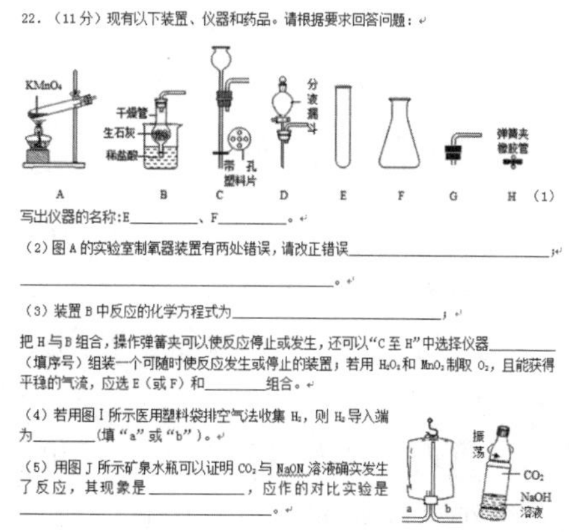
22.（11分）现有以下装置、仪器和药品。请根据要求回答问题：

（1）写出仪器的名称：E______、F______。

（2）图 A 的实验室制氧器装置有两处错误，请改正错误______；______。

（3）装置 B 中反应的化学方程式为______；

把 H 与 B 组合，操作弹簧夹可以使反应停止或发生，还可以“C 至 H”中选择仪器______（填序号）组装一个可随时使反应发生或停止的装置；若用 H_2O_2 和 MnO_2 制取 O_2，且能获得平稳的气流，应选 E（或 F）和______组合。

（4）若用图 I 所示医用塑料袋排空气法收集 H_2，则 H_2 导入端为______（填“a”或“b”）。

（5）用图 J 所示矿泉水瓶可以证明 CO_2 与 NaON 溶液确实发生了反应，其现象是______，应作的对比实验是______。

二、构建化学实验角

第一，解决学生实验仪器不够的问题。具体操作如下：学生 5 个人一组，周末回家寻找 10 种生活中可以代替某些化学仪器的器皿和 5 种可以充当化学试剂的物品。对充当化学试剂的物质不做要求，而器皿当中有 7 种以指定的化学仪器为模型去寻找。原型为：集气瓶、胶塞、药匙、水槽、烧杯、玻璃棒、细口瓶，其余的三种根据初中常见化学仪器自由发挥。

这样做的目的是让学生通过自主查阅相关资料后更深刻地了解中学化学常用的仪器及其用法。同时，也让他们明白化学来源于生活，服务于生活，并且打开学生的想象力，为创新打下基础。

第二，反馈成果，获得新知。学生带回来的化学仪器，有的用带塞子的酒瓶代替集气瓶，有的用装葡萄糖的瓶子代替集气瓶（这种瓶子带着一个塞子和一条塑胶导管），大多数学生用筷子代替玻璃棒，用小脸盆代替水槽……而化学试剂的替代品有食醋、铁钉、铜丝、食盐、污鸡净（含有高锰酸钾和草酸）、过氧化氢、酒精、大理石等。正当学生热烈讨论自己所带来的仪器的时候，我把中学化学中常用的其他仪器，如铁架台、酒精灯、量筒、胶头滴管、漏斗试管也亮上讲台，并请某些学生讲解这些仪器的用途。学生在熟悉集气瓶等仪器的同时，已经把九年级《化学》课本中关于常见化学实验仪器中的相关知识点翻阅了几遍，对于这些知识点应该有所了解。出乎意料的是，他们当中开始连仪器名称都叫不出来的学生对于药品如何规范的取用也能达到了解的程度。当离下课时间还剩下 10 分钟的时候，我发给学生一份关于初中化学实验仪器基本操作的试卷，目的是加深他们的印象，让他们能够更深刻地掌握这些基础知识。结果试卷平均分为 80 分。

第三，分类存放并管理化学仪器。面对学生带来的那些为数不少的器皿和药品，应该如何存放和管理是我们面临的一个难题。我把任务交给化学科代表所在的组别，让他们在周三的化学课之前完成任务，并向同学们汇报任务的完成情况及具体的管理措施。开始的时候，他们一筹莫展，向我求救。我给他们提出了几个这样的问题：器皿和药品的存放怎样才能达到一个方便实验和管理的效果？不同性质的药品，比如醋酸和石灰石怎样存放才能保持它们的性质？学生通过查阅资料，参观化学实验室，按照物质分类的方法，在课室的一角利用几张桌子和几个鞋架构建起简单的化学实验角，并设好化学实验角的管理规定。在他们的带领下，同学们也了解了物质分类的方法及意义。

三、重视家庭实验

布置家庭探究实验。对于一些利用生活中的仪器就可完成的实验，我会尽量布置。这样可提高学生的探究思考、动手做实验的能力，为描述实验现象、实验步骤的准确性打下坚实的基础。当然在做实验的过程中要引导学生做好实验报告的记录，这样才能达到教学目的。

实验范例一：人教版九年级《化学》下册中“铁生锈”实验的探究。课本如是说：现有洁净无锈的铁钉、试管、经煮沸迅速冷却的蒸馏水、植物油、棉花和干燥剂氯化钙，试设计实验以证明铁制品锈蚀的条件。具体实验如下图所示：

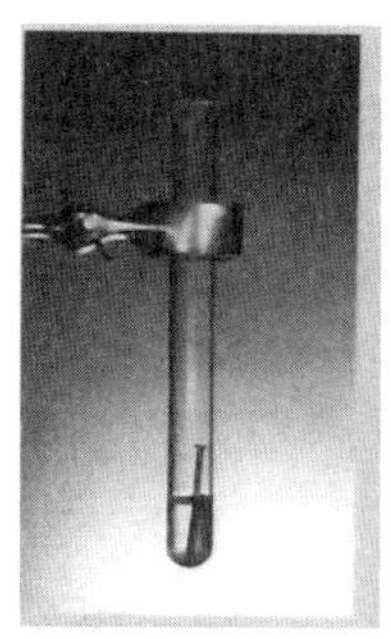
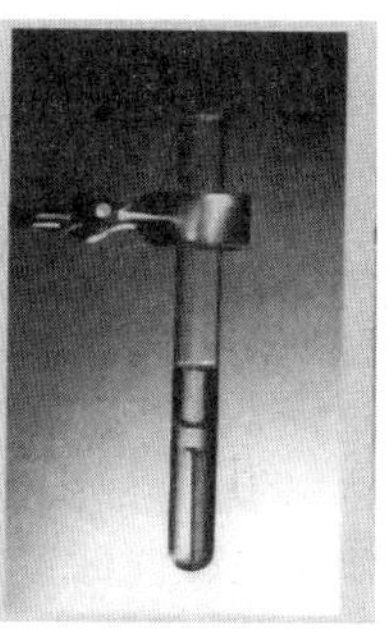
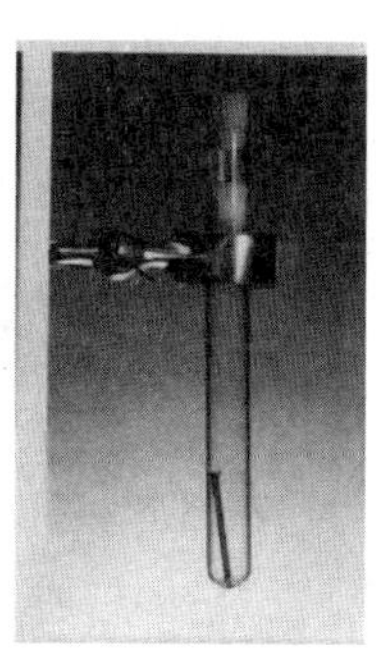

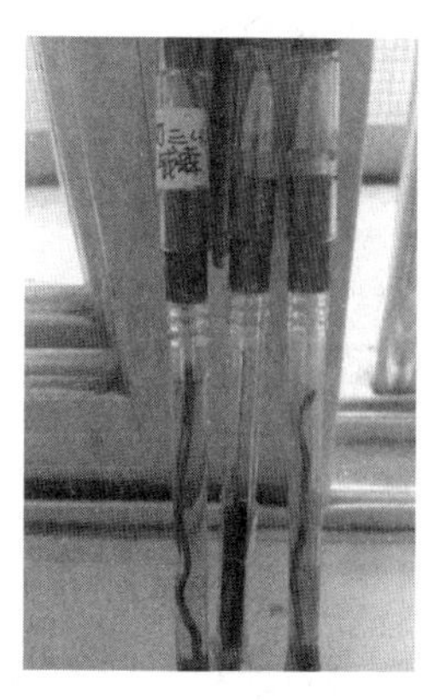

对于家庭实验，我是这样给学生布置的：铁锈的主要成分为$Fe_2O_3 \cdot xH_2O$，通过该化学式，根据质量守恒定律，猜想铁生锈与什么有关系。利用生活中的仪器，并参照课本设计实验证明你的猜想。右图为其中一个学生的成果。这名学生发挥其想象力利用空笔壳代替试管，证明的自己的猜想：在水、氧气同时存在的环境中铁能生锈。其中的很多药品都是来自于生活，如干燥剂来自于月饼盒中的干燥剂、植物油用花生油代替，并且能够写出实验报告，其结论与课本实验结论相一致。学生通过动手，理解实验的操作过程以及步骤，能够准确地描述此实验过程的现象和结论。

实验范例二：二氧化碳实验探究，课本实验装置图如下：

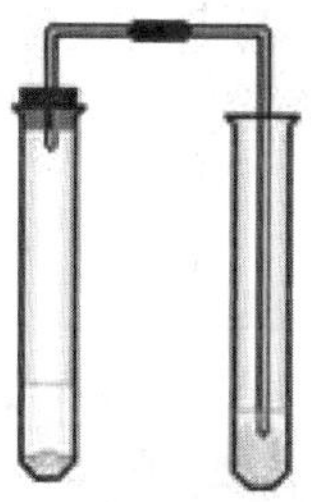

学生利用生活仪器制作了二氧化碳实验装置如下图所示。此装置用医用的点滴瓶代替了实验室中的锥形瓶和集气瓶，通过鸡蛋壳和醋酸发生反应制取二氧化碳。经过对比实验，学生对于课本中的制取原理、实验步骤和实验现象都完全掌握，达到预期的教学效果。

实验范例三：溶液酸碱性的检验是新人教版增加的学生活动。其内容如下图所示：

【实验步骤】

1. 自制酸碱指示剂：自己选择植物的花瓣或果实，在研钵中捣烂，加入酒精浸泡；用纱布将浸泡出的汁液过滤或挤出。

2. 选择实验室或生活中的几种溶液，进行下列实验：

（1）分别用酚酞溶液和石蕊溶液检验溶液的酸碱性；

（2）用pH试纸测定溶液的酸碱度；

（3）试验自制的指示剂在溶液中颜色的变化。

选择的溶液	加入石蕊溶液后的颜色变化	加入酚酞溶液后的颜色变化	溶液的酸碱性	pH	加入自制指示剂后的颜色变化

3. 在校园或农田里取少量土壤样品。将土壤样品与蒸馏水按1∶5的质量比在烧杯中混合，充分搅拌后静置。用pH试纸测澄清液体的酸碱度。

由上图可以看出增加了自制酸碱指示剂，说明新教材注重实验的教法应与生活相联系，通过生活的实验提高学生的兴趣。为此，我让学生回家自制酸碱指示剂，并且拍下照片分享彼此的实验成果。照片如下图所示：

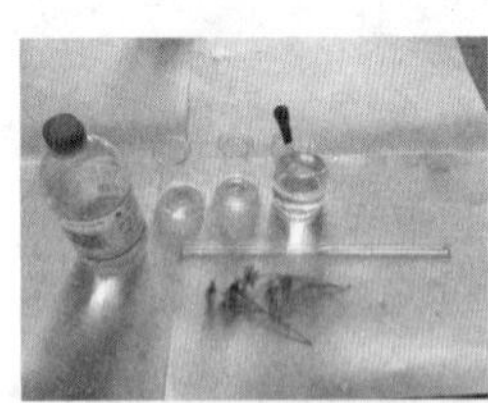
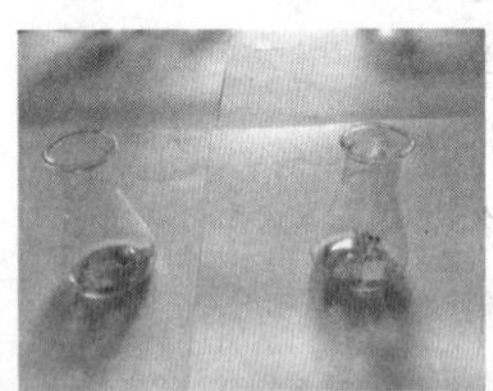

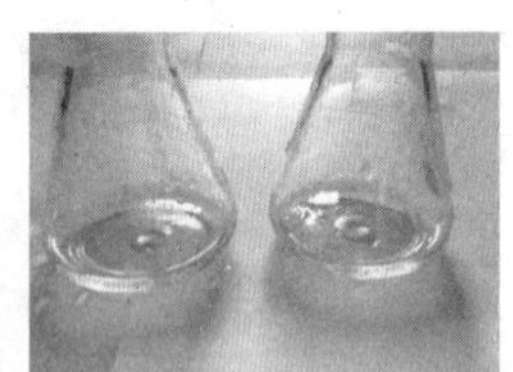
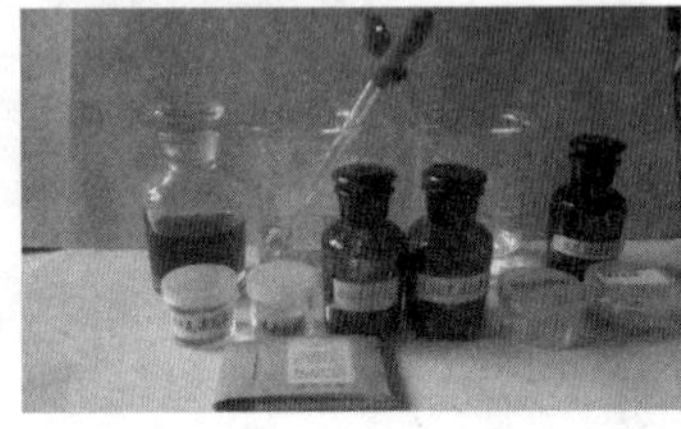

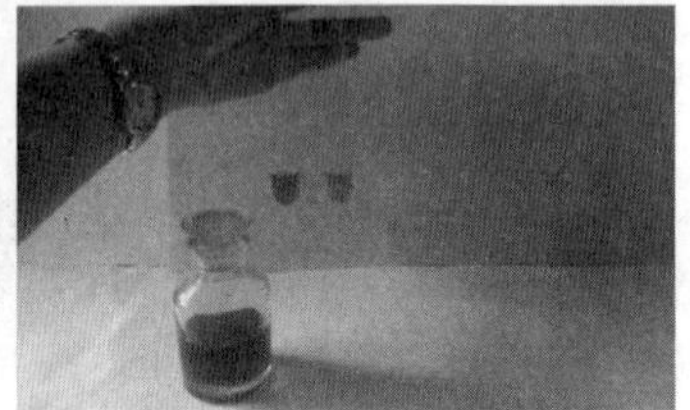

通过家庭实验，学生不仅提高了对化学的学习兴趣，同时也深刻地理解了酸碱指示剂的定义。

四、感悟与反思

（一）感悟

1. 在知识与技能方面

本次实验教学的设计根据本届学生的实际情况，积极引导学生自主参与设计实验、探究实验，自主获取新知识。通过学生自主参与、提问和探究，达到了拓展知识、培养能力的目的。学生在撰写实验报告期间，能够通过对实验的理解，较为准确地描述实验现象、实验步骤和实验结论。本次实验教学能够在一定程度上培养学生的组织策划能力，让学生在自主组织的过程中形成良好的逻辑思维和分析能力，这样对于学生通过化学的学习形成良好的人文素质有所帮助。

2. 在过程与方法方面

通过查阅资料，制订实验方案，让学生清楚整个科学探究的过程，初步学会用类比的方法学习化学物质。

3. 在情感态度与价值观方面

学生自主组织、策划、设计、探究实验，激发了学生学习化学的浓厚兴趣。一些入学成绩不好、腼腆的学生在同学们和老师的鼓舞下敢于发表自己的见解。

（二）反思

1. 如何调动学生的积极性，鼓励学生自主参与实验

在这次实验教学实施的过程中，我遇到如下困难：第一，部分学生很不愿意回去寻找仪器，不愿意参与这个活动，他们认为这些都是无聊之举，参与的积极性不高。第二，某些组别的学生在参与设计过氧化氢制取氧气的时候，没有二氧化锰作为催化剂，不懂得去查找资料，用其他物品代替二氧化锰。自主发现问题，探究问题，并且学会利用各种途径解决问题，这是学生迫切需要形成的一种能力，也是中考的难点和重点，特别是发现问题，它是创新的灵感。导致上述两个问题的原因我认为是，课堂在学生的印象当中就是很枯燥与乏味的模式：讲书本、抄笔记、背公式。这种模式把学生变得麻木，一味接受老师传授的知识点，不愿意参与课堂的各种教学活动，以为最终老师会公布答案。那么，要解决这个问题就需要教师在每一次教学设计当中把学生参与作为主要任务。另外，鼓励学生在教学当中敢于提问题，并且懂得自己查找问题的答案，并且对于表现较好的学生给予一定的奖励。

2. 如何在有限的时间、有限的教学资源条件下培养学生的动手能力和创新能力

化学实验仪器数量的限制、课堂时间的限制和课程紧迫性等原因剥夺了学生自主实验、自主探究的权利，甚至连观看演示实验的权利也被剥夺了。若不熟何能生巧？创新是在动手熟练的基础上萌芽的。在本次实验教学当中，许多学生连基本的仪器连接都不会，如有些学生在连接导管与橡皮塞的时候差点弄破手，有些学生对动手实验有畏惧……可见部分学生的动手能力之差。究其原因，主要是学生少动手所致。客观的因素我们无法改变，但是我们必须改变主观意识。尽可能开展新教材中的学生实验、利用生活中的器皿开展家庭小实验和研究性课题活动，突破实验室仪器不足的限制，而且也能够起到废物回收利用的作用。利用生活中的器皿开展家庭小实验对于化学硬件不足的学校学生学习化学无疑是很好的补充。这就要求教师的视野要阔，提高观察能力，把生活和化学紧紧地联系在一起，使学生掌握实验现象、实验步骤和实验的操作过程。初三学生的学习时间比较紧迫，这样的预习方式只能放在周末。

参考文献

[1] 张丽．新课程背景下高中化学探究实验教学的尝试与反思［J］．中学化学教学参考，2011（4）．

[2] 王愫壹．“问题探究三段式”教学模式的运用与学生问题探究能力的培养［J］．

中学化学教学参考，2011（3）.

[3] 石敬珠. 对化学课堂教学有效设计策略的探讨 [J]. 中学化学教学参考，2011（3）.

[4] 王磊. 化学教学研究与案例 [M]. 北京：高等教育出版社，2006.

[5] 王后雄. 高中化学新课程教学案例研究 [M]. 北京：高等教育出版社，2008.

（本文发表于《中学生学习报·教研周刊》2016 年 7 月）

谈谈在“精致课堂”教学中的收获

吕华容

[摘要]“精致课堂”教学是我校为实现高效课堂所提出的具体教学模式。“精致课堂”教学要求老师们在平时的备课、课堂和课后都要做到精炼细致、精当合理、精巧有效，用心提高常态课的精致程度。本文主要从呈现学习目标、落实预习作业、开展小组学习和细化小组管理几个方面来谈谈自己的收获。

[关键词]“精致课堂”　有效教学　合作学习　细化管理

“精致课堂”教学在我校实行已有一年多时间，在这一年多里我认真研读学校发的有关“精致课堂”教学的材料，积极参与展示课的听课学习，自己在教学过程中也一直尝试使用“精致课堂”教学模式。经过了一年多的实践，我体会到了“精致课堂”教学讲求的是在教学过程中注重细节的落实，把常规工作做到极致，使每一个教学环节都得到最大的收益，也亲身感受到了“精致课堂”教学模式对教学能力的提升。下面我将自己在“精致课堂”教学中的收获总结如下：

一、“精致课堂”教学更有效地呈现学习目标

课堂上向学生呈现学习目标是课堂教学中的一环，在以往的课堂上我们基本上是课堂开始时呈现学习目标或让学生齐读一遍学习目标，但学生在整节课的学习中往往很难记住学习目标，更不用说围绕学习目标展开学习。而在我们的“精致课堂”教学中除了在课堂开始时总体呈现学习目标外，还会在教学过程中将学习目标与相关的教学内容相联系，再逐一自始至终呈现给学生，并在课堂小结时再次重现学习目标，让学生对照学习目标进行检查，检查自己是否已达到学习目标。在“精致课堂”教学的实践过程中，我发现如此呈现学习目标确实能让学生更长时间地集中注意力围绕目标学习，并且能看到学生因为达到学习目标而露出满足的笑容和自信的表情。由此可见“精致课堂”教学的学习目标呈现方式是更有效的。

二、“精致课堂”教学让预习落到实处

预习是学生自主学习中的另外一环，在学校开展“精致课堂”教学之前，我给学生布置的预习作业往往是“阅读课本多少至多少页”。但学生是否有按我的要求预习，预习的效果如何，这往往很难把握。在“精致课堂”教学实践中我在给学生布置预习作业时，要求学生完成自读设计中“预习反馈”的内容，然后在课前统一收上来批改或课堂上检查学生完成的情况，从而了解学生的预习情况和预习效果。还可以通过“预习反馈”的情况了解学生在预习过程中存在较多问题的知识点，然后将此知识点作为教学重点或难点。

经过了一年多的实践，我觉得要想在“预习反馈”环节中取得更好的效果，我们在设计这部分的题目时可以考虑以下两点：第一，做到形式多样，如除了填空题外，

还可以是选择题、连线题、判断题和识记题等多种题型；第二，要有层次性，如除了是学生可以在课本上找得到答案的题目外，还可以设计一些需要学生利用预习的内容进行辨析的题目，或运用知识解决的题目。从这两点出发设计“预习反馈”的题目既可以让学生保持新鲜感，也可以检测出学生预习时对知识的掌握情况。

三、“精致课堂”教学确保全员参与小组合作探究

小组合作探究是目前课改普遍采用的教学模式，但在小组合作讨论探究过程中经常会存在优生过多展示的情况，没有做到全员参与。如何解决这个问题呢？“精致课堂”教学强调在这一环节中要充分发挥“兵教兵”的作用，这样既可以使差生弄懂教学内容的疑难，也可以使优生的理解和讲解能力得到提升，从而实现全员参与小组合作探究。

经过了一年多的实践，针对如何更有效地让全员参与小组合作探究这个问题，我的做法就是精心设计小组探究的问题。因为，如果问题过于简单，学生完全可以在课本上找到答案或通过个人自学就完成，学生探究讨论的热情肯定不高，这会浪费课堂时间，探究就显得毫无意义了。如在学习“种子萌发成幼苗”这一节的内容时，如果探究的问题是“种子萌发的营养物质来自哪里？”这样的问题非常简单，学生完全可以在课本中找到答案。但如果将题目设计成“将颗粒完整、饱满的种子分成甲、乙两组，在25℃左右下分别播种，甲组种在肥沃湿润的土壤中，乙组种在贫瘠湿润的土壤中，这两组种子的发芽状况如何？”这样的探究问题有一定的深度和趣味性，学生讨论起来会非常热烈。为了进一步加强全员参与探讨，我会给学生设定探讨的时间，最后看哪个小组在规定的时间内举手的组员最多，就由哪个小组来展示探讨的成果，并且我会在举手最多的小组内随机抽取其中一位学生进行展示。这样就可以促使学生全员参与探讨，充分发挥“兵教兵”的作用，防止滥竽充数的现象出现。经过实践，我发现，在课堂小组合作探究过程中，课堂气氛非常活跃。

四、“精致课堂”教学细化小组管理，实现“人人当班干”的管理模式

“人人当班干”是我作为班主任一直想实现的管理模式。因为这种管理模式能使每个学生的工作能力都得到锻炼，能为集体贡献自己的一分力量，增强班级的凝聚力和集体荣誉感。可惜由于班干的名额有限，在“精致课堂”教学开展之前我都未想到更好的办法。而“精致课堂”教学模式要求学习小组的每位成员在所在的小组都是有分工的（小组的1号学生为组长，负责检查各项目标的落实情况；2号学生负责记录课堂表现分数；3号学生负责检查纪律；4号学生负责收发作业；5号学生负责课前准备；6号学生负责整理清洁），这正好可以实现我一直以来的想法。我认真分析每组每位成员的性格特点和能力，把他们分配到不同的岗位上，并培训学生如何开展自己岗位的工作。然后，我会经常对每个小组的各个方面进行观察和考核，对做得好的小组进行表扬加分，且特别表扬负责该项工作的组员。这样，做得好的小组会越来越有动力去保持，没受到表扬的小组也会向做得好的小组学习。一个学期下来，班里的各个方面都比以前有进步，并能很好地保持下来。可见“精致课堂”教学细化了小组管理，“人人当班干”的管理模式更有利于班级的管理。

“精致课堂”教学体现的不仅是一种教学和管理的模式，更体现了在教学和管理上的一种“精准细致”的态度。只要我们接受它，并在教学实践中用心去研究它，相信一定会有更大的收获。

浅谈生物教学如何打造“精致课堂”

刘敏

[摘要] 为响应新课程改革的要求，我校提出“三环五步”精致课堂教学模式。该教学模式的推广极大地调动了一线教师参与教研、教改的积极性，教学质量得到了较大的提高。“三环五步”精致课堂教学模式不仅重视培养学生的自主学习和合作探究能力，而且要求教师要做到精讲释疑和有效地训练检测。本文基于我校“精致课堂”教学模式的具体操作，总结了本人的教学实践和心得。

[关键词] 中学生物　新课程改革　三环五步　“精致课堂”

《基础教育课程改革纲要（试行)》中指出，“倡导学生主动参与、乐于探究、勤于动手，培养学生搜集和处理信息的能力、获取新知识的能力、分析和解决问题的能力以及交流与合作的能力”。新课程改革要求教师改变满堂灌输知识的教学方式，充分发挥学生学习的主体性，让学生成为课堂的主人，培养学生的创新精神、实践能力和合作交流能力，以全面提高学生的综合素质。基于以上的认识，我们提出“三环五步”精致课堂教学模式，鼓励教师根据学校教学实际情况，结合学科特点，灵活地进行课堂教学改革。笔者根据中学生的特点，在生物教学中做了以下几点尝试：

一、自主学习

自主学习旨在于改变以讲授为主的教学模式，提倡在教师指导下，让学生获得学习主动权的教学模式，力求把学生放到主体地位上来。自读设计是师生共用、共同参与、良好互动的自主学习的载体，是集教案、学案、笔记、达标测评和复习资料于一体的师生共用的教学文本。教师要在课前制定自读设计，要求教师根据本节课教学知识的特点、教学目标和课程标准，依据学生的认知水平、学习能力，编制学习方案。教师在教学过程中更要合理应用自读设计，提高学生自主学习的有效性。首先教师课前印发导学案或在课堂上以多媒体的形式展示自读设计，让学生明确学习目标，明确重点、难点，带着问题对教材进行预习，努力完成预习目标和部分学习任务。同时，教师进行适当辅导，指导学生学习的方法，告诉学生哪些内容只要略读教材就能掌握，哪些内容应注意知识的前后联系等。然后，教师应要求学生在自学中把有问题的地方记录下来，让学生善于发现问题、提出问题，带着问题走进课堂。最后，课堂教学前，教师要对学生自学的结果进行汇报交流，检测、反馈学生的自学成效，了解学生自学中存在的问题。对学生不能解决且存在共性的问题，教师应及时汇总，以便在合作探究中引导学生开展合作学习、讨论交流，达成共识。

二、合作探究

合作探究是一种建立在互助合作基础上的以小组为单位的教师组织下的学生间的

合作学习方式，是整节课的重点环节。该教学环节的具体操作过程如下：首先，根据学生的学习能力和探究学习内容，将全班学生划分成若干小组，一般 4 ~6 人为一组，每组选一位小组长。为了便于小组内成员间的互助和小组间的竞争，组员要强弱搭配。其次，选取有价值的合作探究问题，合作探究问题要有挖掘性、深层性、发散性，且可供讨论。教师可以在课前依据教材和学情而提前预设一两个能让学生积极思考、主动探究的问题，也可采用多种方式创设问题情境，鼓励学生自己提出感兴趣的问题，并选择其中最有探究价值的问题作为小组或全班共同探究的问题。最后，组织学生围绕目标问题进行小组合作探究，小组长控制讨论节奏，安排组内“兵教兵”，各成员发表自己的见解、看法，同时倾听别人的想法，讨论结束后由小组代表做本小组讨论小结，各小组间互相找出不足的地方和原因，及时改正。当问题无法在组内解决时，在全班讨论交流时提出来。值得注意的是，在学生讨论交流过程中，教师应积极引导学生紧扣教材，针对相关问题展开讨论交流，避免草草了事或形式主义，最大限度地提高课堂教学效率。

三、精讲释疑

精讲释疑是学生在自学学习、合作探究的基础上，教师根据教学重点、难点及学生在自学、合作、交流中遇到的问题，进行重点讲解。教师在精讲过程中，要力争做到以下几点：首先，内容要精，要有针对性，切忌面面俱到，应根据学生自学讨论交流过程中反馈的信息和教师设计的问题开展；其次，方式要精，要有启发性，学生经过教师的适当点拨能解决的问题应尽量让学生自主解决，最大限度地发挥学生学习的积极性，培养学生的思维能力。教师可以采用以下三种方式处理学生的疑点：一是点拨，在学生自主学习、合作探究过程中，针对个别学生遇到的疑点，教师要进行适当的点拨。二是让学生当“小老师”，如果某个组已经解决了某个问题，而其他组仍未解决该问题，教师可让已经解决问题的小组选出代表当“小老师”，面向全体学生讲解，教师再补充点拨。三是精讲，对一些难度较大的问题，学生可能普遍有疑惑和困难，教师应该引导全班同学一起抓住问题的要害，剖析问题的本质，并以问题为案例，由个别问题上升到一般规律，以达到触类旁通的教学效果，使学生在教师指导下归纳出新旧知识之间的内在联系，建构知识网络，从而培养学生的分析能力和综合能力。

四、当堂检测

当堂检测这一环节的关键在于围绕教学目标进行训练，目的是检查一节课的教学目标是否达成，及时检测学生记忆、理解的程度，既要巩固基础知识和基本技能，又要及时发现问题，给予校正，做出讲评。因此，教师要对当堂检测足够重视，不能让当堂检测流于形式。当堂检测要避免单一呆板的模式，应根据教学内容的不同进行灵活安排：可以在多媒体屏幕上出示检测题进行检测；可以让学生独立完成检测题后，教师出示答案，让学生进行检查；还可以竞争抢答、轮流回答等多种形式结合，以充分调动学生的积极性，巩固课堂教学效果。课堂训练的时间有限，所以，当堂检测的试题要从以下几个角度进行精选：①题目有针对性，重点放在学生学习的难点上，做到有的放矢；②题目有代表性，不偏不怪；③题目有实用性，贴近生活实际，培养学生将所学知识运用于实际的意识；④难度适当，题目的难度设计要有梯度，使不同层次的学生都能体验到做对试题的愉悦。最后，教师还要对学生的当堂检测进行点评和总结，争取做到“堂堂清”。

“三环五步”精致课堂教学模式是实施素质教育的良药，该教学模式在中学生物教学中的应用，激发了学生的学习兴趣，发挥了学生学习的主观能动性，培养了学生的合作交流精神，开拓了生物教学的新局面，但还有很多值得探讨的地方。教师只有不断地探索、反思和总结，才能真正灵活运用该教学模式。

参考文献

[1] 冯虎. 自主、合作和探究学习方式在生物教学中的应用 [J]. 中学生物学，2011 (5).

[2] 陈杰林. 中学生物探究性课堂教学中如何破解困惑 [J]. 考试周刊，2010 (4).

(本论文获得广东教育学会生物学教学专业委员会 2017 年学术会议论文三等奖)

精致理念　精彩课堂

李琳

[摘要] 新课程标准指出中小学信息技术课程应注重学生主动学习态度、自主学习能力和探究能力的培养，要求教学内容贴近生活，以实践为主，让学生在“做中学”，掌握生活所需的信息技术知识和技能。精致教学理念紧紧围绕新课程标准，在课堂教学中充分体现学生学习的主体性，在小组活动中促进学生自主探究意识的形成，使课堂教学能够有效地引导学生开展自主实践，并利用实践任务驱动小组的合作探究，使学生的思维能力、自学能力、探究能力和实践能力得到锻炼和增强。将精致理念融入课堂教学中，是通过对课堂教学与管理精致化的思考和策划，从而构建高效、活跃课堂的新型教学模式。践行精致教学理念，有利于促进优质课堂教学的开展，实现精彩课堂。如何将精致教学理念充分地渗透到信息技术课堂中，使得现代信息技术教育教学形式更为活跃有趣、精彩实用，是本文需要探讨的问题。

[关键词] 精致理念　精彩课堂　信息技术

新课程标准要求义务教育阶段的信息技术教育以操作性、实践性和探究性为主要特征，能够使学生在“做中学”，掌握生活所需的信息技术技能，提高学生主动进行终身学习的能力。精致教学理念重视学生的自主学习能力、合作探讨能力，体现学生在教学中的学习主体性。“精致课堂”教学中的“五环节”紧紧相扣，根据教学目标合理安排教学内容，设计好教学流程，准备好学生开展自主学习和小组合作探讨学习所需要的教学材料。在课堂教学中充分给予学生发挥自我、表现自我的机会，让学生在实践中收获知识、掌握相应的技能；在小组探讨活动中挖掘自身的优势和潜在的能力，在自主探究学习中活跃思维，提高独立解决问题的能力和增强自学能力；在小组学习成果展示中展现自我的同时，增强团队荣誉感。将精致理念运用于信息技术课堂中，我们如何能够做到精彩，即实现高效、活跃、有价值的课堂教学？接下来，本人将会通过自身设计的一堂课“图层蒙版”为例来和大家探讨一下这个问题。

精致理念一：预习反馈。课前预习，是“精致课堂”教学的第一环节，也是信息技术精彩课堂的前提。

精致理念倡导学生自主学习，通过调动学生学习的内在动力来充分发挥学生学习的主动性。课前预习是一种自学形式，是为了达到更好的教学效果而进行的自学准备。预习反馈环节中的“预习”即是一种教师课前布置的自学行为，而“反馈”则可以视为一种课堂导入。在该环节中教师先根据新课内容抛出一个问题或者设置一个悬念，引起学生的学习兴趣，激发学生的学习思维，并给予学生独立思考问题和预习反馈的时间，使学生初步形成认识表象，并通过整合新旧知识之间的内在联系建立起知识链接，为本节课的教学提供必要的学习目标导向和充分的认识准备。以“图层蒙版”这节课为例，在 Photoshop 的学习中，图层蒙版是一个比较难理解和操作比较复杂的知识点，它可以和本软件中的多种工具与功能相结合来运用，比较注重各知识点之间的联系。在预习反馈中，学生先通过自己的努力去提前学习理解图层蒙版的意义和作用，在大脑中初步形成概念。在课堂采用知识抢答的方式，让学生进行一场精彩的头脑风暴，在对各自预习成果的相互反馈和讨论中让课堂的氛围首先活跃起来，并自然而然地、清晰地呈现出本节课的教学目标——理解图层蒙版的功能，掌握使用图层蒙版来处理图像的方法和技巧。让精致教学理念渗透到信息技术课堂的预习反馈环节中，有利于“精致课堂”教学的顺利开展，是精彩课堂的良好开端。

精致理念二：自学探讨。这是信息技术精彩课堂的重要环节，能够激发精彩的知识交流与碰撞，让学生在热烈的自学探讨中展示才能，有效地接受知识。

依据每堂课的教学内容设计和开发难度适宜、生动有趣和与生活息息相关的学生自学材料（如学生自学视频、与教学任务相关的文字和图片素材等），以学生自学为主，教师指导为辅，在信息技术课堂上积极开展小组自主学习和合作探讨学习，让学生在小组学习活动中通过自学素材去完成教师布置的教学任务。通过学生自身的努力探索，有效并且牢固地掌握本节课的教学目标所要求的知识和技能；同时让学生在小组探讨中表达自我、展现自我，形成一股精彩的组内成员之间的知识碰撞热潮，做到学习的互帮互助，知识与技能的取长补短。在“图层蒙版”这节课中，教师在自学探讨环节根据本节课的教学目标“掌握使用图层蒙版来处理图像的方法技巧”，布置了相应的学习任务“完成‘窗外美景’的效果图”，即要求学生通过教师设计好的自学视频和图片素材，以小组自主学习和合作探讨的形式来学习通过图层蒙版来处理“窗外美景”自学任务中的两个图片素材。让学生尝试完成操作，使两张图片自然地融合为一体，呈现出“打开窗户，往外看到满窗春色”的图片效果。在此过程中学生自学目标明确，小组探讨积极热烈，学生学习热情高涨，学习气氛浓厚，基本都能有效地自主完成教学任务。让精致理念渗透到信息技术课堂的自学探讨环节中，充分发挥学生学习的主动性和挖掘其内在潜能。通过小组探讨尝试运用不同的方法和技巧去解决问题，完成教学任务，使得课堂教学氛围活跃，课堂教学精彩有趣，做到高效课堂、精彩课堂。

精致理念三：展示提升。给孩子一个展示自我、展示小组自主学习和合作探讨学习成果的平台，让小组成员和各小组之间在展示过程中及时发现问题、互相解决问题，从而得到共同的成长，这是信息技术精彩课堂不可或缺的环节。

在本环节中，以小组为单位，小组成员向全班同学展示本小组的学习成果，各小组之间互相给予评价和建议，最后师生共同总结。通过这种方式，可以及时发现本小组在自学中所遇到的问题并一起解决，查漏补缺，举一反三，有利于知识的连贯掌握和升华。精致理念通过小组评价让小组学习得到有效反馈的同时，各小组之间的学习竞争还能够增强小组凝聚力和组员的集体荣誉感，各小组间的互评互助、精彩交流也能够促使全班同学一起进步、共同成长。以“图层蒙版”这节课为例，教师在自学探讨环节布置的“窗外美景”教学任务，要求学生利用图层蒙版来实现“春色”和“窗户”两个图像的自然融合。在教师的指导和自学材料的帮助下，各小组完成自学任务后，选出代表在课堂上向师生展示操作自学成果，小组之间互相点评和师生共同总结小组自学情况。结合前面所学习的各种知识与技能，小组之间的学习交流进行了精彩碰撞，出现了使用不同的工具、技巧达到本教学任务所要求的图像效果。各小组的知识互补也使得各小组的学习能力得到了不断的提升。让精致教学理念渗透到信息技术课堂的展示提升环节中，在课堂中展示小组风采，展示小组精神，让小组学习活动在精彩课堂中亮出色彩，发挥其不可或缺的作用。

精致理念四：检测巩固。运用课堂所学知识和技能来灵活解决生活中所遇到的问题，创造生活，服务生活，这是信息技术精彩课堂所体现的重要价值。

在检测巩固这一环节中，教师设计的练习素材在难度方面应该更上一个层次，但是又不能脱离基础，所设置的练习任务应当更加灵活多样，并且贴近生活，这样既可以增添学习的趣味，也让学生明白在信息技术课堂中所学习的知识与技能是和生活息息相关的。在“图层蒙版”这节课中，教师在此环节就给学生提出了一个在生活实际中可能出现的问题：如果你去海边或者沙漠旅游，突然看到了我们湛江的“三帆”标志这一梦幻海市蜃楼景象，那么你能否运用我们所学习的 PS 技术在电脑上实现这一图像效果呢？这个问题引发了学生积极思考和尝试探索的兴趣。让精致教学理念渗透到信息技术课堂的检测巩固环节中，让学生深刻理解我们为什么要学习信息技术这门课，体会了现代信息技术在我们生活中的重要性。

精致理念，精彩课堂。践行“精致课堂”教学理念，构建高效、活跃、精彩实用的信息技术课堂教学模式，有利于促进现代信息技术优质课堂和精彩课堂的开展。我们要做到将精致教学理念渗透到信息技术课堂教学的不同环节中，让其在信息技术课堂中充分绽放精彩光芒。

参考文献

[1] 曹雷．精致化思考与策划：构建高校信息技术课堂的一种新模式［J］．中国教育技术装备，2014（7）．

[2] 曹增力．关注细节 精致教学［J］．教师，2011（3）．

[3] 王晓春．精致课堂教学：一种课程领导的校本化实践［J］．江苏教育研究，2011（32）．

[4] 闫学．课堂是教师和学生的共同精彩［N］．中国教育报，2006－06－03.

[5] 王超．从理想预设到客观生成的精彩课堂［J］．中小学教师培训，2012（12）．

[6] 范芳芳．精致理念下的有效教学探讨［J］．新课程导学，2015（10）．

（本文获得 2017 年湛江市中小学信息技术学科教师论文一等奖）

“精致课堂”教学分组模式在信息技术课上的策略研究

蒋美荣

[摘要] 笔者针对初中信息技术学科的特点，以及上课存在的问题，根据“精致课堂”教学的要求，把分组教学应用在信息技术学科上；又根据学生学情及老师教学的实际情况，研究相对应的教学策略，以达到更好的教学效果。

[关键词] 信息技术　“精致课堂”　分组教学　教学效果

一、存在问题

1. 学生问题

严重缺乏学习的主动性。根据调查，有10%的学生在家里不允许使用电脑；有30%的学生用电脑玩游戏或进行娱乐，而不是用来学习。在课堂上学生面对电脑不知所措。

不重视信息技术学科的学习。信息技术课不是中考的科目，学生在课堂上不重视纪律，使课堂教学管理出现混乱。

2. 教师问题

教师的备课不够精致，教学目标不明确，缺乏方法指导，课堂效率低下。为了解决这个问题，我根据“精致课堂”教学的精神，进行分组教学模式，把它应用到信息技术课堂当中，并通过课例实践进行策略研究。

二、分组教学的实施

1. 适时分组

每班每周只有一节信息技术课，开学初教师对学生不了解，不适宜马上就进行分组。但如果太迟分组了，就容易失去许多分组教学的机会。通过观察训练，掌握学生的情况，根据实际进行分组，最佳分组时间为开学后第3~4周。

为了使分出来的小组起到作用，我们根据“组内异质、组间同质”的原则进行分组。根据性别比例、兴趣倾向、学习水准、交往技能、守纪情况等合理搭配，将全班分成8组，每组6~8人。

2. 合理分工

小组根据每个人的特长进行分工。通过一定的科学测试，再结合学生上课时的反映情况，还要综合考查学生在其他科目、生活方面的一些表现选拔出反应灵活、操作熟练、热情大方、喜欢帮助同学的学生作为组长。其他成员通过自己的特长，选择自己合适的岗位，这样使得每一位学生都得到锻炼。

3. 小组讨论

讨论时，所有组成员使用一台电脑，由组长安排工作任务，然后讨论。不懂操作的学生也可以观看别人的操作，使每一位学生都能完成学习任务。

4. 精讲精练，“以点带面”教学

信息技术课与其他学科课不同，更注重实际的操作技能。在学习计算机操作技能的时候，教师根据“三环五步”流程进行操作讲解，并分步操作练习。

5. 鼓励与展示

教师在课堂中观察哪组相互配合得好，并及时给予加分奖励，或请领先的小组给别的小组介绍经验、展示成果。这样就可以很好地提高小组合作学习的合作意识和集体荣誉感。

三、分组教学策略的实践案例

针对这些分组教学的设想与策略，笔者做了多次实践。下面就以信息技术第三单元第七课“班级主页设计”为例谈谈分组教学过程（前期已分好组）。

1. 教师根据教学要求布置“班级主页设计”要完成的任务，制作流程以及合作细节

（1）要求学生分析、明确网站制作的目的和作品的内容，并进行可行性分析。

（2）规划与设计。包括结构设计、内容设计、版面设计。

（3）采集加工素材。组长根据教师给出的任务进行分工，把采集素材的任务分配给第一个小组成员。在整个采集过程及整理的操作中，负责小组记录的学生要进行记录与反馈，组长进行全局的把控。

（4）作品集成。主要包括欢迎页的设计、主页面的设计、分页面的设计等。集成时要根据制作目的和设计要求用合适的工具来完成。这部分的小组合作非常重要，在制作过程中会遇到各类意想不到的问题。在制作之前要先商量作品合作的具体事项，明确分工任务。教师要在中间起引导和协调的作用。

2. 示范操作，启发引导，以点带面

教师在全班示范操作过程，然后检查学生的操作，及时解答组长的疑问。这是从制定训练目标过渡到小组合作学习的必要准备阶段。

例如在用Word制作网页时，教师提出了问题：Word软件可以用来编辑简单的网页，大家以前接触过这个软件吗？接着教师介绍微软的Office套装，让学生在接触一个新软件时能够不紧张，对它不产生抗拒心理。这时教师可以将Dreamweaver、Frontpage、Word软件的区别介绍给学生，找到学生感兴趣的点，然后让学生充分交流讨论发言。这一学习过程是在教师的指导下一步一步完成的，学生对理解与解决一个问题有了一定认识。

3. 小组交流，质疑解疑

俗话说“磨刀不误砍柴工”，在小组讨论阶段，教师参与小组讨论，并对小组学习的过程做必要的指导、调控。教师在学习前提出要求：

（1）在组内交流之前，每个学生先独立自学、思考（有的可要求学生写出思考的要点）。

（2）组内交流方式要多样化。主要方式包括：中心发言式、指定发言式、组内议论式和两两配合式等。总之，要让每位学生都能充分发表自己的见解。

4. 小组合作，分组完成

这个阶段就是作品集成的重要阶段。网页制作要保证风格的统一，所以在创作之前要将基本的版面、LOGO 进行讨论和设计，这样才能方便后面的学生在此基础上进行作品的集成。要选动手能力较强的学生进行版面设计，这样才能保证学生在短短的一节课内将主页面设计出来。网页制作能考验学生的综合能力，包括图片处理能力、简单的图片合成能力等，这就要求教师要适时地将这个部分的知识加入到课堂中来。

制作阶段是学生相互讨论、相互帮助的过程，而教师则针对各小组的目标掌握情况、互助情况等做出鼓励性评价及对相应小组及成员进行加分奖励。

四、分组教学的实践效果

将分组教学运用到信息技术教学当中，使得信息技术课堂实现了高效运作，这就是“精致课堂”教学的好处。分组教学既提高了学生的学习兴趣，充分调动其学习的主动性，又使学生学会了如何尊重别人，学会了如何认可赏识别人，更学会了互相帮助，团结友爱。

参考文献

[1] 肖志华．论信息技术“分组—导生制”教学模式［J］．中学生数理化（学研版），2014（7）．

[2] 陈红玉．信息技术教学：小组合作学习的有效性探究［EB/OL］．新浪博客，http：//blog. sina. com. cn/s/blog_ 5c52e9a10101i80n. html.

（本文发表于《学校教育研究》，并获得 2017 年湛江市中小学信息技术学科教师论文三等奖）

浅议“精致课堂”教学小组合作学习在初中体育教学中的应用

陈妃仁

[摘要] 小组合作学习是“精致课堂”教学的重要教学途径，这种途径充分体现了“以学生为本”的教育理念。在初中体育的教学中，合理地运用小组合作学习，不仅可以激发学生的学习兴趣，还能加强学生的合作和交际能力，培养学生的团结互助意识，对于提高教学效果也有着积极的促进作用。本文就小组合作学习在初中体育教学中的应用进行了探讨。

[关键词] 初中体育教学　“精致课堂”教学　小组合作学习　应用

“精致课堂”教学的小组合作学习模式，其基本方法是根据学生的技能基础、性别、性格特点等分为多个小组，通过相互交流、相互帮助，达到共同学习、掌握技能和提高技能的目的。

一、合理分组，分组形式多样化

根据“精致课堂”教学的要求，小组合作学习的方法和模式多种多样，教师可根据当前的教学内容和目标的不同，让学生自由组合。同时，也可根据其性质的不同进行分组或根据教学目标的不同进行分组。分组以能调动学生学习的积极性，并能让发展水平不同的学生都“吃得饱”“吃得好”为出发点，以达到共同学习、共同进步的目的。

1. 自然分组

自然分组是根据学生的人数、性别将学生分成4~6个小组，每组人数在10个左右，人数太多或者太少都不利于小组学习和教学组织的开展。一般分为男生两组，女生两组，有些班级女生比较少，则分为男生三组，女生一组。这样的分组简单、方便、容易操控，也适合大多数项目的分组学习。或按照学生集合队形分组，每一行队分成一组。自然分组的人员固定，经常合作，彼此之间熟悉。所以，为使小组同学更默契地合作，一般情况下，不宜随便调换组员。但出现特殊情况时，如组员之间发生矛盾、关系不融洽，影响小组学习时，教师要及时进行调整。

2. 同质分组

同质分组是根据教学内容和学生能力的特点，为便于学生的学习交流，将学生分成技能水平相当的几个小组。由于组员技能在同一水平，有利于学生对技术的学习与交流。如在篮球运球教学中，将学生分成原地运球、运球跑、突破运球等几个小组；又如在耐久跑项目教学中，根据学生的体能状况分为好、较好、一般等几个不同层次的小组进行学习，对各组提出不同的学习目标和要求。体能好的组，在完成基本任务的基础上，跑的速度要快一些，而体能一般的组，只完成基本任务即可，不追求速度。

3. 异质分组

异质分组是技能好的学生和技能差的学生平均分到各个组中。这有利于技能好的学生在小组中发挥特长，为技能差的学生提供帮助，也能让技能差的学生向技能好的学生学习，起到小组学习的帮扶作用。

4. 综合分组

综合分组是根据教学项目的特点，为使每组学生实力相当，将学生分成能力、性别、人数等都平均的几个小组，以保证学生的公平竞争，提高学生学习的积极性。如在竞速性接力比赛和体现综合能力的游戏教学时，采用综合分组有利于提高学生参与的积极性。

二、做好小组长的挑选和指导

小组长是小组的核心人物，是小组建设和学习的带领者和指导者，在开展小组合作学习过程中有着非常重要的作用。所以，在挑选小组长时要从以下几点进行考虑：第一，技能要相对比较好，并有比较强的活动组织和技能指导能力。第二，积极参与锻炼，具有较强责任心。第三，具有一定的管理能力，威信度高。第四，具有学习创新能力。可通过学生自荐、同学推荐、教师综合选定等方式来挑选出小组长。小组长选出来后，首先要进行培训，让小组长明确工作职责、任务及要求，掌握组织组员合作学习的基本方法，然后通过小组学习的实践不断提高小组长的能力。

三、加强对小组的管理和学习指导

建立一个小组是很容易的事情，关键是后期对小组的管理和学习指导，使每个小组每位学生在小组合作学习中都发挥作用，才能促进教学的进步和教学效果的提高。在小组合作学习中，虽然有小组长管理和带领学习，但是教师始终要做好小组学习的监督和指导。

（1）让学生明确小组合作学习的目标和任务，掌握小组合作学习的基本方法。指导小组制定管理制度，做好组员的职责分工，让学生明确各自的职责，形成合作学习的良好习惯，相互配合，团结协作，完成小组学习任务，这是开展小组合作学习的基本条件。

（2）强化学生的自主学习意识。在传统的体育教学中，开展小组合作学习有个极大的障碍，就是学生的学习严重依赖于教师，教师怎么教就怎么学。当学生脱离了教师，就会迷失学习方向。因此，开展小组合作学习，首先要克服学生的依赖心理，树立自主学习的意识。所以，教师在教学中要创设情境，激发学生的学习动机，久而久之，实现对学生学习主动性的强化，使学生在不断地学习实验中养成自主的学习习惯。

（3）在教学过程中，教师要充分起到组织、监督、引导和评价的作用，尽量用最短的时间讲解和示范学习内容，说明学习要求，为学生小组合作学习提供帮助。与此同时，引导学生根据教学目标，共同学习，互帮互助，共同掌握技术和提高运动能力。

（4）制定合理的小组合作学习评价机制。教师对小组合作学习成绩的评价一定要从实际出发，不但要对小组的成绩进行评价，也要对组内成员进行评价，且要做到一视同仁。既要看到优等生的作用，也要看到后进生的进步，及时给予合理公正的评价，使每位学生真正意识到自己是小组中的一员，自己的努力与小组集体的成绩和荣誉密切相关。

(5) 培养集体意识，加强小组建设。学生的集体意识对组员之间的合作学习和小组的发展、进步有着积极的作用。因此，教师在小组合作学习过程中，要注意培养组员的集体意识，可设定小组学习评比方案和奖罚制度。在小组合作学习过程中，教师要让小组和组员之间互相对比学习，培养小组竞争意识和学生竞争意识，从而提高学生学习的积极性，培养学生的团队精神，促进小组合作学习的进步。

综上所述，依据“精致课堂”教学的理论，在初中体育教学中应用小组合作学习方法时，要从学生的合理分组、学生自主学习和合作学习意识培养、合理制定小组合作学习评价机制和小组建设等几个方面考虑，加强小组的管理和学生的学习指导，以学生为中心，充分发挥小组合作学习在初中体育课堂教学中的作用。

参考文献

[1] 徐静. 小组合作学习策略在初中体育教学中的实践和运用 [J]. 教书育人，2012 (35).

[2] 蔡智明. 小组合作学习策略在初中体育课堂教学中的有效运用 [J]. 时代教育，2013 (8).

第三部分　课例示范

第一章　语文课例示范

第一节　现代课例示范

《背影》讲读设计

课题	课型	编制人	审核人	主讲人	课时	授课班级	授课日期
背影	新授课	田飞虎	郭慧	田飞虎	2	初二（18）班	

【教学目标】

1. 有感情地朗读，体会文中蕴含的父子深情。
2. 学习本文抓住“背影”这一感情聚焦点展示人物心灵的写法。
3. 引导学生珍爱亲情，理解父母，懂得感恩回报。

【教学重点】

1. 四次背影、四次流泪的描写作用。
2. 感受深切的父爱，体会作者的思想感情。

【教学难点】

抓住“背影”这一感情聚焦点展示人物心灵的写法。

【教学方法】

诵读法、小组合作法。

【教学过程】

第一课时

一、导入新课

生活中时时有感动，处处有感动。它有时是一种声音，有时是一种色彩，有时是一种状态，有时也可以是一种场景。如果你有一颗善良的心，同学的批评可以给你感动，妈妈的唠叨可以给你感动，甚至于爸爸的背影也可以给你持久的感动。今天我们来学习朱自清的著名散文《背影》，看他是怎样被父亲的背影感动的。

二、预习反馈

1. 作家简介和写作背景

朱自清（1898—1948 年），字佩弦，中国散文家、诗人。名篇有《绿》《春》《桨声灯影里的秦淮河》《荷塘月色》。

《背影》是纪实散文，写于1925年。作者曾说：“我写《背影》，就因为文中所引的父亲的来信那句话。当时读了父亲的信，真是泪如泉涌。我父亲待我的许多好处，特别是《背影》里所叙述的那一回，想起来跟眼前一般无二。我这篇文只是写实……”

2. 生字注音及词语解释

（1）读准下列词语：

交卸（xiè）　奔丧（sāng）　狼藉（jí）　簌簌（sù）　差（chāi）使（shǐ）
迂腐（yū）　琐屑（xiè）　栅栏（zhà）搀（chān）　颓唐（tuí）
晶莹（yíng）　赋（fù）闲（xián）　典（diǎn）质（zhì）　蹒（pán）跚（shān）

（2）需掌握的多音字：参见PPT。

（3）需掌握的词语：

狼藉：乱七八糟的样子。

簌簌：纷纷落下的样子。

变卖典质：（把财产、衣物）出卖和典当出去。典，当。质，抵押。

惨淡：凄惨暗淡，不景气。

赋闲：丢了工作，在家闲住，即失业。

勾留：逗留、羁留、耽搁；短时间停留。

踌躇：犹豫。

迂：言行守旧，不合时宜。

蹒跚：腿脚不灵便，走路缓慢摇摆的样子。

颓唐：衰颓败落。

触目伤怀：看到（家庭败落的情况）心里感到悲伤。怀，心。

三、呈现目标

（1）有感情地朗读课文，体会文中蕴含的父子深情。

（2）理清文章结构层次，理解背影的线索作用。

（3）学习本文抓住人物特征刻画人物的方法，品味朴实简洁的语言。

四、自学讨论

（一）整体感知

1. 朗读课文（或播放录音），感受文中的情感（注意：语速、语调、节奏和感情）

2. 归纳内容

（1）本文写的主要事件是什么？

明确：（两年前奔丧完毕）父子浦口送别（提示抓住时间、地点、人物、经过、结果等要素归纳。全文具体写了父亲为我做的几件事：奔丧完毕，父子同行；虽嘱茶房，亲自送行；讲定价钱，送子上车；月台买橘，依依惜别。学生能归纳出主要意思即可）。

（2）通过这些事件表达了什么样的思想感情？

明确：父疼子，子爱父——父子深情。

3. 分析结构

思考：全文共写到父亲几次背影？背影在全文中起什么作用？

提示：让学生快速默读课文，从文中画出有关背影的描写，理解四次背影的不同含义，在此基础上理清文章结构。

明确：共四次（择要板书）。第一次（在第1段）：怀念父亲，惦记背影；第二次（在第6段）：望父买橘，刻画背影；第三次（在第6段）：父子分手，惜别背影；第四次（在第7段）：别后思念，再现背影。

背影贯穿全文，是全文的线索，使全文脉络清晰，结构严谨。

（二）精读探究

在这四次背影描写中，大家一致认为第6段写得最感人，下面我们一起来欣赏这一段。

1. 朗读品味，进入情境

提示：可指名学生朗读，注意学生朗读技巧（轻重音）的指导，圈点勾画出对父亲进行描写的语句，找出应重读的词，加以体会，从而体会朴实的语言中所包含的深挚感情。

2. 思考探讨：本段从哪些方面来描写父亲

提示：注意父亲穿着、动作、语言、细节以及背后的深厚感情。也可以不限制，让学生品读并谈自己的感受。

明确（择要板书）：

①衣着：黑布小帽，黑色大马褂，深青布棉袍。（有丧事，沉重）

②姿势：蹒跚。（缓慢，摇晃，年龄大，腿脚不便）

③动作：走，探，穿过，爬上，攀，缩，倾。（行动不便、步履艰难）

④细节：一股脑儿，心里很轻松似的。（力所能及，无微不至）

3. 学生展示完毕，再齐读课文，感悟课文

五、展示提升

"自学讨论"中的"整体感知"和"精读探究"两部分可以分别展示，小组单号回答、双号补充。

六、检测巩固

1. 听写词语

踌躇　蹒跚　颓唐　狼藉　交卸　琐屑　簌簌　赋闲　奔丧

2. 延伸拓展

（1）回忆你身边关于父爱或母爱的故事，学习本文的手法，抓住一个细节，为大家讲述你身边爱的故事。

（2）课后思考：文章对父亲的描写除了衣着、动作等之外，还有语言描写，请找出来并分析其中所蕴含的深厚情感。

3. 完成"高分突破"作业

第二课时

一、预习反馈

朱自清先生对父亲的描写除了衣着、动作之外，还有语言描写，请找出来。（指名回答，代表小组计分）

二、呈现目标

（1）领会本文语言简练、朴实的特点。

（2）领悟本文写作特点对写作的启示。

（3）进一步体味文章所表达的父子深情，引导学生珍爱亲情，理解父母，懂得感恩回报。

三、自学讨论

（一）品析素语深情（语言）

1. 从父亲的五句话里面，你体会到怎样的父爱

提示：先思考，再与同学交流心得；然后各组选出代表，全班交流。

明确：

①事已至此，不必难过，好在天无绝人之路。（宽慰儿子）

②不要紧，他们去不好。（担心别人照顾不周）

③我买几个橘子去，你就在此地，不要走动。（担心儿子口渴，疼爱）

④我走了，到那边来信。（牵挂是否平安抵达）

⑤进去吧，里边没人。（担心行李没人照看，儿行千里“父”担忧）

教师点评：这四句话都很简短，意思也很平常。这样简短平常的话是否缺乏感情？不是，朴素的言语中往往含有深挚的爱意；平淡的话语里往往隐藏着不平静的心情。

写作启示：同学们写作时，要善于用朴素的语言表达出深挚的情感；选材时，也要善于选择那些平常而又饱含深情的素材。

2. 儿子理解了父亲的深情吗？请找出相关句子加以说明

明确：面对这样深沉浓烈的父爱，20 岁的朱自清先生感动不已，三次流泪（第 2 段的流泪是因看到家境的衰败和祖母去世的悲伤），两次自责。

①望父买橘，艰难背影（原句“这时我看见他的背影，我的泪很快地流下来了”）——感动之泪。

②父子离别，惜别背影（原句“等他的背影混入来来往往的人里，再找不着了，我便进来坐下，我的眼泪又来了”）——惜别之泪。

③含泪读信，再现背影（原句“我读到此处，在晶莹的泪光中，又看见那肥胖的、青布棉袍、黑布马褂的背影”）——思念之泪。

④两处自责：太聪明了；聪明过分——后悔自责（褒词贬用，反语，都是“幼稚无知，自以为是”之意，反衬了儿子越来越真切、深入地感受和理解了父爱的博大、含蓄和深沉）。

小结：儿子对父亲的感情变化——从不理解到理解、体谅、感动、思念（人非草木，孰能无情）。

（二）感悟写作特点

这篇散文之所以经久不衰，感人至深，除了表达了宝贵的至爱亲情，在语言、立意、选材等方面也很有特色，对我们的写作很有启发，请结合文章略举一二加以说明。

提示：学生能选择一点，结合文章具体分析即可。个人先思考，后小组讨论，然后派代表回答。

（1）示例：本文的语言简练、朴实，没有华丽的辞藻，但一言一语都充满了父亲对儿子的关心体贴之情，“有极大的感动力”。如前面分析的父亲对儿子说的五句话，简单的句子包含着深情。

（2）表现角度新颖（立意）。一般写人物，多从正面着笔，或面部肖像，或姿态、服饰等，但本文选择背向的特定角度，以饱含深情的笔触，全力抒写父亲的背影，令人拍案叫绝。姜白石说：“人所易言，我寡言之；人所难言，我易言之，自不俗。”

（3）选材详略得当。全文围绕父亲的特定背影选材，突显了主旨（父子深情），其他地方一概略过。文章第2、3段叙写父亲和作者同到南京，父亲亲自送作者到火车上，是必要的交代，为第6段铺垫。第4段到南京后大半天时间被朋友约去逛街，不详写游逛的情形而是一笔带过，因为与父亲的背影没有关系。

其他分析，言之成理即可：如多处点题、一线串珠、以小见大等。

四、展示提升

“自学讨论”中的“品析素语深情”和“感悟写作特点”分别展示，小组双号回答、单号补充。

五、检测巩固

1. 我的收获

学生自由发挥，针对全文语言、立意、选材等方面谈谈个人的收获。

2. 根据你对父爱的理解，仿写练习

（1）父爱如伞，为你遮风挡雨；父爱如雨，为你濯洗心灵；________________，________________。

（2）父爱是一缕阳光，让你的心灵即使在寒冷的冬天也能感到温暖如春；父爱是一泓清泉，让你的情感即使蒙上岁月的尘垢依然纯洁明净；________________，________________。

六、拓展延伸

同学们，去孝敬父母、珍爱亲情吧。因为只有爱父母，才会爱他人、爱集体、爱祖国、爱我们这个人类社会。（屏幕出示作业）

（1）回报爱。回家后为父母做一件他们需要做的事，给父母夹一次菜，给他们写一张纸条，为他们倒一杯水，向他们道一声辛苦……

（2）学习本文的写法，写一篇以父爱为主题的作文，题目自拟，600字以上。

七、教学反思

（1）本课讲读设计的编写，从文章整体上看是按从整体到局部、由浅入深的顺序，从课堂结构上看是按照“三环五步”来设计的。课文内容较多，因此设计为两个课时。每个课时既考虑到每节课的相对完整，也考虑到整篇课文的完整性。

(2) 第二课时“自学讨论”中的“感悟写作特点”，基础不太好的班可以不做要求。

注：讲读设计中“呈现目标”环节如果所呈现的内容与教学目标相同，内容可以省略不写；如果该章节内容需要多节课时（2 节课时以上），教学总目标与每节课的小目标不相同时，则要呈现出来。其他学科相同。

《背影》自读设计

编制人	审核人	主讲人	学生姓名	班级	组别	评价等级	学习日期
田飞虎	郭慧	田飞虎		初二（18）班			12 月 7 日

第一课时

一、预习反馈

1. 说说你了解的作者

____

____

2. 生字注音及词语解释

(1) 读准下列词语，并给加点的字注音。

交卸（　　）　奔丧（　　）　狼藉（　　）　簌簌（　　）

迂腐（　　）　琐屑（　　）　栅栏（　　）　搀（　　）

颓唐（　　）　晶莹（　　）　赋（　　）闲（　　）

典（　　）质（　　）　蹒（　　）跚（　　）　差（　　）使（　　）

(2) 需掌握的多音字：(略)。

(3) 需掌握的词语：(略)。

二、呈现目标

(1) 有感情地朗读课文，体会文中蕴含的父子深情。

(2) 理清文章结构层次，理解背影的线索作用。

(3) 学习本文抓住人物特征刻画人物的方法，品味朴实简洁的语言。

三、自学讨论

(一) 整体感知

1. 朗读课文，归纳内容

(1) 本文写的主要事件是什么？

（2）通过这些事件表达了什么样的思想感情？

2. 分析结构

（1）全文共写到父亲几次背影？

（2）背影在全文中起什么作用？

（二）精读探究

朗读第 6 段，思考探讨本段从哪些方面来描写父亲。

四、检测巩固

（1）听写词语：（略）。

（2）延伸拓展：回忆你身边关于父爱或母爱的故事，学习本文的手法，抓住一个细节，为大家讲述你身边爱的故事。

五、课后作业

（1）思考：文章对父亲的描写除了衣着、动作等之外，还有语言描写，请找出来并分析其中所蕴含的深厚情感。

（2）完成“高分突破”作业。

第二课时

一、预习反馈

朱自清先生对父亲的描写除了衣着、动作之外，还有语言描写，请找出来。

二、呈现目标

（1）领会本文语言简练、朴实的特点。

（2）领悟本文写作特点对写作的启示。

（3）进一步体味文章所表达的父子深情，懂得珍爱亲情、理解父母、感恩回报。

三、自学讨论

（一）品析素语深情（语言）

（1）从父亲的五句话里面，你体会到怎样的父爱？

（2）儿子理解了父亲的深情吗？请找出相关句子加以说明。

（二）感悟写作特点

这篇散文之所以经久不衰，感人至深，除了表达了宝贵的至爱亲情，在语言、立意、选材等方面也很有特色，对我们的写作很有启发，请结合文章略举一二加以说明。

四、检测巩固

1. 我的收获

____

____

____

2. 根据你对父爱的理解，仿写练习

（1）父爱如伞，为你遮风挡雨；父爱如雨，为你濯洗心灵；________________，________________。

（2）父爱是一缕阳光，让你的心灵即使在寒冷的冬天也能感到温暖如春；父爱是一泓清泉，让你的情感即使蒙上岁月的尘垢依然纯洁明净；________________，________________。

五、课后作业

（1）回报爱。回家后为父母做一件他们需要做的事，给父母夹一次菜，给他们写一张纸条，为他们倒一杯水，向他们道一声辛苦……

（2）学习本文的写法，写一篇以父爱为主题的作文，题目自拟，600 字以上。

第二节　文言文课例示范

《三峡》讲读设计

课题	课型	编制人	审核人	主讲人	课时	授课班级	授课日期
三峡	新授课	李宇芳	郭慧	李宇芳	2	初二（14）班	

【教学目标】

1. 疏通文义，背诵并默写全文。

2. 赏析三峡的美，学习本文的写景方法。

3. 感受祖国的大好河山，激发爱国情感。

【教学重点】

疏通文义，背诵全文。

【教学难点】

把握作者的思想感情。

【教学方法】

诵读法、小组合作法。

【教学过程】

第一课时

一、预习反馈

1. 作者简介

《三峡》是北魏时期地理学家郦道元所作的一篇写景散文。三峡，分别指的是 A 瞿（qú）塘峡、B 巫峡、C 西陵峡。

2. 作品简介

《水经注》是郦道元给《水经》所作的注文（即解释）。《水经注》中详细记载了一千多条大小河流及有关的历史遗迹、人物掌故、神话传说等，是我国古代著名的地理著作。该书还记录了不少碑刻题字和渔歌民谣，文笔绚烂，语言清丽，具有较高的文学价值。

3. 读准字音

阙 quē　嶂 zhàng　曦 xī　襄 xiāng　溯 sù　湍 tuān　巘 yǎn　啸 xiào

属 zhǔ 引凄异　哀转 zhuǎn 久绝　泪沾裳 cháng

二、呈现目标

（1）疏通文义。

（2）背诵课文第 1、2 段。

三、自学讨论

（1）听录音范读课文。

（2）学生自读课文，注意要读准字音，把握文章的节奏。

①结合注释，理解重点词语，疏通文义。

②教师解答疑问，指导学生掌握重要字词的读音、释义。

提示：将在学习过程中遇到的问题提出来，并在小组内讨论交流。

四、展示提升

1. 分小组展示加横线词语的解释

自（在、从）三峡七百里中，两岸连山，略无（毫无。略，丝毫）阙（通“缺”，中断）处。重岩叠嶂，隐天蔽日，自（如果）非（不是）亭午（正午）夜分（半夜），不见曦（日光，这里指太阳）月。

至于（到了……的时候）夏水襄（上，漫上）陵，沿（顺流而下）溯（逆流而上）阻绝（断）。或（有时）王命急宣，有时朝发白帝，暮到江陵，其（这）间千二百里，虽（即使）乘奔（飞奔的马）御风，不以（认为，觉得）疾（快）也。

春冬之时（季节），则素湍（白色的急流）绿潭，回清（回旋的清波）倒影。绝巘（极高的山峰）多生怪柏，悬泉瀑布，飞漱（急流冲荡）其（它们，指山峰）间，清荣峻茂，良（的确，实在）多趣味。

每至晴初（天刚晴）霜旦（下霜的早晨），林寒涧肃（寂静），常有高猿长啸，属引（接连不断。属，动词，连接。引，延长）凄异，空谷传响（回声），哀转（声音曲折）久绝（消失）。故（所以）渔者歌曰：“巴东三峡巫峡长，猿鸣三声泪沾裳。”

2. 解释下列句子

（1）自三峡七百里中，两岸连山，略无阙处。

译：在三峡七百里当中，两岸都是连绵的高山，几乎没有中断的地方。

（2）自非亭午夜分，不见曦月。

译：如果不是正午、半夜的时候，连太阳和月亮都看不见。

（3）至于夏水襄陵，沿溯阻绝。

译：在夏天水涨，江水漫上小山包的时候，下行和上行的航路都被阻断隔绝了。

（4）虽乘奔御风，不以疾也。

译：即使是骑上快马，驾着疾风，也不如船（顺流而下）的速度快。

（5）绝巘多生怪柏，悬泉瀑布，飞漱其间。

译：极高的山峰上长着许多奇形怪状的柏树，常有悬挂着的泉水瀑布在山峰之间飞流冲荡。

（6）清荣峻茂，良多趣味。

译：水清、树茂、山高、草盛，实在是趣味无穷。

（7）每至晴初霜旦，林寒涧肃。

译：（在秋天）每到天刚放晴的日子或下霜的早晨，树林和山涧显得一片清凉和寂静。

（8）常有高猿长啸，属引凄异。

译：常常听到高处传来猿猴拉长声音的叫声，连续不断，非常凄凉怪异。

（9）空谷传响，哀转久绝。

译：空旷的山谷里传来猿啼的回声，悲哀婉转，很长时间才消失。

五、检测巩固

1. 解释加横线的字词的含义

（1）自三峡七百里中；（2）自非亭午夜分；（3）沿溯阻绝；（4）哀转久绝；（5）绝巘多生怪柏；（6）虽乘奔御风，不以疾也；（7）或王命急宣；（8）飞漱其间；（9）至于夏水襄陵；（10）属引凄异；（11）清荣峻茂，良多趣味。

2. 词类活用

（1）虽乘奔御风，不以疾也。（奔：动词用作名词，飞奔的马。）

（2）素湍绿潭，回清倒影。（湍：形容词用作名词，急流；清：形容词用作名词，清波。）

（3）晴初霜旦。（霜：名词用作动词，下霜。）

六、课后作业

（1）背诵第 1、2 段。

（2）完成第二课时自读设计以及“高分突破”作业。

第二课时

一、预习反馈

背诵第 1、2 段。

二、呈现目标

（1）赏析三峡的美，学习本文的写景方法。

（2）感受祖国的大好河山，激发爱国情感。

（3）背诵课文第 3、4 段。

三、自学讨论

（1）课文主要写了三峡哪些景物？突出景物什么特点？采用了什么写景方法？结合课文，小组讨论。

（2）结尾引用渔歌起到了什么作用？

四、展示提升

（1）课文主要写了三峡哪些景物？突出景物什么特点？采用了什么写景方法？结合课文，小组讨论，填写下表。

段落	主要景物	季节	景物特点	写景方法
①	山		连绵、高峻	正面、侧面描写相结合
②	水	夏	凶猛、迅疾	正面、侧面描写相结合，对比，夸张
③		春、冬	清幽、秀丽	动静结合、俯视、仰视
④		秋	凄凉、哀婉	正面、侧面描写相结合

（2）结尾引用渔歌起到了什么作用？

①照应前文，进一步突出三峡山高峡长的特点。

②侧面渲染三峡秋天凄清萧瑟的气氛。

③表达作者对三峡贫苦渔民的深切同情。

五、检测巩固

（1）你能找出诗句中与课文相对应的句子吗？

早发白帝城

李白

朝辞白帝彩云间，
千里江陵一日还。
两岸猿声啼不住，
轻舟已过万重山。

提示：第1、2句：有时朝发白帝，暮到江陵，其间千二百里。第3句：高猿长啸，属引凄异，空谷传响，哀转久绝。第4句：虽乘奔御风，不以疾也。两岸连山，略无阙处。

（2）三峡适合修建水力发电站，可以从本文找出两个理由。请用自己的语言概括，并写出文中印证理由的原句。

①理由1：水流急（速度快、水势迅猛、水流湍急）。

原句：朝发白帝，暮到江陵（虽乘奔御风，不以疾也）。

②理由2：落差大。

原句：悬泉瀑布，飞漱其间。

（3）背诵第 3、4 段。

六、拓展延伸

1. 背诵全文

2. 我来当导游

郦道元笔下那雄奇险峻的三峡，现已成为举世瞩目的水利工程。请你以导游的身份拟写一段导游词（可结合自然风光、地理变化、古代文化等来介绍），100 字以内。

导游词示例：

各位旅客，欢迎你们来三峡参观。七百里三峡，雄奇险拔，清幽秀丽。四季风景迥异：春冬之时，潭水碧绿，清波回旋，怪柏凌峰，瀑布飞悬；夏季水涨，江流汹涌；秋景凄寒，猿鸣哀转。走进三峡，品尝金黄的蜜橘；登上三峡大坝，感受气势磅礴、多情的三峡风光。热情的三峡人民欢迎各位常游此地。

七、教学反思

在《三峡》的教学中，我积极运用体现"自主、合作、探究"学习方式的"精致课堂"教学模式。上完课后，谈谈以下几方面的收获。

1. 可取之处

第一，确定合适的教学目标，设置好课文的三大主要问题；明晰教学思路，要以重难点为中心，把握重点、突破难点是上好这堂课的关键。

《三峡》的赏析重点是抓住景物特点进行描绘，把握作者思想感情；难点是品味语言，培养学生赏析课文的能力。

第二，把握重点、突破难点的前提是了解学生，注重学生的认知规律，尊重学生的情感体验。

《三峡》是一篇游记散文，也是一篇写景美文，让学生领悟文章的意境，把握作品思想感情和风格特色非常重要。学生学习美文是由感性到理性的一个过程：①在脑海中形成形象；②体会文中的情感，在脑海中形成意象；③联系生活实际，在融合自己情感体验的基础上设身领悟文中的意象，形成意境（体验不同，形成意境层次不同）。

我在教《三峡》这篇文章时尝试这一规律：让学生明晰文中写了哪些自然景物，这些景物有何特点（形象把握）；作者欣赏景物时的心情怎样（意象体会）；学生说说自己喜欢的文中景物或语句，并说说理由（学生有可能根据自己的生活体验，说出对文中景物独特的见解，领悟意境）。

第三，《三峡》是一篇写景美文，应重视读，让学生在读中体验三峡的美。

在教学中，我以朗读带动学生对三峡的形象、意象、意境的把握，在朗读中指导学生领悟作品的意涵。主要抓住以下几个环节：

（1）"积累文言字词"环节，扫清字词障碍；

（2）"听读课文"初步形成形象；

（3）"找读课文"把握形象特点；

（4）"轻读课文"体会作者情感，使"形"与"意"相融合；

（5）"品读课文"形成意境。

在教学中，我着力培养学生的主观能动性，在疏通文言字词，探究课文内容时，让学生小组合作探究，自主学习翻译重点字词和句子，讨论确定重点问题的答案，再以小组展示的方式，在班上进行交流，并由其他小组提出质疑。

2. 欠缺之处

在小组合作探究的过程中，学生的合作气氛不够浓；在小组展示的过程中，教师不能够完全回应学生对于展示其自身个性才华的期待，不能及时顾及少数基础差的学生。

《三峡》自读设计

编制人	审核人	主讲人	学生姓名	班级	组别	评价等级	学习日期
李宇芳	郭慧	李宇芳					

第一课时

一、预习反馈

1. 作者简介

《三峡》是________时期________家________所作的一篇写景散文。三峡，分别指的是 A ________、B ________、C ________。

2. 作品简介

《水经注》是郦道元给《水经》所作的注文（即解释）。《水经注》中详细记载了一千多条大小河流及有关的________、________、________等，是我国古代著名的地理著作。该书还记录了不少碑刻题字和渔歌民谣，文笔绚烂，语言清丽，具有较高的文学价值。

3. 写出下列字的读音

阙____　嶂____　曦____　襄____　溯____　湍____　巘____

啸____　属引凄异____　哀转久绝____　泪沾裳____

二、学习目标

（1）疏通文义。

（2）背诵课文第 1、2 段。

三、自学讨论

1. 解释加横线的词语

自（　　）三峡七百里中，两岸连山，略无（　　）阙（　　）处。重岩叠嶂，隐天蔽日，自（　　）非（　　）亭午（　　）夜分（　　），不见曦（　　）月。

至于（　　）夏水襄（　　）陵，沿（　　）溯（　　）阻绝（　　）。或（　　）王命急宣，有时朝发白帝，暮到江陵，其（　　）间千二百里，虽（　　）乘奔（　　）御风，不以（　　）疾（　　）也。

春冬之时（　　），则素湍（　　）绿潭，回清（　　）倒影。绝巘（　　）多生怪柏，悬泉瀑布，飞漱（　　）其（　　）间。清荣峻茂，良（　　）多趣味。

每至晴初（　　）霜旦（　　），林寒涧肃（　　），常有高猿长啸，属引（　　）凄异，空谷传响（　　），哀转（　　）久绝（　　）。故（　　）渔者歌曰："巴东三峡巫峡长，猿鸣三声泪沾裳。"

2. 解释下面的句子

（1）自三峡七百里中，两岸连山，略无阙处。

（2）自非亭午夜分，不见曦月。

（3）至于夏水襄陵，沿溯阻绝。

（4）虽乘奔御风，不以疾也。

（5）绝巘多生怪柏，悬泉瀑布，飞漱其间。

（6）清荣峻茂，良多趣味。

（7）每至晴初霜旦，林寒涧肃。

（8）常有高猿长啸，属引凄异。

（9）空谷传响，哀转久绝。

四、检测巩固

1. 解释加横线的字词

（1）自三峡七百里中；（2）自非亭午夜分；（3）沿溯阻绝；（4）哀转久绝；（5）绝巘多生怪柏；（6）虽乘奔御风，不以疾也；（7）或王命急宣；（8）飞漱其间；（9）至于夏水襄陵；（10）属引凄异；（11）清荣峻茂，良多趣味。

2. 词类活用

（1）虽乘奔御风，不以疾也。（奔：动词用作名词，________。）

（2）素湍绿潭，回清倒影。（湍：形容词用作名词，________；清：形容词用作名词，________。）

（3）晴初霜旦。（霜：名词用作动词，________。）

五、课后作业

（1）背诵第 1、2 段。

（2）完成第二课时自读设计。

第二课时

一、预习反馈

背诵（默写）第 1、2 段。

二、呈现目标

（1）赏析三峡的美，学习本文的写景方法。

（2）感受祖国的大好河山，激发爱国情感。

（3）背诵课文第3、4段。

三、自学讨论

（1）课文主要写了三峡哪些景物？突出景物什么特点？采用了什么写景方法？结合课文，小组讨论。

（2）结尾引用渔歌起到了什么作用？

四、展示提升

（1）课文主要写了三峡哪些景物？突出景物什么特点？采用了什么写景方法？结合课文，小组讨论，填写下表。

段落	主要景物	季节	景物特点	写景方法
①				
②				
③				
④				

（2）结尾引用渔歌起到了什么作用？

五、检测巩固

（1）你能找出诗句中与课文相对应的句子吗？

早发白帝城

李白

朝辞白帝彩云间，
千里江陵一日还。
两岸猿声啼不住，
轻舟已过万重山。

（2）三峡适合修建水力发电站，可以从本文找出两个理由。请用自己的语言概括，并写出文中能印证理由的原句。

①理由1：

原句：

②理由2：

原句：

（3）背诵第3、4段。

六、课后作业

1. 背诵全文

2. 我来当导游

郦道元笔下那雄奇险峻的三峡，现已成为举世瞩目的水利工程。请你以导游的身份拟写一段导游词（可结合自然风光、地理变化、古代文化等来介绍），100 字以内。

第三节　写作课例示范

“巧用修辞，让你的文字开出花儿来”讲读设计

课题	课型	编制人	审核人	主讲人	课时	授课班级	授课日期
巧用修辞，让你的文字开出花儿来	新授课	郭慧	田飞虎	郭慧	1		

【教学目标】

1. 掌握使文字变美的修辞技巧。
2. 巧用修辞，锤炼作文语言。

【教学重点】

掌握使文字变美的修辞技巧。

【教学难点】

巧用修辞，锤炼作文语言。

【教学方法】

小组讨论法、合作探究法、练习展示法。

【教学过程】

一、激趣导入（看）

（1）观看老师的舞蹈，仔细观察老师的动作和神态。

（2）用优美的语言来描述老师的舞蹈。

二、预习反馈

（一）想

1. 作文中常见的修辞手法

比喻、比拟、排比、引用等。

2. 常见修辞的作用

比喻：使事物生动形象，具体可感。

比拟：色彩鲜明，描绘形象，表意丰富。

排比：增强气势，节奏感强。

引用：增加文学色彩。

（二）比

（1）比较同学写的句子，你觉得哪个句子更美？请说明理由。

（2）比较下面两组句子，你觉得哪组更美？请结合具体内容说明理由。

第一组：

A. 从未见过开得这样盛的藤萝，只见一片淡紫色，像一条瀑布……紫色的大条幅上，泛着点点银光，像焊接机器闪出的火花。仔细看时，才知那是每一朵紫花中最浅淡的部分在阳光下发呆的样子。

B. 从未见过开得这样盛的藤萝，只见一片淡紫色，像一条瀑布……紫色的大条幅上，泛着点点银光，就像迸溅的水花。仔细看时，才知那是每一朵紫花中最浅淡的部分在和阳光互相挑逗。

第二组：

A. 我爱祖国的大好河山，我爱“日照香炉生紫烟，遥看瀑布挂前川”的气势非凡的庐山瀑布；我爱“荡胸生层云，决眦入归鸟”的巍峨壮观的泰山绝顶；我爱“欲把西湖比西子，淡妆浓抹总相宜”的风光秀丽的江南。

B. 我爱祖国的大好河山，我爱“飞流直下三千尺，疑是银河落九天”的气势非凡的庐山瀑布；我爱“会当凌绝顶，一览众山小”的巍峨壮观的泰山绝顶；我爱“日出江花红胜火，春来江水绿如蓝”的风光秀丽的江南。

（三）找

巧用修辞原则：贴切，能体现被形容事物的特征。

三、呈现目标

（1）掌握使文字变美的修辞技巧。

（2）巧用修辞，锤炼作文语言。

四、当堂训练（写）

遵循巧用修辞的原则，运用至少两种修辞手法，按照观察的顺序，把老师跳舞的情景写成100字左右的片段。(5分钟)

五、展示提升（议）

（1）同桌互评作文片段，提出修改意见，根据同桌意见，再次修改。(3分钟)

（2）小组内交流，挑选出一篇最好的片段，前后两位小组长再次交流，每一个大组推选一篇优秀片段，准备全班展示。(3分钟)

六、检测巩固（评）

（1）点评要求：1、3、5、7组组长展示，2、4、6、8组组长点评。

（2）点评模式：

________（句子）运用了______修辞手法，生动形象地写出了老师的__________特点，表达了同学们对老师的__________感情。

七、课堂小结（思）

语言之美不仅要巧用修辞的“梳妆打扮”，更要有观察、阅读、积累、勤练的坚持，才能让你的写作妙笔生花。

八、课后作业（练）

运用本节课所学知识，完成作文《×××的课堂》。

要求：①600字左右；②运用多种修辞；③遵循巧用修辞原则；④字迹工整，卷面美观。

九、教学反思

整节作文课气氛活跃，学生参与度高，但是，由于学生平常积累太少，导致最后的写片段这个环节效果不理想，出现了修辞单一、修辞不生动、少用古诗词这些现象。作文还是要加强平常积累。

（本课例是郭慧老师参加2016年湛江市初中高效课堂比赛获得一等奖第一名的教案）

"巧用修辞，让你的文字开出花儿来"自读设计

编制人	审核人	主讲人	学生姓名	班级	组别	评价等级	学习日期
郭慧	田飞虎	郭慧		初二（18）班			12月7日

一、激趣导入（看）

（1）观看老师的舞蹈，仔细观察老师的动作和神态。

（2）用优美的语言来描述老师的舞蹈。

二、预习反馈

（一）想

1. 作文中常见的修辞手法

比喻、比拟、排比、引用等。

2. 常见修辞的作用

比喻：使事物生动形象，具体可感。

比拟：色彩鲜明，描绘形象，表意丰富。

排比：增强气势，节奏感强。

引用：增加文学色彩。

（二）比

（1）比较同学写的句子，你觉得哪个句子更美？请说明理由。

（2）比较下面两组句子，你觉得哪组更美？请结合具体内容说明理由。

第一组：

A. 从未见过开得这样盛的藤萝，只见一片淡紫色，像一条瀑布……紫色的大条幅上，泛着点点银光，像焊接机器闪出的火花。仔细看时，才知那是每一朵紫花中最浅

淡的部分在阳光下发呆的样子。

B. 从未见过开得这样盛的藤萝，只见一片淡紫色，像一条瀑布……紫色的大条幅上，泛着点点银光，就像迸溅的水花。仔细看时，才知那是每一朵紫花中最浅淡的部分在和阳光互相挑逗。

第二组：

A. 我爱祖国的大好河山，我爱“日照香炉生紫烟，遥看瀑布挂前川”的气势非凡的庐山瀑布；我爱“荡胸生层云，决眦入归鸟”的巍峨壮观的泰山绝顶；我爱“欲把西湖比西子，淡妆浓抹总相宜”的风光秀丽的江南。

B. 我爱祖国的大好河山，我爱“飞流直下三千尺，疑是银河落九天”的气势非凡的庐山瀑布；我爱“会当凌绝顶，一览众山小”的巍峨壮观的泰山绝顶；我爱“日出江花红胜火，春来江水绿如蓝”的风光秀丽的江南。

（三）找

巧用修辞原则：________________________。

三、呈现目标

（1）掌握使文字变美的修辞技巧。

（2）巧用修辞，锤炼作文语言。

四、当堂训练（写）

遵循巧用修辞的原则，运用至少两种修辞手法，按照观察的顺序，把老师跳舞的情景写成100字左右的片段。（5分钟）

五、展示提升（议）

（1）同桌互评作文片段，提出修改意见，根据同桌意见，再次修改。（3分钟）

（2）小组内交流，挑选出一篇最好的片段，前后两位小组长再次交流，每一个大组推选一篇优秀片段，准备全班展示。（3分钟）

六、检测巩固（评）

（1）点评要求：1、3、5、7组组长展示。2、4、6、8组组长点评。

（2）点评模式：

__________（句子）运用了__________修辞手法，生动形象地写出了老师的__________特点，表达了同学们对老师的__________感情。

七、课堂小结（思）

____

____

八、课后作业（练）

运用本节课所学知识，完成作文《×××的课堂》。

要求：①600字左右；②运用多种修辞；③遵循巧用修辞原则；④字迹工整，卷面美观。

第二章　英语课例示范

第一节　阅读课例示范

“What’s the highest mountain in the world”讲读设计

课题	课型	编制人	审核人	主讲人	课时	授课班级	授课日期
U7	新授课	邓春燕	赖芬妹	邓春燕	1	初二（21）班	2016 年 4 月 7 日

【教学目标】Teaching objectives

1. know some information about Qomolangma;

2. use the reading skills of skimming, scanning, careful reading to analyze reading materials;

3. learn to face difficulties in our lives instead of giving up.

1. 能提取关于珠穆朗玛峰的信息；

2. 能使用跳读、略读和细读等技巧处埋阅读材料；

3. 能学会正确面对生活中遇到的挑战。

【教学重点】Teaching focus

1. 在阅读过程中掌握以下单词或短语的用法：achievements, southwestern, thick, include, freezing, condition, take in, succeed, challenge, in the face of, achieve, force, nature, even though （even if）.

2. 通过运用不同的阅读技巧，提取关于珠穆朗玛峰的信息。

【教学难点】Difficult points

如何用阅读所提取的信息进行口头汇报。

【教学设想】

本课阅读是新授课，既有记叙文的文体特征，也有说明文的特点，因此应引导学生在阅读前做好背景介绍，阅读中帮助学生理清篇章结构，阅读后能点拨学生感受文本的情感内涵。

【教学过程】Teaching procedures

一、Lead in（预习反馈）

Quiz: What’s the longest river/the oldest country/the most dangerous sport in the world?（Review the ways of reading and lead in today’s topic.）

二、Learning objectives（呈现目标）

(1) know some information about Qomolangma;

(2) use the reading skills of skimming, scanning, careful reading to analyze reading materials;

(3) learn to face difficulties in our lives instead of giving up.

(1) 能提取关于珠穆朗玛峰的信息；

(2) 能使用跳读、略读和细读等技巧处理阅读材料；

(3) 能学会正确面对生活中遇到的挑战。

三、Reading comprehension（自学讨论）

Step1. Pre-reading:

a. Guess: What's the name of the mountain? (Students describe the picture on P51 and present some new expressions.)

b. Skimming: Match the main idea of each paragraph.

Step2. While-reading:

a. Para 1: Facts and dangers.

Scanning: Scan for the location and height of Qomolangma.

Careful reading: Fill in the blanks and list the dangers for climbers.

Are there any people got to the top before?

b. Para 2: Achievements of climbers.

Careful reading: Match the successful climbers and the dates.

Why do so many people try to climb the mountain even though it is dangerous?

c. Para 3: Spirit of climbers.

Careful reading: Why do so many climbers risk their lives? What does the spirit of the climbers tell us?

四、Post-reading（展示提升）

Watch the video, take notes, share notes with team members, try to dub（配音）the video.

五、Discussion（检测巩固）

a. Is Qomolangma the most dangerous that no one can reach the top?

b. How to reach the top?

c. In your opinion, what is the most difficult thing in your life? Is it study, health, relations with parents or others?

d. How to face it and succeed in it?

六、Homework（课后作业）

As a student, study is also a mountain for us to climb. What will we do in the face of our study? Will we give up or face it? Write a short passage to show our ideas.

七、Reflections（教学反思）

学生能较快获取文本信息，处理数字，也能感受文章传达的励志精神，但是在运用文本信息进行配音时比较困难，一是因为语速跟不上画面速度，二是对于人名、地名等生僻词发音困难。还需多进行此类训练。

“What's the highest mountain in the world”自读设计

编制人	审核人	主讲人	学生姓名	组别	评价等级	学习日期
邓春燕	赖芬妹	邓春燕				2016年4月7日

一、Lead in（预习反馈）

What's the longest river/the oldest country/the most dangerous sport in the world?

二、Learning objectives（呈现目标）

（1）know some information about Qomolangma;

（2）use the reading skills of skimming, scanning, careful reading to analyze reading materials;

（3）learn to face difficulties in our lives instead of giving up.

（1）能提取关于珠穆朗玛峰的信息；

（2）能使用跳读、略读和细读等技巧处理阅读材料；

（3）能学会正确面对生活中遇到的挑战。

三、Reading comprehension（自学讨论）

Step1. Pre-reading:

a. Guess: What's the name of the mountain? ___________.

Students describe the picture on P51 and present some new expressions.

Very _________________
Thick _________________
Heavy _________________
_________________ weather conditions
_________________ to climb

b. Skimming: Match the main idea of each paragraph.

Para1 Spirit of climbers.

Para2 Achievement of climbers

Para3 Facts and dangers

Step2. While-reading:

a. Para 1: Facts and dangers.

Scanning: Scan for the location and height of Qomolangma.

Facts	
Location（位置）of the Himalayas	
Height（高度）of Qomolangma	

Careful reading: work in groups, fill in the blanks and list the danger for climbers.

One of the world's ________ sports is mountain climbing, and one of the ________ places for this is the Himalayas. Of all the mountains in the Himalayas, Qomolangma rises the ________ and is the ________.

the dangers for climbers	

Are there any people got to the top before?

b. Para 2: Achievements of climbers.

Careful reading: Match the successful climbers and the dates.

Why do so many people try to climb the mountain even though it is dangerous?

c. Para 3: Spirit of climbers.

Careful reading:

Why do so many climbers risk their lives?

____

What does the spirit of the climbers tell us?

____

四、Post-reading（展示提升）

Watch the video, take notes, share notes with team members, try to dub（配音）the video.

五、Discussion（检测巩固）

a. Is Qomolangma the most dangerous that no one can reach the top?

b. How to reach the top?

c. In your opinion, what is the most difficult thing in your life? Is it study, health, relations with parents or others?

d. How to face it and succeed in it?

六、Homework（课后作业）

As a student, study is also a mountain for us to climb. What will we do in the face of our study? Will we give up or face it? Write a short passage to show our ideas.

第二节 听说课例示范

元音讲读设计

课题	课型	编制人	审核人	主讲人	课时	授课班级	授课日期
Vowels	新授课	陈敏	邓春燕	陈敏	1	初一（18）班	2016 年 12 月 3 日

【教学目标】Teaching objectives

1. learn to pronounce the vowels [ei] [ai] [ɔi];

2. summarize the letter or the groups of letter with the sound [ei] [ai] [ɔi];

3. spell and write the words according to phonetic symbols.

1. 学会双元音 [ei] [ai] [ɔi] 如何发音；

2. 归纳总结发 [ei] [ai] [ɔi] 的字母和字母组合；

3. 能根据音标拼读和写出单词。

【教学重点】Teaching key points

1. 学会双元音 [ei] [ai] [ɔi] 的正确发音方式；

2. 归纳总结发 [ei] [ai] [ɔi] 的字母和字母组合。

【教学难点】Difficult points

能根据音标拼读和写出单词。

【教学设想】

本课为听说新授课，学习三个合口双元音 [ei] [ai] [ɔi]，教会学生如何正确发音是重点。学生学会发音之后，让学生朗读单词归纳总结发 [ei] [ai] [ɔi] 的字母及字母组合，最后学生能够根据音标来拼读和写出单词。

【教学过程】

一、Lead in（预习反馈）

Same or Different. 画线部分读音相同的填 S，不同的填 D。

(　　) 1. late　have　　(　　) 2. wait　great
(　　) 3. join　boy　　(　　) 4. music　nice
(　　) 5. mine　think　　(　　) 6. my　very
(　　) 7. watch　game　　(　　) 8. enjoy　toy
(　　) 9. day　they　　(　　) 10. eye　bye

二、Learning objectives（呈现目标）

a. learn to pronounce the vowels [ei] [ai] [ɔi];
b. summarize the letter or the groups of letter with the sound [ei] [ai] [ɔi];
c. spell and write the words according to phonetic symbols.
a. 学会双元音 [ei] [ai] [ɔi] 如何发音；
b. 归纳总结发 [ei] [ai] [ɔi] 的字母和字母组合；
c. 能根据音标拼读和写出单词。

三、Presentation（自学讨论）

1. 学习双元音 [ei] 的发音
Task 1：找出含有双元音 [ei] 的单词并圈出来。
Rain, rain, go away.
Come again some other day.
Little Johnny wants to play.
Rain, rain, go away.
Task 2：朗读单词，想一想：发音为 [ei] 的字母或字母组合是什么？
baby　lake　table　date　game
day　play　stay　say　may
wait　mail　afraid　raise　snail
eight　eighteen　neighbor
they　grey　survey
归纳总结：
发音为 [ei] 的字母有________________________________
发音为 [ei] 的字母组合有____________________________
2. 学习双元音 [ai] 的发音
朗读单词，想一想：发音为 [ai] 的字母或字母组合是什么？
bike　light　nice　find　hi
my　fly　try　by
die　tie　pie
buy
归纳总结：
发音为 [ai] 的字母有____________________________
发音为 [ai] 的字母组合有________________________

3. 学习双元音［ɔi］的发音

朗读单词，想一想：发音为［ɔi］的字母或字母组合是什么？

oil boil coin soil noise boy toy enjoy

归纳总结：

发音为［ɔi］的字母是________________________________

发音为［ɔi］的字母组合有____________________________

四、Practice（展示提升）

1. 学习双元音［ei］的发音

直接拼读，你可以吗？

［feis］ ［ˈpleigraund］ ［wei］ ［ðei］

［ˈiːmeil］ ［greit］ ［ˈeiti］

2. 学习双元音［ai］的发音

Task 1：拼读单词，然后用所给三个词造句或编故事。

a. nice like buy

b. find fly try

Task 2：Tongue twister. 请疯狂操练以下绕口令。

a. Mike likes to write by the nice bright light at night.

b. I'd like to buy a bike for my sister.

3. 学习双元音［ɔi］的发音

Task 1：找出故事中发［ɔi］音的单词。

He is a tall boy. His voice is always full of joy. He enjoys playing with his toys. I want him to join our game, I think he will like it.

Task 2：根据音标写单词。

［inˈdʒɔi］__________ ［nɔiz］__________ ［kɔin］__________

［ˈtɔilit］__________ ［ɔil］__________ ［dʒɔin］__________

五、Exercises（检测巩固）

1. Put the words into the proper boxes（当堂检测）

high say potato toy library why great buy boil die

they wait enjoy eight cry join boy side make train

noise

［ei］	［ai］	［ɔi］

2. Homework（拓展延伸）

Ⅰ. Find the different word in pronunciation. 找出画线部分读音不同的单词。

（　　）1. A. ask B. basket C. table D. grass

(　　) 2. A. name　　B. grade　　C. that　　D. late

(　　) 3. A. like　　B. kite　　C. white　　D. city

(　　) 4. A. yes　　B. my　　C. you　　D. yellow

(　　) 5. A. big　　B. middle　　C. with　　D. time

(　　) 6. A. rain　　B. train　　C. said　　D. paint

Ⅱ. Write the words according to the pronunciation. 根据读音写单词。

1. [faind] ________　　2. [nais] ________

3. [seim] ________　　4. [geit] ________

5. [bɔi] ________　　6. [tɔi] ________

Ⅲ. Tongue twister. 请疯狂操练以下绕口令。

1. Don't make the same mistake.
2. Stop making faces.
3. No way, go away.
4. The cake is on the plate and the plate is on the table.
5. Let's take a break.
6. Today is a great day, today is a beautiful day.
7. I want to talk to you face to face.
8. Out of sight, out of mind.
9. I'd like to buy a bike for my sister.
10. Never say die! Try! Try! Try!

六、Reflections（教学反思）

本节课主要学习三个双元音［ei］［ai］［ɔi］的发音方法及归纳总结发这三个元音的字母及字母组合。把这三个双元音放在一起学习，是想通过对比的教学方法，让学生体会细小的区别，准确地掌握发音方法。在熟悉发音规律的基础上，进行拼读练习，让学生可以更好地掌握本节课所学内容。

元音自读设计

编制人	审核人	主讲人	学生姓名	班级	组别	评价等级	学习日期
陈敏	邓春燕	陈敏		初一（18）班			2016年12月3日

一、Lead in（预习反馈）

Same or Different. 画线部分读音相同的填S，不同的填D。

(　　) 1. late　　have　　(　　) 2. wait　　great

(　　) 3. join　　boy　　(　　) 4. music　　nice

(　　) 5. mine　　think　　(　　) 6. my　　very

(　　) 7. watch　game　　(　　) 8. enjoy　toy
(　　) 9. day　they　　(　　) 10. eye　bye

二、Learning objectives（呈现目标）

a. learn to pronounce the vowels [ei] [ai] [ɔi];
b. summarize the letter or the groups of letter with the sound [ei] [ai] [ɔi];
c. spell and write the words according to phonetic symbols.
a. 学会双元音 [ei] [ai] [ɔi] 如何发音;
b. 归纳总结发 [ei] [ai] [ɔi] 的字母和字母组合;
c. 能根据音标拼读和写出单词。

三、Presentation（自学讨论）

1. 学习双元音 [ei] 的发音
Task 1：找出含有双元音 [ei] 的单词并圈出来。
Rain, rain, go away.
Come again some other day.
Little Johnny wants to play.
Rain, rain, go away.
Task 2：朗读单词，想一想：发音为 [ei] 的字母或字母组合是什么？
baby　lake　table　date　game
day　play　stay　say　may
wait　mail　afraid　raise　snail
eight　eighteen　neighbor
they　grey　survey
归纳总结：
发音为 [ei] 的字母有______________________
发音为 [ei] 的字母组合有______________________
2. 学习双元音 [ai] 的发音
朗读单词，想一想：发音为 [ai] 的字母及字母组合是什么？
bike　light　nice　find　hi
my　fly　try　by
die　tie　pie
buy
归纳总结：
发音为 [ai] 的字母有______________________
发音为 [ai] 的字母组合有______________________
3. 学习双元音 [ɔi] 的发音
朗读单词，想一想：发音为 [ɔi] 的字母及字母组合是什么？
oil　boil　coin　soil　noise　boy　toy　enjoy
归纳总结：

发音为［ɔi］的字母有______________________________

发音为［ɔi］的字母组合有______________________________

四、Practice（展示提升）

1. 学习双元音［ei］的发音

直接拼读，你可以吗？

［feis］　［ˈpleigraund］　［wei］　［ðei］

［ˈiːmeil］　［greit］　［ˈeiti］

2. 学习双元音［ai］的发音

Task 1：拼读单词，然后用所给三个词造句或编故事。

a. nice　like　buy

b. find　fly　try

Task 2：Tongue twister. 请疯狂操练以下绕口令。

a. Mike likes to write by the nice bright light at night.

b. I'd like to buy a bike for my sister.

3. 学习双元音［ɔi］的发音

Task 1：找出故事中发［ɔi］音的单词。

He is a tall boy. His voice is always full of joy. He enjoys playing with his toys. I want him to join our game, I think he will like it.

Task 2：根据音标写单词。

［inˈdʒɔi］__________　［nɔiz］__________　［kɔin］__________

［ˈtɔilit］__________　［ɔil］__________　［dʒɔin］__________

五、Exercises（检测巩固）

1. Put the words into the proper boxes.（当堂检测）

high　say　potato　toy　library　why　great　buy　boil　die

they　wait　enjoy　eight　cry　join　boy　side　make　train

noise

［ei］	［ai］	［ɔi］

2. Homework（课后作业）

Ⅰ. Find the different word in pronunciation. 找出画线部分读音不同的单词。

(　　) 1. A. ask　B. basket　C. table　D. grass

(　　) 2. A. name　B. grade　C. that　D. late

(　　) 3. A. like　B. kite　C. white　D. city

(　　) 4. A. yes　B. my　C. you　D. yellow

(　　) 5. A. big　B. middle　C. with　D. time

(　　) 6. A. rain　　B. train　　C. said　　D. paint

Ⅱ. Write the words according to the pronunciation. 根据读音写单词。

1. [faind] __________　　2. [nais] __________

3. [seim] __________　　4. [geit] __________

5. [bɔi] __________　　6. [tɔi] __________

Ⅲ. Tongue twister. 请疯狂操练以下绕口令。

1. Don't make the same mistake.

2. Stop making faces.

3. No way, go away.

4. The cake is on the plate and the plate is on the table.

5. Let's take a break.

6. Today is a great day, today is a beautiful day.

7. I want to talk to you face to face.

8. Out of sight, out of mind.

9. I'd like to buy a bike for my sister.

10. Never say die! Try! Try! Try!

第三节　写作课例示范

"Protect the Environment" 讲读设计

课题	课型	编制人	审核人	主讲人	课时	授课班级	授课日期
Protect the Environment	复习课	赖玉琳	邓春燕	赖玉琳	1	田阳 1407	12 月 16 日

【教学目标】

1. Learn how to write an article about protecting the environment;
2. Learn some writing skills.

1. 学习写一篇主题为"保护环境"的作文;
2. 学习一些写作策略。

【教学重点】

1. Learn to build the structure;
2. Write an article about protecting the environment with the knowledge they learned.

1. 学会在写作前谋篇布局;
2. 运用已有知识储备和写作策略，学会在文中表达如何保护环境。

【教学难点】

Learn to express how to protect the environment correctly.

学会正确表达关于环境保护的观点。

【教学方法】

讲授法、讨论法、情景教学法。

【教学设想】

田阳实验中学是当地一所有知名度的中学，该校校风好，学生勤奋刻苦，但英语基础不够扎实，和市区学生相比差距比较大。因此本节写作课设置在复习了环境保护相关词汇后，从简单句的构成入手，鼓励学生在这个基础上试着写出复杂句，进而认识并学习构建篇章结构，最后运用所学知识写一篇 9 分以上的作文。作文写完后学生进行自我修正、同学互评，课后再进行二次写作，以巩固和深化本节课内容。

【教学过程】

一、Lead in（导入新课）

Share feelings and pictures about the beautiful views in Guangxi with students.

二、Preview（预习反馈）

a. Translate（翻译）the phrases（词组）about the environment in English.

①保护环境__________ ②应该做__________

③节约用水__________ ④乱扔垃圾__________

⑤塑料袋__________ ⑥植树__________

⑦关灯__________ ⑧参与__________

b. Say out the expressions according to the pictures.

三、Learning objectives（呈现目标）

a. Learn how to write an article about protecting the environment;

b. Learn some writing skills.

a. 学习写一篇主题为“保护环境”的作文；

b. 学习一些写作策略。

四、Discussion（自学讨论）

（一）Search 审

主题：__________ 人称：__________

字数：__________ 时态：__________

保护环境是每个人的义务，我们应该如何保护环境呢？请你以“Protect the Environment”为题写一篇作文，谈谈你的看法。内容包括：

（1）简单概括目前环境现状；

（2）针对如何保护环境提出建议（至少三点）；

（3）号召所有人参与保护地球环境的活动。

（二）List 列

What can we do to protect the environment? Discuss in groups about what we can do. Write down at least 3 pieces of advice.

____

____

（三）Connect 连

Make simple sentences with one or two from the expressions.

Tips：Subject（主语）+ Verb（谓语）+ Object（宾语）

____

____

五、Pair work（展示提升）

Work in pairs（同桌合作）and find out which can be used as the Beginning / Body / Ending? Stick（粘贴）them onto the right box.（与同桌合作找出以下句子中哪两句分别可以作为文章的开头/中间句/结尾？把序号写到自读设计的相应位置。）

a. Let's try our best to protect the environment.

b. It's everyone's duty to love and protect the environment.

c. We should not cut down the trees.

d. I hope our environment will be better and better in the future.

e. We had better not to litter everywhere.

f. It is very important to take care of our environment.

小组分别讨论1分钟，选出组内最佳答案，然后单号小组与双号小组的组长在讨论得出单、双号小组最佳答案后，再由单、双号小组各派一名代表根据最终讨论结果把句子粘贴到黑板相应位置。

六、Exercises（检测巩固）

1. Writing

保护环境是每个人的义务，我们应该如何保护环境呢？请你以"Protect the Environment"为题写一篇作文，谈谈你的看法。

内容包括：（1）简单概括目前环境现状；

（2）针对如何保护环境提出建议（至少三点）；

（3）号召所有人参与保护地球环境的活动中。

作文要求：（1）不能照抄原文，不得出现真实人名及校名；

（2）表达清楚，语法正确，上下文连贯，要点齐全；

（3）词数：70～80词，作文标题已给出，不计入总词数。

2. Self check

Students have 10 minutes to finish their writing.

After writing, students check their articles themselves, try to correct some mistakes and give scores according to the evaluation standard.

3. Peer check

Enjoy your partner's writing and give scores.

4. Revision：How to write an article

（1）Search （审）.

（2）List （列）.

（3）Connect（连）.

(4) Extend (拓).
(5) Add (加).
(6) Check (查).

七、Show time & Homework（拓展延伸）

a. Co－operation：Work in groups and design a slogan about protecting the environment. When students finish, put up their slogans on the Bb. Each group has two voting tickets. Have a discussion in groups then vote for favorite slogan（s）. They cannot vote for their own groups. Two winners will be chosen to add points.

b. Polish your second writing on the work sheet, post it to your class WeChat or your QQ Zone and see how many "like" you can get.

八、Reflections（教学反思）

对学生的学习程度没有非常精准地把握好，英文指令有一部分学生听得比较吃力，对任务的理解有些偏差，在指导的时候花了一些时间，导致课堂进度比意料中慢了。写前输入没有达到理想的效果，若是加入瞬间记忆的指导或许会更好一些。自改、互改及活动最终还是呈现出来了，并达到了预期的效果，但超出了课堂时间，今后要多注意教学环节的合理取舍与推进。

"Protect the Environment" 自读设计

编制人	审核人	主讲人	学生姓名	班级	组别	评价等级	学习日期
赖玉琳	邓春燕	赖玉琳		田阳 1407			

一、Preview（预习反馈）

a. Translate（翻译）the phrases（词组）about the environment in English.

①保护环境____________ ②应该做____________
③节约用水____________ ④乱扔垃圾____________
⑤塑料袋____________ ⑥植树____________
⑦关灯____________ ⑧参与____________

b. Say out the expressions according to the pictures.

二、Learning objectives（呈现目标）

a. Learn how to write an article about protecting the environment;

b. Learn some writing skills.

a. 学习写一篇主题为"保护环境"的作文；

b. 学习一些写作策略。

三、Discussion（自学讨论）

（一）Search 审

主题：__________　　　　人称：__________

字数：__________　　　　时态：__________

保护环境是每个人的义务，我们应该如何保护环境呢？请你以“Protect the Environment”为题写一篇作文，谈谈你的看法。内容包括：

（1）简单概括目前环境现状；

（2）针对如何保护环境提出建议（至少三点）；

（3）号召所有人参与到保护地球环境的活动中。

（二）List 列

What can we do to protect the environment? Discuss in groups about we can do. Write down at least 3 pieces of advice.

____

____

（三）Connect 连

Make simple sentences with one or two from the expressions.

Tips：Subject（主语）＋Verb（谓语）＋Object（宾语）

____

____

四、Pair work（展示提升）

Work in pairs（同桌合作）and find out which can be used as the Beginning / Body / Ending? Stick（粘贴）them onto the right box.（与同桌合作找出以下句子中哪两句分别可以作为文章的开头/中间句/结尾？把序号写到相应位置。）

a. Let's try our best to protect the environment.

b. It's everyone's duty to love and protect the environment.

c. We should not cut down the trees.

d. I hope our environment will be better and better in the future.

e. We had better not to litter everywhere.

f. It is very important to take care of our environment.

Beginning	
Body	
Ending	

五、Exercises（检测巩固）

1. Writing

Save Our Earth

It's everyone's duty to love the environment. Now our environment is in great danger. So I think we should do something to protect it. ____

____

____

____

____

____

2. Self check（欣赏自己的作文并修改）

a. Please read your compositions aloud.

b. Correct some mistakes and give scores .（打分）

3. Peer check

Enjoy your partner's writing and give scores.（欣赏同伴作文并给同伴作文打分，得分写在下表）

Standard for evaluation

Standard for evaluation（评分标准）		自评得分	互评得分
Good handwriting（书写好）	1 分		
Clear structure（结构清）	1 分		
No absent key points（要点齐）	9 分		
Good sentences（句子妙）	2 分		
Few mistakes（无错误）	1 分		
Connecting words（有连词）	1 分		
Scores（得分）	15 分		

六、Show time & Homework（拓展延伸）

a. Co-operation：Work in groups and design a slogan about protecting the environment.

When students finish, put up their slogans on the Bb. Each group has two voting tickets. Have a discussion in groups then vote for favorite slogan（s）. They cannot vote for their own groups. Two winners will be chosen to add points.

b. Polish your second writing on the work sheet, post it to your class WeChat or your QQ Zone and see how many "like" you can get.

第三章　数学课例示范

第一节　复习课课例示范

“圆的基本性质”讲读设计

课题	课型	编制人	审核人	主讲人	课时	授课班级	授课日期
圆的基本性质	复习课	郭志	张爱华	郭志	1	初三（1）班	

【教学目标】

1. 了解圆及弧、弦有关概念、性质及弧、弦、圆心角之间的关系。.
2. 掌握垂径定理、圆周角定理及其应用。
3. 会用垂径定理、圆周角定理解决实际问题。

【教学重点】

掌握垂径定理、圆周角定理及其应用。

【教学难点】

会用垂径定理、圆周角定理解决实际问题。

【教学方法】

合作学习、多媒体演示。

【教学过程】

一、预补反馈

（1）（2014·广东）如图1，在⊙O中，已知半径为5，弦AB的长为8，那么圆心O到AB的距离为__________。

（2）如图2，P是⊙O外一点，PA、PB分别交⊙O于C、D两点，已知AB弧和CD弧所对的圆心角分别为90°和50°，则∠P=（　　）。

A. 45°　　B. 40°　　C. 25°　　D. 20°

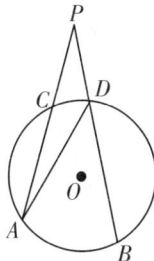

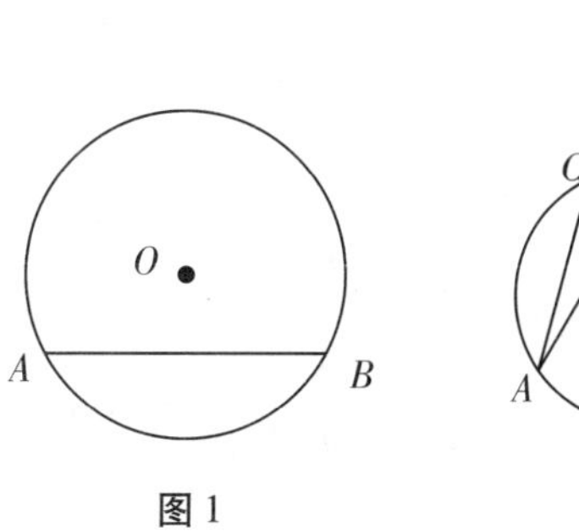

图1

图2

(3) $\triangle ABC$为$\odot O$的内接三角形，若$\angle AOC=160°$，则$\angle ABC$的度数是（　　）。

A. 80°　　B. 160°　　C. 100°　　D. 80°或100°

二、呈现目标

(1) 了解圆及弧、弦有关概念、性质及弧、弦、圆心角之间的关系。

(2) 掌握垂径定理、圆周角定理及其应用。

三、自学探讨

(一) 自学指导

考点一：圆的有关概念。

1. 圆

(1) 圆上各点到定点（圆心）的距离都等于定长（半径）；

(2) 到定点的距离等于定长的点都在同一圆上。

2. 弦、直径、弧、半圆、优弧、劣弧、等圆、等弧等概念

(1) 连结________的________叫作弦。经过________的________叫作直径，并且直径是同一圆中________的弦。

(2) 圆上______的部分叫作圆弧，简称______，以A、B为端点的弧记作______，________叫作优弧；________叫作劣弧。

考点二：垂径定理及其推论。

垂径定理：垂直于弦的直径平分弦，并且平分弦所对的两条弧。

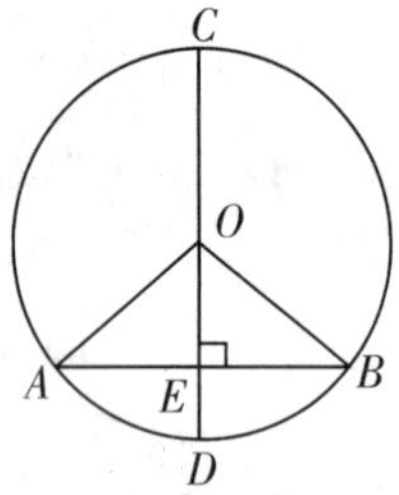

几何语言：

$\because$ $CD\perp AB$，CD过圆心

$\therefore$ ________，________，________

推论：平分弦（________）的直径垂直于弦，并且平分弦所对的两条弧。

几何语言：

$\because$ CD过圆心，$AE=BE$

$\therefore$ ________，________，________

拓展：对于①过圆心；②垂直弦；③平分弦；④平分弦所对的优弧；⑤平分弦所对的劣弧中的任意两条结论成立，那么其他的结论也成立。

考点三：圆心角、弧、弦之间的关系

在同圆或等圆中，如果两个圆心角、两条弧、两条弦中有一组量相等，则它们所对应的其余各组量也相等。

如图，AB、CD是$\odot O$的两条弦，

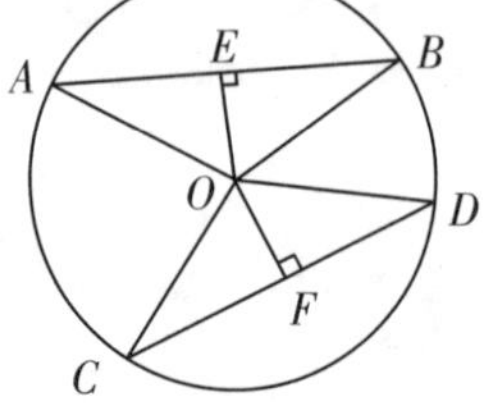

(1) 如果$AB=CD$，那么，________，________；

(2) 如果$\overset{\frown}{AB}=\overset{\frown}{CD}$，那么，________，________；

(3) 如果$\angle AOB=\angle COD$，那么，________，________。

考点四：圆周角。

(1) 一条弧所对的圆周角等于它所对的圆心角的______。

（2）同弧或等弧所对的圆周角__________，直径所对的圆周角是__________，90°圆周角所对的弦是__________，90°圆周角所对的弧是半圆。

（3）圆内接四边形的对角__________。

（二）探讨提升

（1）如图1，四边形 $ABCD$ 内接于⊙O，点 E 在对角线 AC 上，$EC=BC=DC$。

①若 $\angle CBD=39°$，则 $\angle BAD=$ __________。

②求证：$\angle 1=\angle 2$。

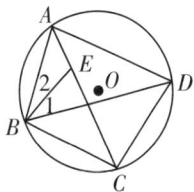

图1

（2）如图2，已知 $\triangle ABC$ 内接于⊙O，且 $AB=AC$，直径 AD 交 BC 于点 E，F 是 OE 上的一点，使 $CF \parallel BD$。

①求证：$BE=CE$。

②试判断四边形 $BFCD$ 的形状，并说明理由。

③若 $BC=8$，$AD=10$，求 CD 的长。

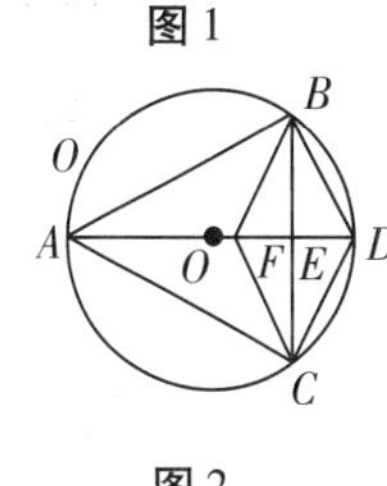

图2

四、当堂检测

1. 下列说法正确的是（　　）。

A. 平分弦的直径垂直于弦　　B. 半圆（或直径）所对的圆周角是直角

C. 相等的圆心角所对的弧相等　　D. 若两个圆有公共点，则这两个圆相交

2. 如图1，在 5×5 正方形网格中，一条圆弧经过 A、B、C 三点，那么这条圆弧所在圆的圆心是（　　）。

A. 点 P　　B. 点 Q　　C. 点 R　　D. 点 M

3. 如图2，圆弧形桥拱的跨度 $AB=12$ 米，拱高 $CD=4$ 米，则拱桥的半径为（　　）。

A. 6.5 米　　B. 9 米　　C. 13 米　　D. 15 米

4. 如图3，AB 是⊙O 的弦，AB 长为8，P 是⊙O 上一个动点（不与 A、B 重合），过点 O 作 $OC\perp AP$ 于点 C，$OD\perp PB$ 于点 D，则 CD 的长为________。

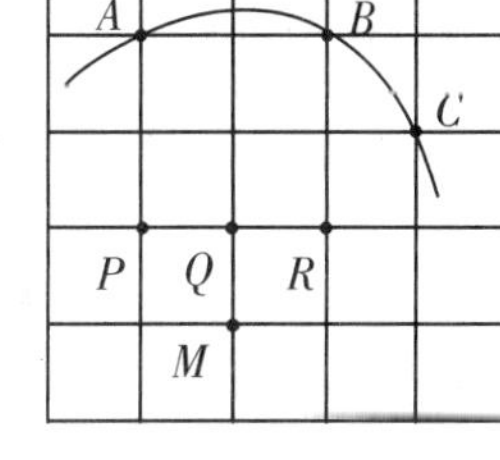

图1

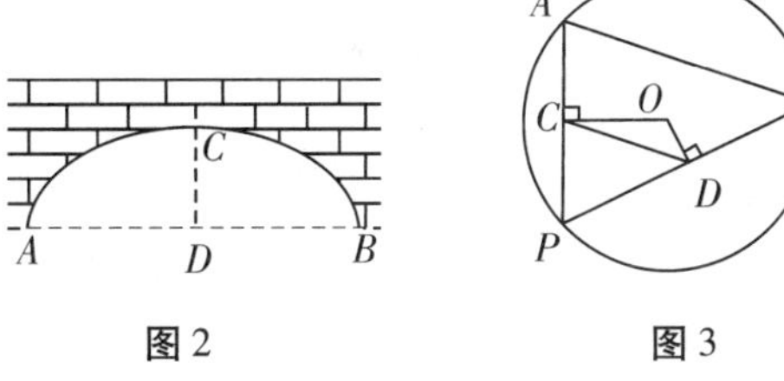

图2　　图3

五、归纳小结

（1）与圆有关的概念。

（2）垂径定理及其推论。

（3）圆周角定理及其应用。

（4）与圆有关的辅助线的作法：辅助线，莫乱添，规律方法记心间；圆半径，不

起眼，角的计算常要连，构成等腰解疑难；弦与弦心距，亲密紧相连；切点和圆心，连结要领先；遇到直径想直角，灵活应用才方便。

六、拓展延伸

1. 在⊙O中，直径$AB=6$，BC是弦，$\angle ABC=30°$，点P在BC上，点Q在⊙O上，且$OP\perp PQ$。

（1）如图1，当$PQ/\!/AB$时，求PQ的长度。

（2）如图2，当点P在BC上移动时，求PQ长的最大值。

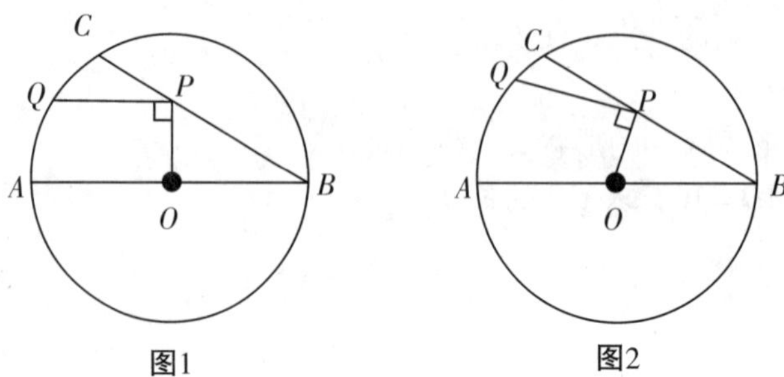

图1　　图2

2.（2016·广东）如图3，点P是四边形$ABCD$外接圆⊙O上任意一点，且不与四边形顶点重合，若AD是⊙O的直径，$AB=BC=CD$，连接PA、PB、PC，若$PA=a$，则点A到PB和PC的距离之和$AE+AF=$__________。

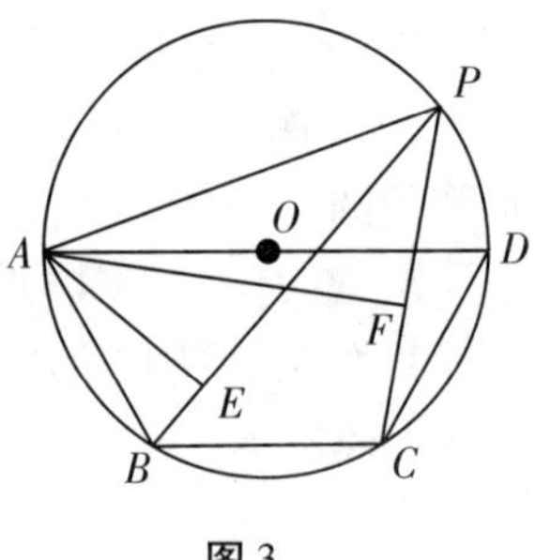

图3

3.（2016·广东）如图4，MN是⊙O的直径，$MN=4$，$\angle AMN=40°$，点B为弧AN的中点，点P是直径MN上的一个动点，则$PA+PB$的最小值为________。

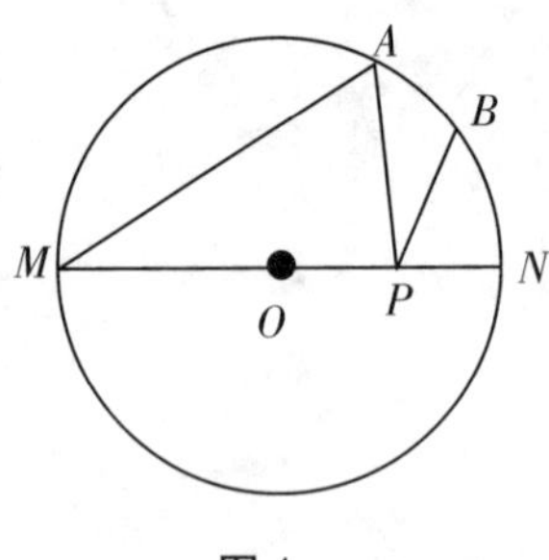

图4

4. 如图5，在⊙O中，半径OC与弦AB垂直，垂足为E，以OC为直径的圆与弦AB的一个交点为F，D是CF延长线与⊙O的交点。若$OE=4$，$OF=6$，求⊙O的半径和CD的长。

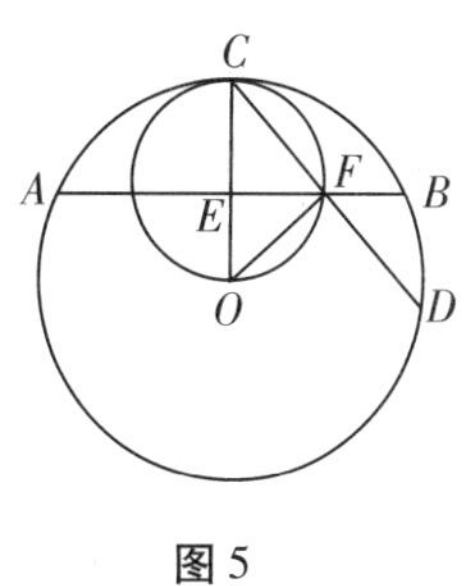

图5

七、教学反思（略）

“圆的基本性质”自读设计

编制人	审核人	主讲人	学生姓名	班级	组别	评价等级	学习日期
郭志	张爱华	郭志					

一、预补反馈

（1）（2014·广东）如图1，在⊙O中，已知半径为5，弦AB的长为8，那么圆心O到AB的距离为______。

（2）如图2，P是⊙O外一点，PA、PB分别交⊙O于C、D两点，已知AB弧和CD弧所对的圆心角分别为90°和50°，则$\angle P=$（　　）。

A. 45°　　B. 40°　　C. 25°　　D. 20°

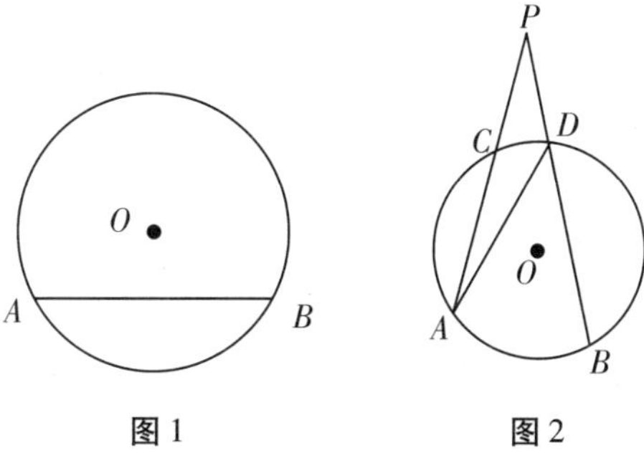

图1　　图2

（3）△ABC为⊙O的内接三角形，若$\angle AOC=160°$，则$\angle ABC$的度数是（　　）。

A. 80°　　B. 160°　　C. 100°　　D. 80°或100°

二、呈现目标

（1）了解圆及弧、弦有关概念、性质及弧、弦、圆心角之间的关系。

（2）掌握垂径定理、圆周角定理及其应用。

三、自学探讨

（一）自学指导

考点一：圆的有关概念。

1. 圆

（1）圆上各点到定点（圆心）的距离都等于定长（半径）；

（2）到定点的距离等于定长的点都在同一圆上。

2. 弦、直径、弧、半圆、优弧、劣弧、等圆、等弧等概念

（1）连结___________的__________叫作弦。经过____________的____________叫作直径，并且直径是同一圆中____________的弦。

（2）圆上____________的部分叫作圆弧，简称____________，以 A、B 为端点的弧记作____________，____________叫作优弧；______________________叫作劣弧。

考点二：垂径定理及其推论。

垂径定理：垂直于弦的直径平分弦，并且平分弦所对的两条弧。

几何语言：

∵ $CD\perp AB$，CD 过圆心

∴ ____________，____________，____________

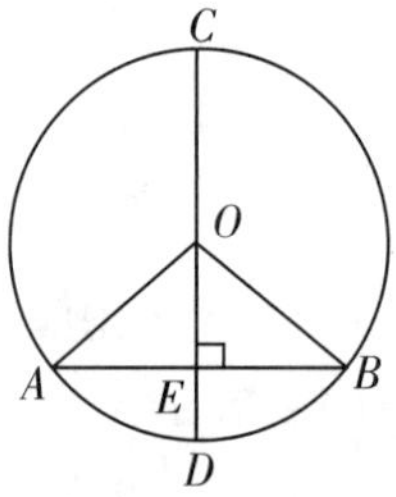

推论：平分弦（________）的直径垂直于弦，并且平分弦所对的两条弧。

几何语言：

∵ CD 过圆心，$AE=BE$

∴ ____________，____________，____________

拓展：对于①过圆心；②垂直弦；③平分弦；④平分弦所对的优弧；⑤平分弦所对的劣弧中的任意两条结论成立，那么其他的结论也成立。

考点三：圆心角、弧、弦之间的关系。

在同圆或等圆中，如果两个圆心角、两条弧、两条弦中有一组量相等，则它们所对应的其余各组量也相等。

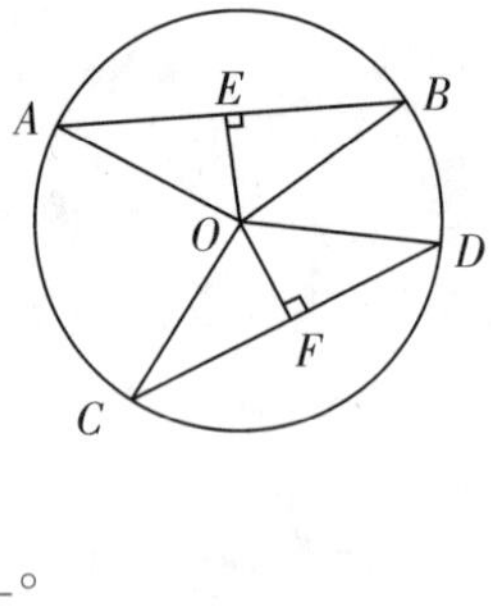

如图，AB、CD 是⊙O 的两条弦，

（1）如果 $AB=CD$，那么，__________，__________；

（2）如果 $\overset{\frown}{AB}=\overset{\frown}{CD}$，那么，__________，__________；

（3）如果 $\angle AOB=\angle COD$，那么，________，__________。

考点四：圆周角。

（1）一条弧所对的圆周角等于它所对的圆心角的____________。

（2）同弧或等弧所对的圆周角____________，直径所对的圆周角是____________，90°圆周角所对的弦是____________，90°圆周角所对的弧是半圆。

（3）圆内接四边形的对角____________。

（二）探讨提升

（1）如图1，四边形 $ABCD$ 内接于⊙O，点 E 在对角线 AC 上，$EC=BC=DC$。

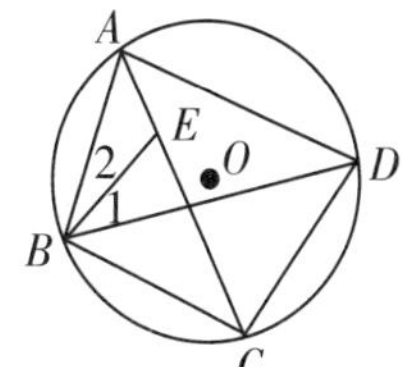

图1

①若 $\angle CBD=39°$，则 $\angle BAD=$ ______。

②求证：$\angle 1=\angle 2$。

（2）如图2，已知△ABC 内接于⊙O，且 $AB=AC$，直径 AD 交 BC 于点 E，F 是 OE 上的一点，使 $CF\parallel BD$。

①求证：$BE=CE$。

②试判断四边形 $BFCD$ 的形状，并说明理由。

③若 $BC=8$，$AD=10$，求 CD 的长。

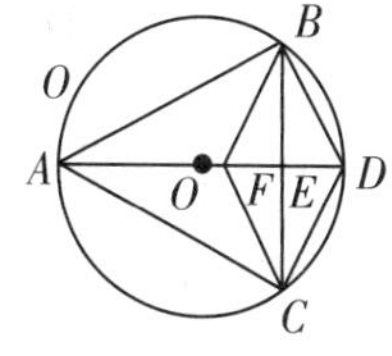

图2

四、检测巩固

1. 下列说法正确的是（　　）。

A. 平分弦的直径垂直于弦

B. 半圆（或直径）所对的圆周角是直角

C. 相等的圆心角所对的弧相等

D. 若两个圆有公共点，则这两个圆相交

2. 如图1，在5×5正方形网格中，一条圆弧经过 A、B、C 三点，那么这条圆弧所在圆的圆心是（　　）。

A. 点 P　　B. 点 Q　　C. 点 R　　D. 点 M

3. 如图2，圆弧形桥拱的跨度 $AB=12$ 米，拱高 $CD=4$ 米，则拱桥的半径为（　　）。

A. 6.5 米　　　B. 9 米　　　C. 13 米　　　D. 15 米

4. 如图 3，AB 是⊙O 的弦，AB 长为 8，P 是⊙O 上一个动点（不与 A、B 重合），过点 O 作 $OC \perp AP$ 于点 C，$OD \perp PB$ 于点 D，则 CD 的长为________。

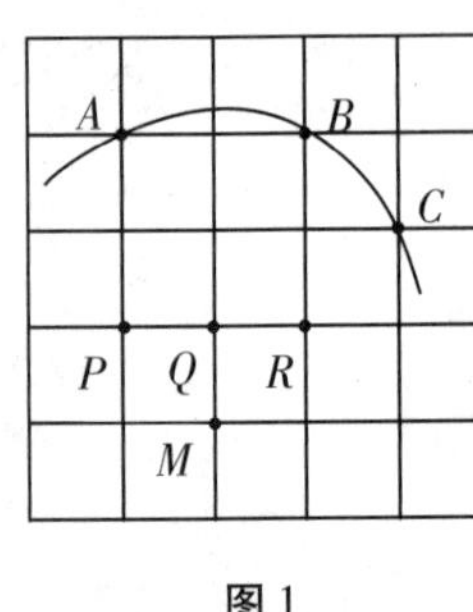

图 1

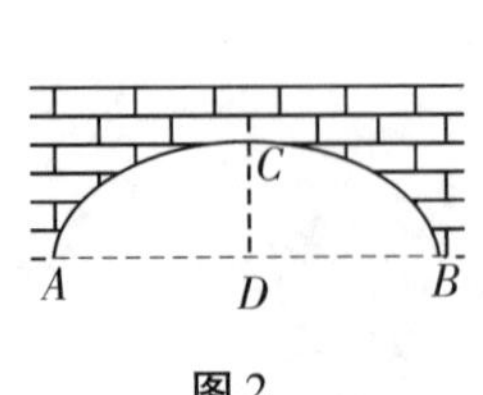

图 2

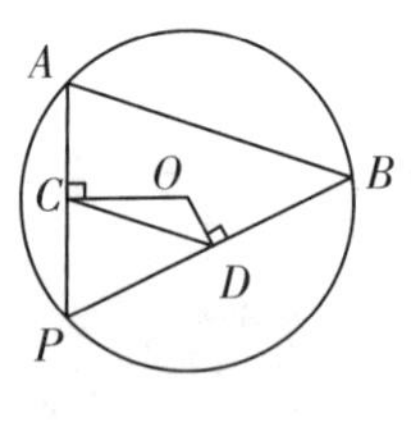

图 3

五、归纳小结

____

____

六、拓展延伸

1. 在⊙O 中，直径 $AB=6$，BC 是弦，$\angle ABC=30°$，点 P 在 BC 上，点 Q 在⊙O 上，且 $OP \perp PQ$。

（1）如图 1，当 $PQ /\!/ AB$ 时，求 PQ 的长度。

（2）如图 2，当点 P 在 BC 上移动时，求 PQ 长的最大值。

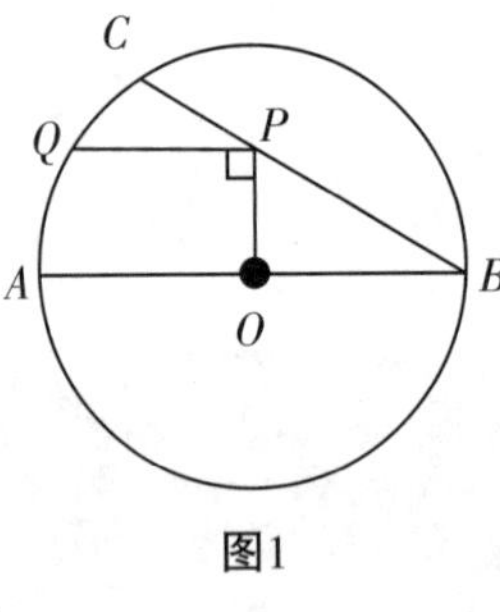

图1

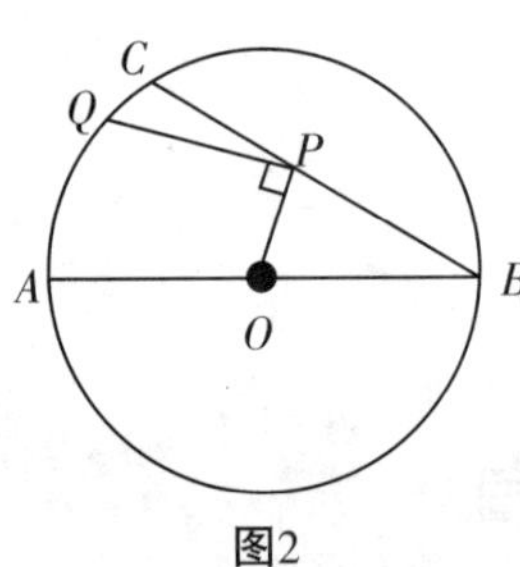

图2

2. （2016·广东）如图3，点 P 是四边形 $ABCD$ 外接圆 $\odot O$ 上任意一点，且不与四边形顶点重合，若 AD 是 $\odot O$ 的直径，$AB=BC=CD$，连接 PA、PB、PC，若 $PA=a$，则点 A 到 PB 和 PC 的距离之和 $AE+AF=$ ______________。

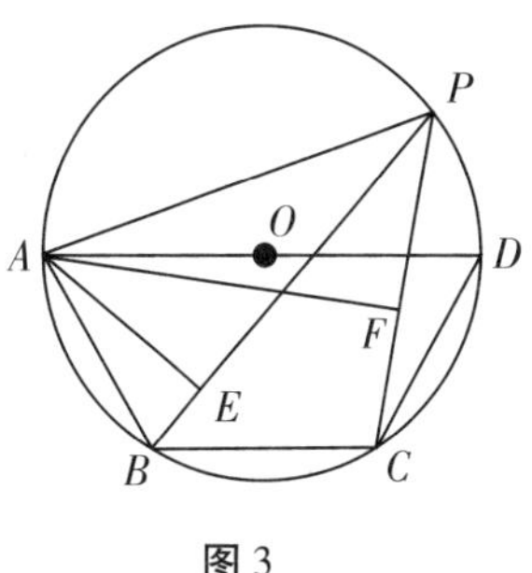

图3

3. （2016·广东）如图4，MN 是 $\odot O$ 的直径，$MN=4$，$\angle AMN=40°$，点 B 为弧 AN 的中点，点 P 是直径 MN 上的一个动点，则 $PA+PB$ 的最小值为______________。

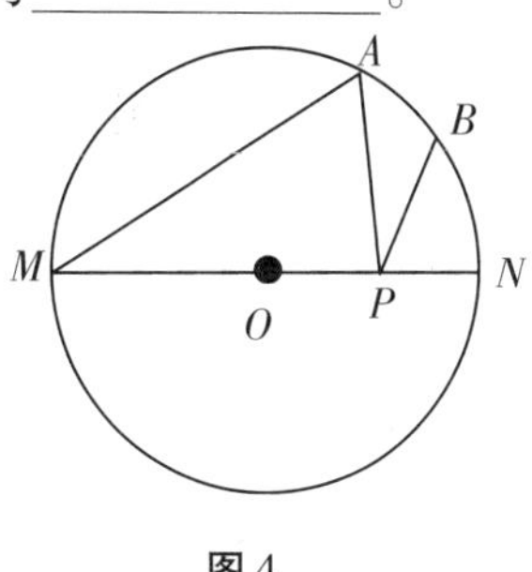

图4

4. 如图5，在 $\odot O$ 中，半径 OC 与弦 AB 垂直，垂足为 E，以 OC 为直径的圆与弦 AB 的一个交点为 F，D 是 CF 延长线与 $\odot O$ 的交点。若 $OE=4$，$OF=6$，求 $\odot O$ 的半径和 CD 的长。

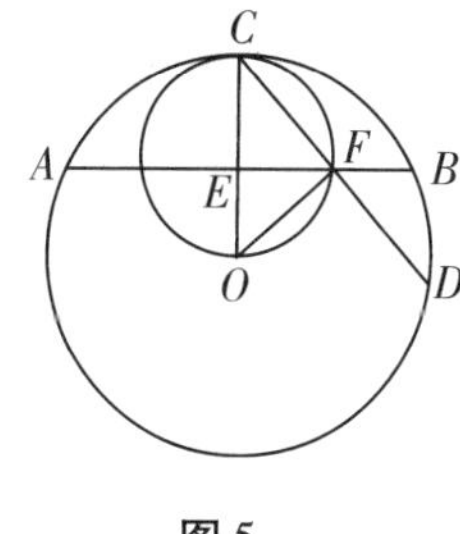

图5

第二节　新授课课例示范

“平行四边形的性质（1）”讲读设计

课题	课型	编制人	审核人	主讲人	课时	授课班级	授课日期
平行四边形的性质（1）	新授课	李锦霞	张爱华	李锦霞	1	初二	

【教学目标】

1. 理解平行四边形的定义及相关概念。
2. 探索并掌握平行四边形对边相等、对角相等的性质。
3. 初步体会几何研究的一般思路与方法。

【教学重点】

平行四边形边、角的性质的探索和证明。

【教学难点】

如何添加辅助线，将平行四边形问题转化为三角形问题的思想方法。

【教学方法】

观察发现、合作学习、多媒体演示。

【教学过程】

一、预习反馈

（1）猜谜语：有个图形生得怪，有棱有角扁脑袋，上下左右四条边，两两平行围起来。（猜一几何图形）

（2）师生一起观看视频，寻找视频中的平行四边形。

师生活动：猜谜语，引入平行四边形，学生观看视频，发言，教师用多媒体展示图片，感受从实物中抽象出平行四边形的过程。

二、呈现目标

（1）理解平行四边形的定义及相关概念。

（2）探索并掌握平行四边形对边相等、对角相等的性质。

三、自学探讨

（一）自学指导

1. 平行四边形的定义及相关概念

（1）平行四边形的定义：有两组对边分别平行的四边形叫作平行四边形。

记作：<u>▱*ABCD*</u>。　读作：<u>平行四边形 *ABCD*</u>。

（2）平行四边形相对的边称为对边，相对的角称为对角。

右图中，对边：AB 和 CD；AD 和 BC。

对角：$\angle A$ 和 $\angle C$；$\angle B$ 和 $\angle D$。

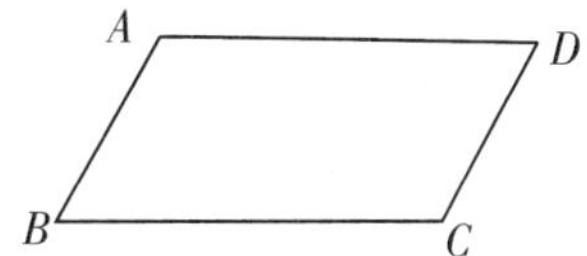

师生活动（教具、多媒体展示）：

（1）引导学生观察图形，总结平行四边形的定义：两组对边分别平行的四边形是平行四边形。

（2）强调平行四边形的记法、读法。

（3）相关概念的理解：对边、对角。

2. 平行四边形的性质

（1）性质 1：平行四边形的对边平行。

几何语言：

$\because$ 四边形 $ABCD$ 是平行四边形

$\therefore AB /\!/ CD$，$AD /\!/ CB$

猜一猜：平行四边形的对边有怎样的数量关系？

猜想：平行四边形的对边 相等 。

猜一猜：平行四边形的对角有怎样的数量关系？

猜想：平行四边形的对角 相等 。

如何证明你的猜想？

引导思考：用两个全等的三角形纸片可以拼出几种不同形状的平行四边形？从拼图中可以得到什么启示？

师生活动：多媒体出示要求、学生动手拼图，引导学生思考：从拼图中你可以得到什么启示？

证明猜想：

已知：四边形 $ABCD$ 是平行四边形。

求证：$AB = CD$，$BC = DA$；$\angle B = \angle D$，$\angle A = \angle C$。

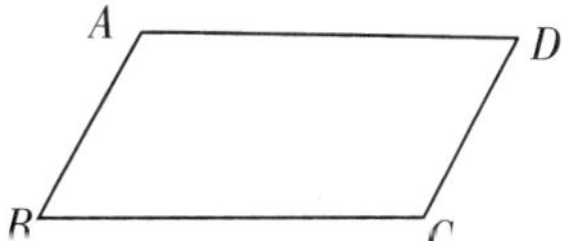

证明：连接 AC。

$\because$ 四边形 $ABCD$ 是平行四边形

$\therefore AB /\!/ CD$，$AD /\!/ BC$

$\therefore \angle 1 = \angle 2$，$\angle 3 = \angle 4$

在 $\triangle ABC$ 和 $\triangle CDA$ 中

$$\begin{cases} \angle 1 = \angle 2 \\ AC = CA \\ \angle 3 = \angle 4 \end{cases}$$

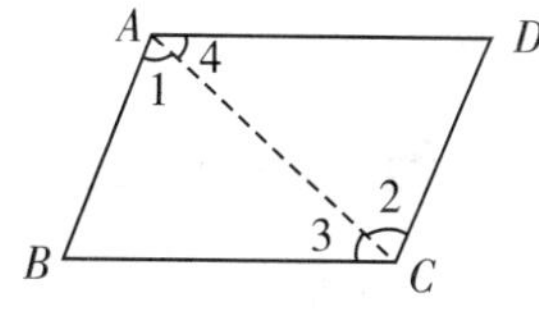

$\therefore \triangle ABC \cong \triangle CDA$（ASA）

$\therefore AB = CD$，$BC = DA$，$\angle B = \angle D$

又 $\because \angle 1 = \angle 2$，$\angle 3 = \angle 4$

$\therefore \angle 1 + \angle 4 = \angle 2 + \angle 3$，即 $\angle BAD = \angle DCB$

小组合作：分组讨论，运用所学知识进行命题的证明。由网络老师（微课）给出规范的证明方法，并鼓励学生一边观看一边完成证明过程。

（2）性质 2：平行四边形的对边 相等 。

几何语言：

∵ 四边形 $ABCD$ 是平行四边形

∴ $AB = CD$, $AD = BC$

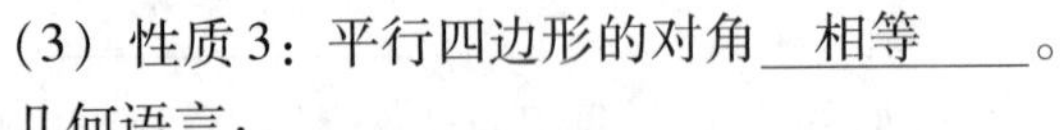

(3) 性质3：平行四边形的对角<u>　相等　</u>。

几何语言：

∵ 四边形 $ABCD$ 是平行四边形，

∴ $\angle A = \angle C$ ，$\angle B = \angle D$

(二) 探究提升

(1) 如图1，在▱$ABCD$ 中，根据已知你能得到哪些结论？请说一说。

解：∵ $CD = AB = 30\text{cm}$，$AD = BC = 32\text{cm}$

∴ $\angle B = \angle D = 56°$，$\angle A = \angle C = 124°$

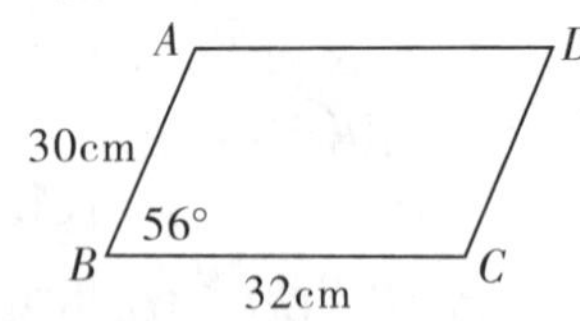

图1

(2) 如图2，在▱$ABCD$ 中，$DE \perp AB$，$BF \perp CD$，垂足分别为 E、F，求证：$AE = CF$。

证明：∵ 四边形 $ABCD$ 是平行四边形

∴ $\angle A = \angle C$，$AD = CB$

∵ $DE \perp AB$，$BF \perp CD$

∴ $\angle AED = \angle CFB = 90°$

在△AED 和△CFB 中

$$\begin{cases} \angle AED = \angle CFB \\ \angle A = \angle C \\ AD = CB \end{cases}$$

∴ $\triangle AED \cong \triangle CFB$（AAS）

∴ $AE = CF$

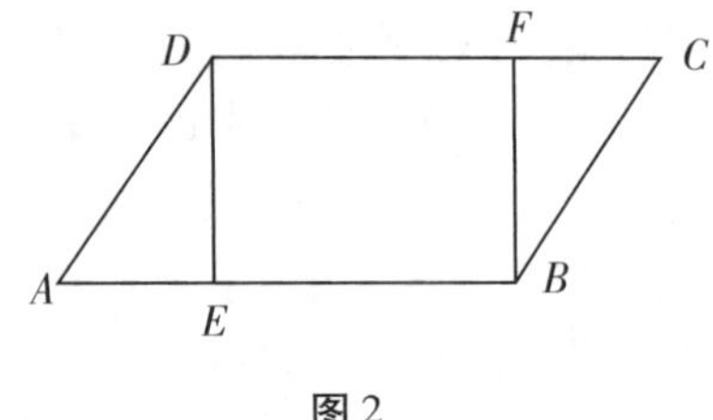

图2

四、检测巩固

(1) 在▱$ABCD$ 中，$\angle A = 50°$，则 $\angle B =$ <u>130°</u>，$\angle C =$ <u>50°</u>，$\angle D =$ <u>130°</u>。

(2) 在▱$ABCD$ 中，$AB = 7\text{cm}$，$BC = 10\text{cm}$，那么这个平行四边形的周长为<u>　34cm　</u>。

(3) 在▱$ABCD$ 中，$\angle B + \angle D = 140°$，那么 $\angle A =$ <u>110°</u>，$\angle C =$ <u>110°</u>。

(4) 平行四边形的周长为48cm，两邻边之比为3∶5，则这两邻边的长分别为<u>9cm，15cm</u>。

五、归纳小结

我的收获（学生自由谈）：

(1) 平行四边形的定义：<u>有两组对边分别平行的四边形叫作平行四边形</u>。

(2) 平行四边形的性质：

①<u>平行四边形的对边平行</u>；

②<u>平行四边形的对边相等</u>；

③<u>平行四边形的对角相等</u>。

六、拓展延伸

（2014·广东）如右图，▱$ABCD$ 中，下列说法一定正确的是（ C ）。

A. $AC=BD$　　B. $AC\perp BD$

C. $AB=CD$　　D. $AB=BC$

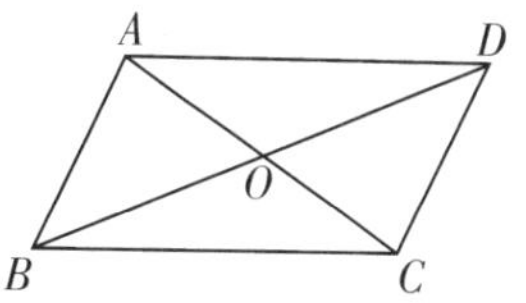

七、教学反思（略）

“平行四边形的性质（1）”自读设计

编制人	审核人	主讲人	学生姓名	班级	组别	评价等级	学习日期
李锦霞	张爱华	李锦霞					

一、预习反馈

（1）猜谜语：有个图形生得怪，有棱有角扁脑袋，上下左右四条边，两两平行围起来。（猜一几何图形）

（2）认真观看视频，说一说视频中有哪些平行四边形。

二、呈现目标

（1）理解平行四边形的定义及有关概念。

（2）探索并掌握平行四边形对边相等、对角相等的性质。

三、自学探讨

（一）自学指导

1. 平行四边形的定义及相关概念

（1）平行四边形的定义：有两组对边分别________的四边形叫作平行四边形。

记作：________　读作：__________

（2）平行四边形相对的边称为对边，相对的角称为对角。

右图中，对边：__________________

　　　　对角：__________________

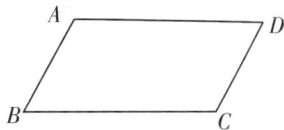

2. 平行四边形的性质

（1）性质1：平行四边形的对边________。

几何语言：

____

____

猜一猜：平行四边形的对边有怎样的数量关系？

猜想：平行四边形的对边____________。

猜一猜：平行四边形的对角有怎样的数量关系？

猜想：平行四边形的对角____________。

如何证明你的猜想？

思考：用两个全等的三角形纸片可以拼出几种形状不同的平行四边形？

已知：▱$ABCD$。

求证：$AB=CD$，$BC=DA$；$\angle B=\angle D$，$\angle A=\angle C$。

（2）性质2：平行四边形的对边__________。

几何语言：

____

____

（3）性质3：平行四边形的对角__________。

几何语言：

____

____

（二）探究提升

（1）如图1，在▱$ABCD$中，根据已知你能得到哪些结论？请说一说。

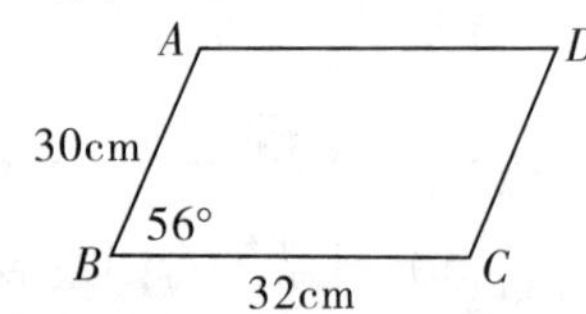

图1

（2）如图2，在▱$ABCD$中，$DE\perp AB$，$BF\perp CD$，垂足分别为E、F，求证：$AE=CF$。

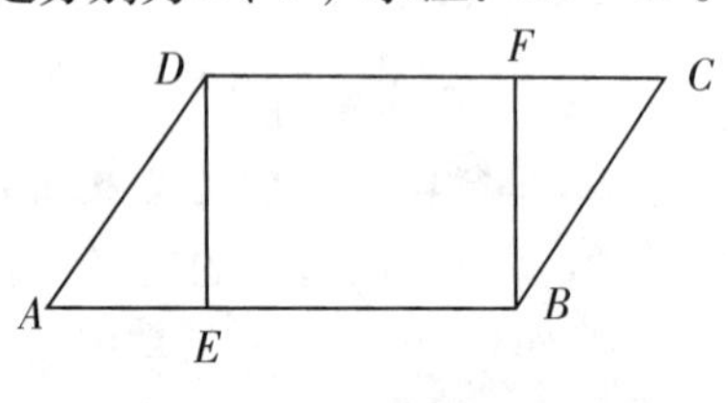

图2

四、检测巩固

（1）在▱$ABCD$中，$\angle A=50°$，则$\angle B=$______，$\angle C=$______，$\angle D=$________。

（2）在▱$ABCD$中，$AB=7$cm，$BC=10$cm，那么这个平行四边形的周长为______。

（3）在▱$ABCD$中，$\angle B+\angle D=140°$，那么$\angle A=$________，$\angle C=$________。

（4）平行四边形的周长为48cm，两邻边之比为3∶5，则这两邻边的长分别为____，________。

五、归纳小结

我的收获：

（1）平行四边形的定义：______________________________。

（2）平行四边形的性质：

①______________________________；

②______________________________；

③______________________________。

六、课后作业

完成练习册《宝典训练》第 42－43 页。

第四章　政治课例示范

“绿色上网”讲读设计

课题	课型	编制人	审核人	主讲人	课时	授课班级	授课日期
绿色上网	新授课	申雪利	王振		1	初一（18）班	

【教学目标】

1. 引导学生树立网络规则意识，增强上网的法律和道德观念。

2. 通过本课学习让学生能够做到文明上网，提高防范意识。

3. 指导学生懂得理性运用网络，为学习、生活服务。

【教学重点】

学会合理利用网络，遵守网络规则。

【教学难点】

辩证看待网络的利弊，学会自我防范的同时利用网络的优势从事有益的事情。

【教学工具】

多媒体平台、粉笔、卡纸等。

【教学方法】

自学法、讨论法、小组合作法等。

【教学过程】

一、预习反馈

（一）检查预习反馈的内容，核对基础概念

（1）我们在上网时应自觉规范自己的行为，做文明网络人。

（2）上网要遵守法律。法律是国家制定或认可的必须遵守的行为规范。

（3）在网络上恶意制造、传播谣言，侮辱他人人格，进行诈骗活动，泄露国家秘密，制造、传播病毒，利用网络破坏公共设施等，都是违法行为。

（4）上网要遵守网络道德规范。网络提供了一个平等自由的交流平台，在这个平台上要使用文明的网络用语进行交流，对求助者尽力相助；网络交流要真诚友好，不能编造不实信息。

（5）网络具有虚拟性、隐蔽性和间接性的特点。我们一方面要自觉遵守规则文明利用网络，另一方面也需要提高自我防范意识。

（二）教师对学生完成的情况及时进行评价

二、呈现目标

（1）树立网络规则意识，增强上网的法律和道德观念。

（2）能够做到文明上网，提高防范意识。

（3）懂得理性运用网络，为学习、生活服务。

三、自学讨论

（一）环节一：观看视频——《键盘侠》，完成下列问题

1. 设计目的

通过视频将当前的网络社会现象一角呈献给学生，让学生产生直观的感受和看法，对“键盘侠”现实问题进行科学合理的评价，并且可以进一步指导自己的网络行为。

2. 准备工作

下载视频——《键盘侠》，内容要有时效性、代表性、合理性。

3. 具体过程

师：播放视频——《键盘侠》，并要求学生带着自读设计上的问题观看视频。

生：观看视频——《键盘侠》，通过自学讨论和展示提升来完成以下题目：

（1）“键盘侠”的行为有什么特征？会带来什么危害？

（2）“键盘侠”的行为违法吗？现实生活中还有哪些网络违法行为？

（3）通过“键盘侠”事件，谈谈我们应如何正确使用网络？

（二）环节二：绿色上网知识竞答活动

1. 设计目的

通过绿色上网知识竞答活动，让学生在学习课本知识的基础上对现实生活中的网络常识有所认识，提高学生正确使用网络的能力。

2. 准备工作

寻找适合中学生的绿色上网知识，设置恰当的题目。

3. 具体过程

每道题给学生 10 秒钟的时间完成，小组进行抢答，全体学生评定对错。

绿色上网知识竞答选择题部分：

1. 根据《互联网上网服务营业场所管理条例》规定，中学、小学校园周围(　　)米范围内和居民住宅楼（院）内不得设立互联网上网服务营业场所。

A. 200　　B. 300　　C. 500　　D. 1 000

2. 连续上网的时间应该以（　　）为宜。

A. 1 ~2 小时　　B. 2 ~4 小时　　C. 4 小时以上　　D. 无所谓时间长短

3. 网吧不能对哪种人群开放？(　　)。

A. 18 岁以上　　B. 16 岁以上　　C. 18 岁以下　　D. 16 岁以下

4. 为了保障上网安全，我们应当（　　）。

A. 不将自己的个人信息随便告诉陌生网友

B. 不在公共上网场所保存自己的个人信息

C. 安装杀毒软件，定期为电脑杀毒

D. 经常更改自己的网络账户密码

5. 玩网络游戏应该做到（　　）。

A. 游戏时间适可而止　　B. 不在游戏里讲脏话

C. 不影响他人生活　　　　　　　　　　D. 不向陌生人透露个人信息

6. 帮助青少年戒除“网瘾”需要（　　）。

A. 提升青少年自身的自制力

B. 家长切实负起教育责任

C. 网络信息提供者需建设青少年喜闻乐看、健康向上的网络内容

D. 学校、家庭、网络信息提供者、青少年自身和全社会共同努力

7. 下列哪些行为有利于构建和谐健康的网络文化？（　　）。

A. 网上捐助　　B. 网上炫富　　C. 网上志愿服务　　D. 网上心理咨询

8. 以下选项属于《文明上网自律公约》内容的是（　　）。

A. 自觉遵纪守法，倡导社会公德，促进绿色网络建设

B. 提倡自主创新，摒弃盗版剽窃，促进网络应用繁荣

C. 提倡诚实守信，摒弃弄虚作假，促进网络安全可信

D. 提倡人人受益，消除数字鸿沟，促进信息资源共享

绿色上网知识竞答判断题部分：

1. 营造文明健康的网络环境，一方面要靠依法管理，另一方面要靠网民自律。（　　）

2. 为了防止孩子被互联网上的不良信息所影响，家长应该禁止孩子触碰网络。（　　）

3. “我的博客我做主”，我在自己的博客上想写什么就写什么。（　　）

4. 在网上看到爆料信息时，应理性判断信息的真实性和发帖人的意图，再决定是否转发。（　　）

四、展示提升

（一）观看视频——《键盘侠》，完成下列问题

师：给学生 10 分钟时间自学讨论，之后请小组代表发言。

生：逐一回答问题，进行自学成果展示。

师：及时评价学生的答案，并做好记录和引导。

生：补充完善答案——“我认为还应该……”

师：总结归纳整理。

（1）“键盘侠”的行为有什么特征？会带来什么危害？

答：带有攻击性，语言暴力，不负责任，不文明，不道德等。

影响他人的正常生活，给他人的精神和心理带来伤害，甚至会威胁到他人的生命健康。

（2）“键盘侠”的行为违法吗？现实生活中还有哪些网络违法行为？

答：视具体情况而定，如果侵犯了他人的合法权益就是违法行为。

诈骗，泄露国家秘密，制造、传播病毒，利用网络破坏公共设施等。

（3）通过“键盘侠”事件，谈谈我们应如何正确使用网络？

答：①上网要遵守法律，要有依法行事的意识。②上网要遵守网络道德，使用文明网络语言，真诚友好。营造健康文明的网络环境是我们共同的责任。③提高防范意识。a. 对网上信息要增强分辨能力，避免轻信盲从；b. 不轻易泄露个人资料，如姓

名、家庭地址、信用卡密码等；c. 不浏览黄色和暴力等不良网站；d. 不随意答应陌生网友的要求等。

（二）绿色上网知识竞答活动

五、检测巩固

（一）总结反刍

（1）让学生尝试总结梳理本课知识点；

（2）教师适当补充完善。

（二）当堂检测

材料：网络与我们的关系越来越密切，中学生的网络素养也成了社会关注的焦点。下表是《中学生网络素质调查》中的部分内容。

（1）用所学知识对调查结果进行简评，请把答案写在以下表格相应横线上。

（2）从调查结论得知：网络使用在中学生中已很普遍，但中学生整体网络素养还有待提高。请为中学生正确使用网络写一条标语。

调查内容	调查结果统计	用所学知识对调查结果进行简评
陌生网友约你见面你会怎样做？	大部分中学生选择不会与其见面	①____________
遇到有人恶意在网上散布不良信息时，你会怎样做？	提醒朋友或举报不良信息的未过半数	②____________
跟帖时，对不同意你观点的网民，你会恶语相向吗？	一半以上的学生回答“不会”	③____________
做作业遇难题时，总是未经太多思考，直接上网搜索答案。	相当数量学生选择上网找答案	④____________

答案：（1）①具有较强的自我保护意识；②缺乏社会责任感（不能明辨是非、维护正义等）；③有宽容之心（有教养、有涵养等）；④缺乏良好的学习习惯（不能很好地自主学习等）。

（2）文明绿色上网，健康快乐生活等。

（三）拓展延伸

（1）将课堂上完成的标语，设计张贴在班上，起到督促的作用。

（2）完成自读设计的预习反馈部分。

（3）欣赏歌曲《绿色上网不烦恼》，思考并提醒自己做到绿色上网。

（四）总结评价

各个小组讨论积极，发言声音洪亮，整体都很棒。特别是第一小组的组长，发言很有条理，能够记录和总结小组讨论的结果，然后更好地表述出对问题的看法和理解，因此对第一小组提出特别表扬。

六、教学反思

本节课的内容比较少，但是与学生的实际生活结合得比较紧密，学生感受深刻，能够有感而发，也能够积极地参与课堂的自学讨论，较大程度地调动了学生的主观能动性，发挥了学生的主体作用。课堂氛围比较活跃，能够按照计划较好地完成本堂课的教学任务，效果不错。

“绿色上网”自读设计

编制人	审核人	主讲人	学生姓名	班级	组别	评价等级	学习日期
申雪利	王振			初一（）班			

一、预习反馈

熟读本节课要学的课本内容，试着找出关键词句。

（1）我们在上网时应自觉规范自己的________，做________。

（2）上网要遵守________。________是国家制定或认可的必须遵守的________。

（3）在网络上恶意制造、传播谣言，侮辱他人人格，进行诈骗活动，泄露国家秘密，制造、传播病毒，利用网络破坏公共设施等，都是________。

（4）上网要遵守________。网络提供了一个平等自由的交流平台，在这个平台上要使用文明的________进行交流，对求助者尽力相助；网络交流要________，不能编造不实信息。

（5）网络具有________、________和________的特点。我们一方面要________文明利用网络，另一方面也需要________。

二、呈现目标

（1）树立网络规则意识，增强上网的法律和道德观念。

（2）能够做到文明上网，提高防范意识。

（3）懂得理性运用网络，为学习、生活服务。

三、自学探讨

（一）环节一：观看视频——《键盘侠》，完成下列问题

（1）“键盘侠”的行为有什么特征？会带来什么危害？

____

____

(2)“键盘侠”的行为违法吗？现实生活中还有哪些网络违法行为？

____

____

(3)通过“键盘侠”事件，谈谈我们应如何正确使用网络？

____

____

(二)环节二：绿色上网知识竞答活动（课堂上再给出题目）

每道题10秒钟的时间完成，小组进行抢答，全体学生评定对错。

四、检测巩固

(一)总结反刍

(二)当堂检测

材料：网络与我们的关系越来越密切，中学生的网络素养也成了社会关注的焦点。下表是《中学生网络素质调查》中的部分内容。

(1)用所学知识对调查结果进行简评，请把答案写在以下表格相应横线上。

(2)从调查结论得知：网络使用在中学生中已很普遍，但中学生整体网络素养还有待提高。请为中学生正确使用网络写一条标语。

调查内容	调查结果统计	用所学知识对调查结果进行简评
陌生网友约你见面你会怎样做？	大部分中学生选择不会与其见面	①__________
遇到有人恶意在网上散布不良信息时，你会怎样做？	提醒朋友或举报不良信息的未过半数	②__________
跟帖时，对不同意你观点的网民，你会恶语相向吗？	一半以上的学生回答“不会”	③__________
做作业遇难题时，总是未经太多思考，直接上网搜索答案。	相当数量学生选择上网找答案	④__________

五、课后作业

(1)将课堂上完成的标语，设计张贴在班上，起到督促的作用。

(2)完成自读设计的预习反馈部分。

(3)欣赏歌曲《绿色上网不烦恼》歌曲，思考并提醒自己做到绿色上网。

第五章　历史课例示范

“抗日救亡”讲读设计

课题	课型	编制人	审核人	主讲人	课时	授课班级	日期
抗日救亡	新授课	李培静	李培静		1	初二（17）班	

【教学目标】

1. 掌握“九一八”事变的经过、结果，了解“九一八”事变后中国开始局部抗战的史实。

2. 了解西安事变发生的原因、目的、经过。

3. 探讨日本发动“九一八”事变和中国共产党主张和平解决西安事变的原因。

【教学重点】

“九一八”事变、西安事变。

【教学难点】

西安事变的和平解决及其意义。

【教学方法】

讲解法、启发式谈话法、情境体验法、讨论法、问题探究法、多媒体辅助教学法等。

【教学准备】

多媒体、音乐、视频等。

【教学过程】

一、预习反馈

感悟歌曲：回家搜索歌曲《松花江上》，听完后回答下列问题。

（1）《松花江上》这首歌描写的是哪个地方？（东北）

（2）这首歌曲的前半部分和后半部分的情感有何变化？（前面对家乡充满热爱赞美，后面悲愤气愤）

（3）使东北人民脱离家乡、抛弃宝藏的原因是什么？（“九一八”事变的爆发）

二、呈现目标

（1）掌握“九一八”事变的经过、结果，了解“九一八”事变后中国开始局部抗战的史实。

（2）了解西安事变发生的原因、目的、经过。

（3）探讨日本发动“九一八”事变和中国共产党主张和平解决西安事变的原因。

三、自学探讨

（一）自主学习

1. 阅读课本第 84－85 页及下列材料，回答问题。

（1）日军侵略东北，为什么先制造柳条湖事件？

答案：柳条湖事件是日本为了发动侵略中国的战争而制造的一个借口。

（2）蒋介石为什么要采取不抵抗的政策呢？请通过分析下列材料说说原因。

材料一：“中国亡于帝国主义，我们还能当亡国奴，尚可苟延残喘；若亡于共产党，则纵肯为奴隶亦不可得。”

——1931 年 8 月 22 日，蒋介石在南昌讲话

材料二：“九一八”事变时，蒋介石说，中国“枪不如人，炮不如人，教育训练不如人，机器不如人，拿什么和日本打仗呢？若抵抗日本，顶多三天就亡国了”。

材料三：“政府现时既以此次案件诉之于国联，以待公理之解决，故以严格命令全国军队，对日避免冲突，对于国民亦一致告诫，务必维持严肃镇静之态度。”

——1931 年 9 月 23 日国民政府《告全国民众书》

答案：从材料一中，我们可以清楚地看到蒋介石宁愿让中国亡于日本，也不让中国落到共产党手里，这是关键的一点。

从材料二我们可以看出蒋介石的观点是中国在各方面都不如人，因而没办法和日本作战。

从材料三我们可以看出蒋介石寄希望于国联。

（3）不抵抗政策导致的结果是什么？

答案：蒋介石在“九一八”事变中采取了不抵抗政策，导致东北三省不到半年就沦陷了，（边播放图片边讲述）日本对东北进行了长达 14 年的殖民统治。日本在东北的统治是伴随着对东北人民的残酷屠杀、血腥逮捕、疯狂讨伐和野蛮奴役、迫害来进行的。14 年间，东北人民生活于深重的苦难之中。日军在东北犯下了滔天罪行。

2. 蒋介石在“九一八”事变中采取了不抵抗政策，其他社会阶层是否也在坐以待毙呢？

答案：东北人民和未撤走的东北军组织起抗日义勇军，中国共产党派大批优秀干部到东北组织抗日游击队。1936 年，中国共产党将各路抗日武装组成抗日联军。杨靖宇、李兆麟是抗日联军的主要领导人。东北人民抗日斗争的展开，标志着中国人民局部抗战的开始。

3. 在民族危亡之际，张学良是忠蒋剿共还是抗日救国？

答案：在全国抗日呼声的感召下张学良、杨虎城二人发动了西安事变。

（二）合作探究

1. 请以记者的身份现场报道西安事变。

时间：1936 年 12 月 12 日

地点：西安

人物：张学良、杨虎城

目的：逼蒋抗日

结果：扣押蒋介石

2. 西安事变震惊全世界，引起了国内外各种政治势力的强烈反响。试分析它们处置蒋介石的态度。

日方：希望扩大内战。

亲日派：何应钦希望杀了蒋介石。

亲美派：希望释放蒋介石以免影响自己的在华利益。

中国共产党：希望和平处置西安事变，释放蒋介石。

3. 西安事变和平解决的历史意义。

西安事变和平解决的意义在于标志着十年内战基本结束，抗日民族统一战线初步形成。

四、检测巩固

1. “九一八”事变发生的时间是（　C　）。

A. 1927 年　　B. 1928 年　　C. 1931 年　　D. 1936 年

2. 中国人民的局部抗战发生在（　A　）。

A. “九一八”事变后　　B. “一二・九”运动后

C. 西安事变后　　D. “七七”事变后

3. 中国共产党提出建立抗日民族统一战线主要基于（　D　）。

A. 阶级利益　　B. 中国共产党的利益

C. 国民党的利益　　D. 中华民族的利益

4. 标志着抗日民族统一战线初步形成的历史事件是（　B　）。

A. 张学良、杨虎城发动西安事变　　B. 西安事变和平解决

C. “七七”事变爆发　　D. 1935 年的“一二・九”运动爆发

5. 西安事变的爆发与和平解决说明以下哪一种矛盾是当时的主要矛盾？（　C　）。

A. 国民党内部的矛盾

B. 国共两党的矛盾

C. 中华民族与日本帝国主义的矛盾

D. 地方和中央的矛盾

五、归纳总结

“九一八”事变

↑（局部抗战开始）

日本侵华加剧导致中日民族矛盾逐渐上升为主要矛盾

↑

西安事变

↑（全民族抗战即将开始）

抗日民族统一战线初步形成

六、拓展延伸

凤凰卫视解析 G20 峰会习近平与安倍晋三简短的 5 分钟谈话，习近平强调：
（1）中国对自去年以来因钓鱼岛问题引起的中日紧张关系的现状感到沉重担忧。
（2）日本要正视历史，面向未来。
（3）中日双方要寻找解决问题的办法。

结合习近平的谈话内容，你是如何看待中日关系的未来发展的？（此问题留给学生课后讨论，下一次课前以小组为单位来分享讨论结果）

七、教学反思

本课是对学生进行爱国主义教育的理想素材，学生学习兴趣也较高。因此在本次教学实践中，多次运用情境教学法，创设问题情境，通过探究学习、分组讨论、启发引导把学生的情感调动起来，使学生积极参与到课堂中来，教学效果预期良好。

但也存在问题，如在学生讨论如何处置蒋介石时，设置的时间较短，导致分析不够透彻；在课堂检测部分应先让学生谈论再做讲解。

“抗日救亡”自读设计

编制人	审核人	主讲人	学生姓名	班级	组别	评价等级	学习日期
李培静	备课组	李培静					

一、预习反馈

感悟歌曲：回家搜索歌曲《松花江上》，听完后回答下列问题。
（1）《松花江上》这首歌描写的是哪个地方？

____

（2）这首歌曲的前半部分和后半部分的情感有何变化？

____

（3）使东北人民脱离家乡、抛弃宝藏的原因是什么？

____

二、呈现目标

（1）掌握“九一八”事变的经过、结果，了解“九一八”事变后中国开始局部抗战的史实。
（2）了解西安事变发生的原因、目的、经过。
（3）探讨日本发动“九一八”事变和中国共产党主张和平解决西安事变的原因。

三、自学探讨

1. 阅读课本 P84－85 及下列材料，回答问题。

（1）日军侵略东北，为什么先制造柳条湖事件？

（2）蒋介石为什么要采取不抵抗的政策呢？请通过分析下列材料说说原因。

材料一：“中国亡于帝国主义，我们还能当亡国奴，尚可苟延残喘；若亡于共产党，则纵肯为奴隶亦不可得。”

——1931 年 8 月 22 日，蒋介石在南昌讲话

材料二：“九一八”事变时，蒋介石说，中国“枪不如人，炮不如人，教育训练不如人，机器不如人，拿什么和日本打仗呢？若抵抗日本，顶多三天就亡国了”。

材料三：“政府现时既以此次案件诉之于国联，以待公理之解决，故以严格命令全国军队，对日避免冲突，对于国民亦一致告诫，务必维持严肃镇静之态度。”

——1931 年 9 月 23 日国民政府《告全国民众书》

（3）不抵抗政策导致的结果是什么？

2. 蒋介石在“九一八”事变中采取了不抵抗政策，其他社会阶层是否也在坐以待毙呢？

3. 在民族危亡之际，张学良是忠蒋剿共还是抗日救国？

4. 请以记者的身份现场报道西安事变。

5. 西安事变震惊全世界，引起了国内外各种政治势力的强烈反响。试分析它们处置蒋介石的态度。

6. 西安事变和平解决的历史意义。

四、检测巩固

1. “九一八”事变发生的时间是（　　）。

A. 1927 年　　B. 1928 年　　C. 1931 年　　D. 1936 年

2. 中国人民的局部抗战发生在（　　）。

A. “九一八”事变后　　B. “一二·九”运动后

C. 西安事变后　　D. “七七”事变后

3. 中国共产党提出建立抗日民族统一战线主要基于（　　）。

A. 阶级利益　　B. 中国共产党的利益

C. 国民党的利益　　D. 中华民族的利益

4. 标志着抗日民族统一战线初步形成的历史事件是（　　）。

A. 张学良、杨虎城发动西安事变　　B. 西安事变和平解决

C. “七七”事变爆发　　D. 1935 年的“一二·九”运动爆发

5. 西安事变的爆发与和平解决说明以下哪一种矛盾是当时的主要矛盾？（　　）。

A. 国民党内部的矛盾

B. 国共两党的矛盾

C. 中华民族与日本帝国主义的矛盾

D. 地方和中央的矛盾

五、归纳总结

______

______

六、拓展延伸

凤凰卫视解析 G20 峰会习近平与安倍晋三简短的 5 分钟谈话，习近平强调：

（1）中国对自去年以来因钓鱼岛问题引起的中日紧张关系的现状感到深深的担忧。

（2）日本要正视历史，面向未来。

（3）中日双方要寻找解决问题的办法。

结合习近平的谈话内容，你是如何看待中日关系的未来发展的？

______

______

______

______

第六章　地理课例示范

"中国的主要产业·农业"讲读设计

课题	课型	编制人	审核人	主讲人	课时	授课班级	授课日期
农业	新授课	梁荣娜	陈小娜		1	初二	12月16日

【教学目标】

1. 了解农业的概念、分类及其重要性。

2. 了解我国农业发展的成就。

3. 运用地图，掌握我国南北方农作物的种类和分布及主要商品粮基地的分布。

【教学重难点】

运用地图，掌握我国南北方农作物的种类和分布及主要商品粮基地的分布。

【教学方法】

小组合作交流、自主学习。

【教学过程】

一、导入新课

老师：近些年来，我们发现网络上出现了很多热词，比如这幅漫画中，苹果被人们称为"苹什么"；第二幅是一桶油，被叫作"油他去"；第三幅图叫"糖高宗"；第四幅图叫"姜你军"；下来的叫"豆你玩"和"蒜你狠"；就连鸡蛋的价格也不淡定了，鸡蛋都变"导弹"了。那大家想想为什么这些看似普通的食品一下子会成为网络热词，备受关注呢？

学生：因为它们在不停地涨价。

老师：不停地涨价，给人们带来了沉重的压力，但人们还得顶着，为什么？因为我们的生活离不开它们，那它们是由哪个产业直接或间接给我们提供的？

学生：农业。

老师：我们今天就来学习中国的主要产业——农业的相关知识。昨天我已经布置作业让大家预习了，下来我们先来检测一下大家的预习情况。

二、预习反馈

（一）让土地奉献的产业

（1）什么是农业？

一种直接利用土地资源所从事的生产活动，一种让"土地奉献"的产业。

（2）农业的分类：

广义农业包括五个部门：________业、________业、________业、________业、________业。

狭义的农业就是指________________。

（3）农业被称为经济发展的________________。

（二）我国农业的发展

（1）历史悠久的中国农业：我国是世界上最早种植________、__________，最早种________养________，最早栽培________的国家。

（2）主要农产品：当前，我国的__________、________、________、________、________等产量居世界第一位。

（3）________不断改善。________和________逐步普及。

（4）农业生产的地区分布________________________。

（5）新型农业有__________、__________、__________等。

（6）袁隆平院士被称为____________。

三、呈现目标

（目标略）

老师：前面两点我们在预习中已经解决了，那接下来我们就重点学习第3点。学习农作物的分布，首先要认识农作物，下面老师展示图片，同学们来猜农作物。

（展示图片）

老师：一般我们将农作物划分为粮食作物和经济作物，下列哪些是粮食作物，哪些是经济作物呢？经济作物又可划分为纤维作物、糖料作物等，那它们又是怎么划分的呢？

（学生讨论）

老师：在生活中，我们都了解北方以面食为主，南方以米饭为主，其实不只是主食，南北方在其他农作物种植上也是有差异的。

四、自学探讨

探讨一：请结合课本第86－88页图文资料将我国南北方主要农作物填到中国地图中的正确位置。（先自学2分钟，再小组讨论3分钟）

老师：哪位同学来说说南北分界线是什么？具体在图中哪个位置？（在黑板上标出）

（学生思考、讨论，分小组展示南北方主要农作物）

小结：回顾前面知识点（耕地类型、作物熟制），请学生回答。

<table>
<tr><td colspan="3">地区</td><td>耕地类型</td><td>作物熟制</td><td>主要农作物</td><td>商品粮基地</td></tr>
<tr><td rowspan="2">北方</td><td rowspan="2">秦岭—淮河一线以北</td><td>东北</td><td>旱地</td><td>一年一熟</td><td>春小麦、玉米、大豆、甜菜等</td><td rowspan="3"></td></tr>
<tr><td>华北</td><td>旱地</td><td>两年三熟</td><td>冬小麦、玉米、花生、棉花等</td></tr>
<tr><td>南方</td><td colspan="2">秦岭—淮河一线以南</td><td>水田</td><td>一年两至三熟</td><td>水稻、甜菜、甘蔗、棉花、饮料作物等</td></tr>
</table>

老师：我们国家在农业生产条件好、粮食商品率高的地区建立了一些商品粮基地，谁能告诉老师都有哪些商品粮基地？

学生：三江平原、松嫩平原、洞庭湖平原、鄱阳湖平原、成都平原、江汉平原、江淮平原。

老师：你们能把这些商品粮基地按照编码填到中国地图中正确的位置吗？（引出探究二）

探究二：请各小组派代表在黑板图中指出以下 7 个商品粮基地的分布地区。（先自学 2 分钟，再小组讨论 2 分钟）。

①三江平原、②松嫩平原、③洞庭湖平原、④鄱阳湖平原、⑤成都平原、⑥江汉平原、⑦江淮地区。

（学生思考、展示）

老师：这个知识点是重点考点，所以跟着老师再来巩固一遍，老师指你们答。

（学生回答）

老师：本节课的知识点我们就学到这里，下面我们总结一下本节课内容。

（总结、比较各组加分情况。）

五、检测巩固

1. 能为我们的生活提供吃、穿、用的农业生产部门包括（　　）。

①种植业　　②畜牧业　　③渔业　　④林业

A. ①②③④　　B. ①②④　　C. ①②　　D. ①

2. 我国北方的居民冬季吃到了当地产的新鲜西红柿，这表明农民伯伯们采用的科技是（　　）。

A. 温室、大棚　　B. 机械化收割　　C. 杂交品种　　D. 先进灌溉设施

3. 科学技术在农业发展中起到越来越重要的作用，下列行为属于不正确运用科学技术发展农业的是（　　）。

A. 采用无土栽培，节约耕地，省水省肥，绿色环保

B. 运用生物技术防治病虫害，生产无公害产品

C. 将信息技术用于畜牧业，实现生产过程中全流程监控，提高畜产品的产量和质量

D. 大量使用化肥农药，增加粮食产量

4. 东北平原是我国重要的粮食生产区，也是国家级商品粮基地分布区，下列农产

品能在此大面积分布的是（　　）。

A. 棉花、玉米　　B. 春小麦、甜菜

C. 水稻、甘蔗　　D. 冬小麦、大豆

5. 与珠江三角洲相比，东北平原种植粮食的主要劣势条件是（　　）。

A. 平原面积狭小　　B. 雨热不同期

C. 热量条件较差　　D. 不利于机械化生产

6. 我国种植面积最广的油料作物是（　　）。

A. 花生　　B. 油菜　　C. 大豆　　D. 芝麻

7. 我国水稻主产区所属的温度带是（　　）。

A. 亚热带和热带　　B. 中温带

C. 暖温带　　D. 寒温带

8. 读中国部分农作物分布图，判断下列说法正确的是（　　）。

A. ①是水稻　　B. ②是甜菜　　C. ③是油菜　　D. ④是甘蔗

9. 关于右图的叙述，正确的是（　　）。

A. ①区域主要经济作物有棉花、花生、油菜，②区域主要粮食作物是水稻

B. ①区域主要植被类型是亚热带常绿阔叶林，②区域主要是温带落叶阔叶林

C. ①区域地形以平原和高原为主，②区域地形以山地、丘陵为主

D. ①区域年降水量在400mm以下，②区域年降水量在400mm以上

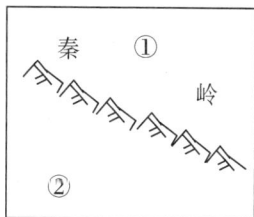

六、拓展延伸

（1）请以小组为单位根据本节课知识点画一幅思维导图。

（2）请各小组根据以下条件进行讨论、分析，并总结发展农业的影响因素有哪些？

图中A为城市中心区、B为城市郊区、C为远离城市的地区。面对如下两种选择：①种植水稻、小麦、玉米；②种植蔬菜，发展肉、乳、禽、蛋等生产。B、C应选哪一项？为什么？

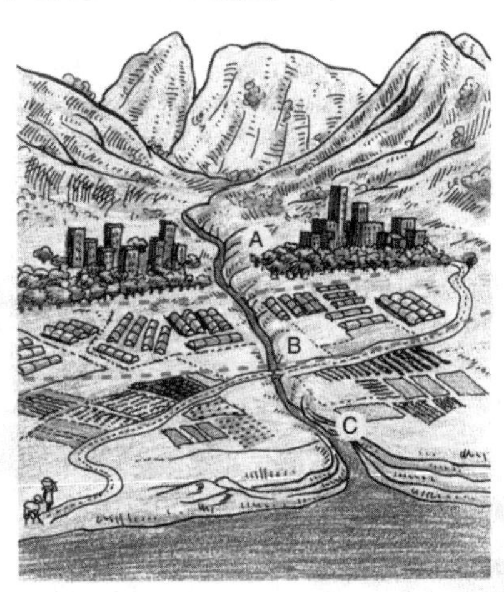

“中国的主要产业·农业”自读设计

编制人	审核人	主讲人	学生姓名	班级	组别	评价等级	学习日期
梁荣娜	陈小娜	梁荣娜					12 月 16 日

一、预习反馈

（一）让土地奉献的产业

（1）什么是农业？

____。

（2）农业的分类：

广义农业包括五个部门：________业、________业、________业、________业、________业。

狭义的农业就是指________________。

（3）农业被称为经济发展的________________。

（二）我国农业的发展

（1）历史悠久的中国农业：我国是世界上最早种植__________、__________，最早种__________养__________，最早栽培__________的国家。

（2）主要农产品：当前，我国的_________、_________、_________、_________、_________等产量居世界第一位。

（3）__________不断改善。__________和__________逐步普及。

（4）农业生产的地区分布__________。

（5）新型农业有__________、__________、__________等。

（6）袁隆平院士被称为__________。

二、呈现目标

（1）了解农业的概念、分类及其重要性。

（2）了解我国农业发展的成就。

（3）运用地图，掌握我国南北方农作物的种类和分布及主要商品粮基地的分布。

三、自学探讨

探讨一：请结合课本第 86－88 页图文资料将我国南北方主要农作物填到中国地图中的正确位置。（先自学 2 分钟，再小组讨论 3 分钟）

探讨二：请各小组派代表在黑板图中指出以下 7 个商品粮基地的分布地区。（先自学 2 分钟，再小组讨论 2 分钟）

①三江平原、②松嫩平原、③洞庭湖平原、④鄱阳湖平原、⑤成都平原、⑥江汉平原、⑦江淮地区。

<table>
<tr><th colspan="3">地区</th><th>耕地类型</th><th>作物熟制</th><th>主要农作物</th><th>商品粮基地</th></tr>
<tr><td rowspan="2">北方</td><td rowspan="2">秦岭—淮河一线以北</td><td>东北</td><td></td><td></td><td></td><td rowspan="3"></td></tr>
<tr><td>华北</td><td></td><td></td><td></td></tr>
<tr><td>南方</td><td colspan="2">秦岭—淮河一线以南</td><td></td><td></td><td></td></tr>
</table>

四、检测巩固

1. 能为我们的生活提供吃、穿、用的农业生产部门包括（　　）。

①种植业　　②畜牧业　　③渔业　　④林业

A. ①②③④　　B. ①②④　　C. ①②　　D. ①

2. 我国北方的居民冬季吃到了当地产的新鲜西红柿，这表明农民伯伯们采用的科技是（　　）。

A. 温室、大棚　　B. 机械化收割　　C. 杂交品种　　D. 先进灌溉设施

3. 科学技术在农业发展中起到越来越重要的作用，下列行为属于不正确运用科学技术发展农业的是（　　）。

A. 采用无土栽培，节约耕地，省水省肥，绿色环保

B. 运用生物技术防治病虫害，生产无公害产品

C. 将信息技术用于畜牧业，实现生产过程中全流程监控，提高畜产品的产量和质量

D. 大量使用化肥农药，增加粮食产量

4. 东北平原是我国重要的粮食生产区，也是国家级商品粮基地分布区，下列农产品能在此大面积分布的是（　　）。

A. 棉花、玉米　　B. 春小麦、甜菜

C. 水稻、甘蔗　　D. 冬小麦、大豆

5. 与珠江三角洲相比，东北平原种植粮食的主要劣势条件是（　　）。

A. 平原面积狭小　　B. 雨热不同期

C. 热量条件较差　　D. 不利于机械化生产

6. 我国种植面积最广的油料作物是（　　）。

A. 花生　　B. 油菜　　C. 大豆　　D. 芝麻

7. 我国水稻主产区所属的温度带是（　　）。

A. 亚热带和热带　　B. 中温带

C. 暖温带　　D. 寒温带

8. 读中国部分农作物分布图，判断下列说法正确的是（　　）。

A. ①是水稻　　B. ②是甜菜　　C. ③是油菜　　D. ④是甘蔗

9. 关于右图的叙述，正确的是（　　）。

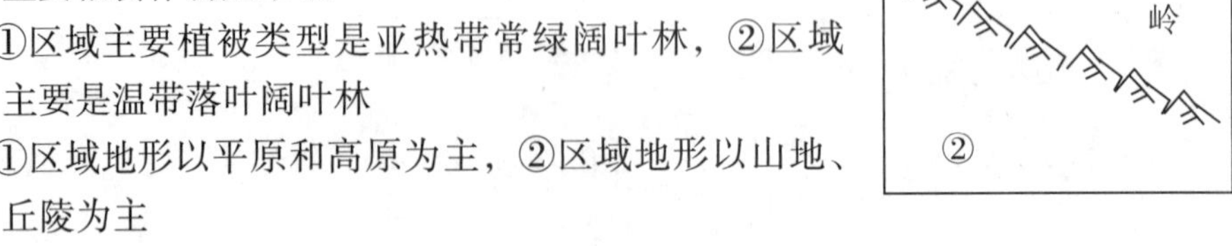

A. ①区域主要经济作物有棉花、花生、油菜，②区域主要粮食作物是水稻

B. ①区域主要植被类型是亚热带常绿阔叶林，②区域主要是温带落叶阔叶林

C. ①区域地形以平原和高原为主，②区域地形以山地、丘陵为主

D. ①区域年降水量在400mm以下，②区域年降水量在400mm以上

五、拓展延伸

请各小组根据以下条件进行讨论、分析，并总结发展农业的影响因素有哪些？

图中A为城市中心区、B为城市郊区、C为远离城市的地区。面对如下两种选择：①种植水稻、小麦、玉米；②种植蔬菜，发展肉、乳、禽、蛋等生产。B、C应选哪一项？为什么？

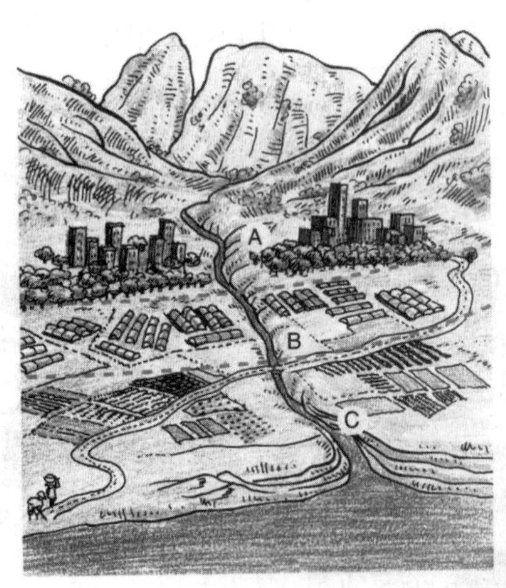

B：____________　原因：________________________。

C：____________　原因：________________________。

第七章　物理课例研究

“功和机械能”讲读设计

课题	课型	编制人	审核人	主讲人	课时	授课班级	授课日期
功和机械能	复习课	尤小蓉			1	初三（2）班	

【教学目标】

1. 知道做功的两个必要条件，能判断是否做功。

2. 能计算功。

3. 知道功率的概念，能计算功率。

【教学重点】

知道功率的概念，能计算功率。

【教学难点】

能计算功。

【教学方法】

启发式、理论联系。

【教学过程】

一、预习反馈

通过预习课本，完成下列题目，时间2分钟。

1. 做功的两个必要因素：

（1）作用在物体上的________；（2）物体在________上移动的距离。

2. 功的定义：力学中，把________与物体在力的方向上移动的距离的乘积叫做功。功的单位：________，简称焦，符号是________。不做功的三种情况：①力作用在物体上，但物体________移动距离，此情况叫作“劳而无功”。②力作用于物体上，但物体的运动方向与力的方向________，此情况叫作“垂直无功”。③物体移动了一段距离，但在此运动方向上________力的作用，此情况叫作“不劳无功”。

3. 功的计算公式：$W=$____________。

4. 功率概念：______与做功所用______之比叫作功率。单位：________，简称瓦，符号是W；其他单位：千瓦，符号是kW，1 kW = ________W。

5. 功率的意义：表示物体________的物理量，它只反映做功的快慢，不反映做功的多少。

6. 功率的计算公式：________。推导公式：当物体在力 F 的作用下，以速度 v 做匀速直线运动时，由 $W=Fs$ 及 $v=s/t$，可得 $P=$________。V 的单位是________。

考纲要求如下：

考点1：理解做功的两个必要因素。

考点2：知道功的概念、单位及公式，能计算功。

考点3：理解功率的物理意义。

考点4：理解功率的概念、公式及单位，能计算功率。

二、呈现目标

（1）知道做功的两个必要条件，能判断是否做功。

（2）能计算功的多少。

（3）知道功率的概念，能计算功率。

三、自学探讨

自主复习物理课本第62－66页，尝试解决下列问题：

1. 做功的两个必要条件是什么？归纳出不做功的三种情况。

2. 找出功的定义、单位、计算公式。

3. 找出功率的定义、单位、计算公式。

4. 下列情况，有力对物体做功的是（　　）。

A. 举重运动员举着杠铃不动

B. 重物由高处下落

C. 人提着水桶水平前进

D. 物体因惯性在光滑水平面上滑动

5. 湛江市体育中考有两个必考科目：200m跑和实心球。小华在练习实心球时用50 N的力把重为20 N的实心球扔到10 m远的地方，球又在地上滚了5 m停下。请问整个过程中小李对实心球做的功为多少焦耳？（　　）。

A. 500 J　　B. 750 J　　C. 0　　D. 条件不足，无法计算

6. 下面关于功、功率说法正确的是（　　）。

A. 功率大的机械做功一定快

B. 功率大的机械做功一定多

C. 机械做功时间短，功率一定大

D. 做功多的机器功率一定大

7. 小华同学用100N的水平推力，推放在水平地面上重500N的物体，使其做匀速直线运动。若该物体在10s内移动5m，则在此过程中它的速度为________m/s，小华对物体做功的功率是________W，地面对物体的支持力做功________J。

四、检测巩固

1. 一个同学用50N的水平方向的力，将一只重5N的足球沿水平方向踢了出去，足球在地上滚动了30m才停下，在球滚动过程中，脚对球做的功是（　　）。

A. 5 J　　B. 1 500 J　　C. 150 J　　D. 0

2. 某物体在力 F 的作用下分别在光滑水平面、粗糙水平面和斜面上沿力的方向移动了距离 S（如图），做功分别是 W_1、W_2、W_3，则它们之间的关系是（　　）。

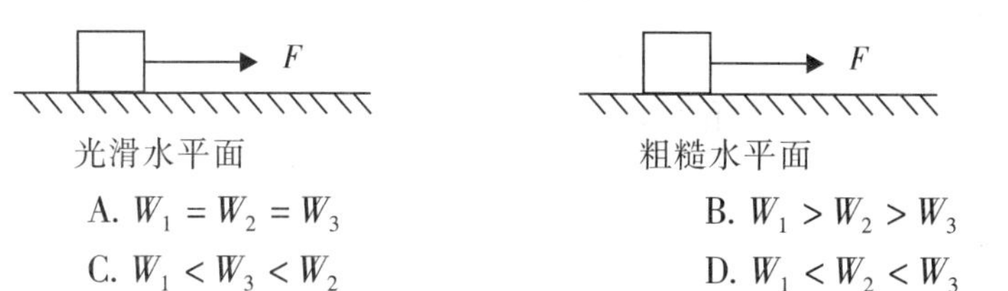

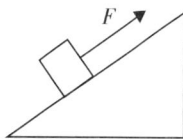

A. $W_1 = W_2 = W_3$　　　　B. $W_1 > W_2 > W_3$

C. $W_1 < W_3 < W_2$　　　　D. $W_1 < W_2 < W_3$

3.（2008·广东）如右图所示，小明在跑步机上锻炼身体。设他在跑步机上以 5m/s 的速度匀速跑动 30min，跑动的总动力为 40N。

求：（1）他在这段时间内相当于跑了多少路程？

（2）他在这段时间内做了多少功？

（3）他做功的功率是多少？

4.（2013·广东）龙舟比赛是中国传统运动项目之一，某队龙舟和运动员总质量为 25×10^3kg，在一次龙舟赛上，该队以 1min 40s 的成绩夺得 500m 比赛冠军。已知该龙舟在运动过程中受到的阻力是龙舟和运动员的总重力的 0.12 倍。

（1）该队龙舟在 500m 比赛过程中的平均速度是多少 m/s？

（2）如果把在比赛过程中该队龙舟的运动看作匀速直线运动，求运动员在比赛过程中划船时的功率是多少千瓦？（$g = 10$N/kg）

五、归纳小结

（1）做功的两个必要条件：作用在物体上的力；在这个力的方向上移动一段距离。

（2）计算功的公式：$W = F \times S$。

F：物体受到的力（牛顿 N）。

S：物体在力的方向移动的距离（米 m）。

W：功（焦耳 J）。

（3）功率的概念及公式。

功率：表示物体做功快慢的物理量。

功与做功所用时间之比叫作功率，数值上等于单位时间内所做的功。

公式：$P = W/t$。

六、拓展延伸

（1）完成《金牌中考总复习》第 94 – 95 页第 1、2、3、4、5、9、10、17 题。

（2）自主复习：阅读课本第 67 – 73 页。

“功和机械能”自读设计

编制人	审核人	主讲人	学生姓名	班级	组别	评价等级	学习日期
尤小蓉	刘建湘	尤小蓉		初三（2）班			

一、预习反馈

1. 做功的两个必要因素：

（1）作用在物体上的________；（2）物体在________上移动的距离。

2. 功的定义：力学中，把________与物体在力的方向上移动的距离的乘积叫做功。功的单位：________，简称焦，符号是________。不做功的三种情况：①力作用在物体上，但物体________移动距离，此情况叫作“劳而无功”。②力作用于物体上，但物体的运动方向与力的方向________，此情况叫作“垂直无功”。③物体移动了一段距离，但在此运动方向上________力的作用，此情况叫作“不劳无功”。

3. 功的计算公式：$W=$________。

4. 功率概念：________与做功所用________之比叫作功率。单位：________，简称瓦，符号是 W；其他单位：千瓦，符号是 kW，1 kW = ________W。

5. 功率的意义：表示物体________的物理量，它只反映做功的快慢，不反映做功的多少。

6. 功率的计算公式：________。推导公式：当物体在力 F 的作用下，以速度 v 做匀速直线运动时，由 $W=Fs$ 及 $v=s/t$，可得 $P=$________。V 的单位是________。

二、呈现目标

（1）知道做功的两个必要条件，能判断是否做功。

（2）能计算功的多少。

（3）知道功率的概念，能计算功率。

三、自学探讨

自主复习物理课本第 62 – 66 页，尝试解决下列问题：

1. 做功的两个必要条件是什么？归纳出不做功的三种情况。

2. 找出功的定义、单位、计算公式。

3. 找出功率的定义、单位、计算公式。

4. 下列情况，有力对物体做功的是（　　）。

A. 举重运动员举着杠铃不动　　B. 重物由高处下落

C. 人提着水桶水平前进　　D. 物体因惯性在光滑水平面上滑动

5. 湛江市体育中考有两个必考科目：200m 跑和实心球。小华在练习实心球时用 50N 的力把重为 20N 的实心球扔到 10m 远的地方，球又在地上滚了 5 m 停下。请问整个过程中小李对实心球做的功为多少焦耳？（　　）。

A. 500 J　　B. 750 J　　C. 0　　D. 条件不足，无法计算

6. 下面关于功、功率说法正确的是（　　）。

A. 功率大的机械做功一定快　　B. 功率大的机械做功一定多

C. 机械做功时间短，功率一定大　　D. 做功多的机器功率一定大

7. 小华同学用 100N 的水平推力，推放在水平地面上重 500N 的物体，使其做匀速直线运动。若该物体在 10s 内移动 5m，则在此过程中它的速度为________m/s，小华对物体做功的功率是________W，地面对物体的支持力做功________J。

四、检测巩固

1. 一个同学用 50N 的水平方向的力，将一只重 5N 的足球沿水平方向踢了出去，足球在地上滚动了 30m 才停下，在球滚动过程中，脚对球做的功是（　　）。

A. 5 J　　B. 1 500 J　　C. 150 J　　D. 0

2. 某物体在力 F 的作用下分别在光滑水平面、粗糙水平面和斜面上沿力的方向移动了距离 S（如图），做功分别是 W_1、W_2、W_3，则它们之间的关系是（　　）。

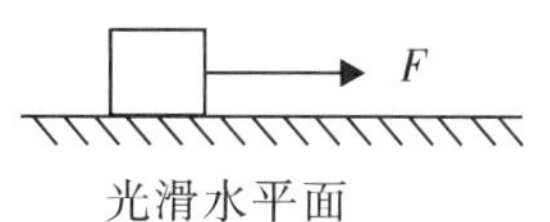

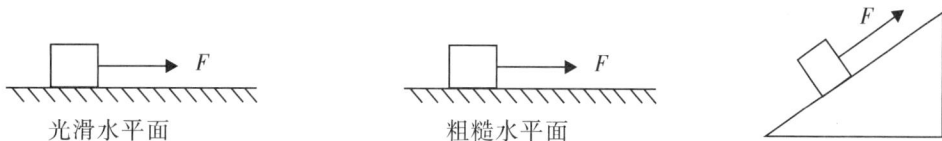

光滑水平面

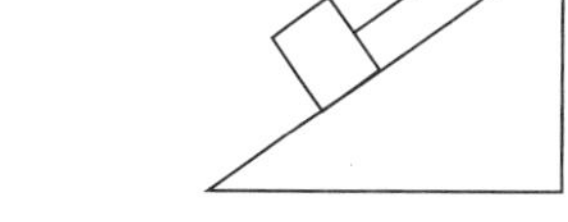

粗糙水平面

A. $W_1 = W_2 = W_3$　　B. $W_1 > W_2 > W_3$

C. $W_1 < W_3 < W_2$　　D. $W_1 < W_2 < W_3$

3. （2008 · 广东）如右图所示，小明在跑步机上锻炼身体。设他在跑步机上以 5m/s 的速度匀速跑动 30min，跑动的总动力为 40N。

求：（1）他在这段时间内相当于跑了多少路程？

（2）他在这段时间内做了多少功？

（3）他做功的功率是多少？

4. （2013 · 广东）龙舟比赛是中国传统运动项目之一，某队龙舟和运动员总质量为 25×10^3kg，在一次龙舟赛上，该队以 1min 40s 的成绩夺得 500m 比赛冠军。已知该龙舟在运动过程中受到的阻力是龙舟和运动员的总重力的 0.12 倍。

（1）该队龙舟在 500m 比赛过程中的平均速度是多少 m/s？

（2）如果把在比赛过程中该队龙舟的运动看作匀速直线运动，求运动员在比赛过程中划船时的功率是多少千瓦？（$g = 10$N/kg）

五、归纳小结

我的收获：____。

我的疑惑：____。

六、拓展延伸

（1）完成《金牌中考总复习》第 94 – 95 页第 1、2、3、4、5、9、10、17 题。

（2）自主复习：阅读课本第 67 – 73 页。

第八章　化学课例研究

“燃烧和灭火”讲读设计

课题	课型	编制人	审核人	主讲人	课时	授课班级	授课日期
燃烧和灭火	讲评课	何群	贺昔怡		1	初三（8）班	

【教学目标】

1. 知道什么是燃烧。
2. 掌握燃烧的条件和灭火的原理。
3. 了解一些简单的消防安全知识。

【教学重点】

1. 掌握燃烧的条件和灭火的原理。
2. 了解一些简单的消防安全知识。

【教学难点】

通过实验探究和对比的方法掌握燃烧的条件和灭火的原理。

【教学方法】

实验法、小组合作法。

【教学过程】

一、预习反馈

（1）燃烧的定义：通常情况下，可燃物与氧气 发生的一种发光 、放热的 剧烈 的氧化反应。

（2）燃烧条件：①可燃物，②氧气，③温度达到着火点（三者缺一不可，否则不能燃烧）。

（3）通过学习和分析我们知道，灭火的原理有：①移除可燃物，②隔绝氧气，③使温度降到着火点以下，这些都能达到灭火的目的。所以说，灭火的根本就是要破坏燃烧的条件。

二、呈现目标

（1）知道什么是燃烧。

（2）掌握燃烧的条件和灭火的原理。

（3）了解一些简单的消防安全知识。

三、自学讨论

（一）燃烧的条件

请利用以下实验用品完成实验探究，并将下表填写完整：

实验用品：玻璃棒、木条、水、2 支蜡烛、烧杯、滤纸片、乒乓球碎片、铜片、三脚架、酒精灯、火柴。

查阅资料：滤纸片燃烧的最低温度约为 245℃，乒乓球碎片燃烧的最低温度约为 180℃。

注意事项：

①观察实验时要从侧面观察，防止火焰烧到身体部位；

②使用酒精和酒精灯要小心，一旦酒精洒出失火需用湿抹布盖灭；

③加热后的铜片放在三脚架上冷却，不要用手拿，防止烫伤；

④实验后的废弃物放入一个小烧杯中。

实验内容	玻璃棒 木条		乒乓球碎片 滤纸片 铜片
现象	玻璃棒不燃烧，木条燃烧	烧杯中蜡烛熄灭，烧杯外的蜡烛正常燃烧	乒乓球碎片先燃烧，滤纸片后燃烧
结论	燃烧需要可燃物	燃烧需要氧气	燃烧需要温度达到着火点

小结：燃烧的三个条件：①可燃物；②氧气 ；③温度达到着火点 。

（二）灭火的原理

实验内容：

（1）点燃桌面的一支蜡烛；

（2）利用桌面的实验用品熄灭蜡烛，将你的灭火方法和利用的原理填入下表。

实验用品：烧杯、水、剪刀、湿布。

	灭火方法	利用的原理
方法 1	用烧杯盖灭	隔绝氧气
方法 2	用水浇灭	降温至着火点以下
方法 3	吹灭	降温至着火点以下
方法 4	用湿布盖灭	隔绝氧气，降温至着火点以下
方法 5	剪掉烛芯	移除可燃物

小结：灭火的原理：①移除可燃物；②隔绝氧气；③使温度降到着火点以下。

四、检测巩固

（一）归纳小结

你的收获：①燃烧；②燃烧的三个条件；③灭火的原理。

（二）当堂检测

1. 下列有关燃烧与灭火的说法正确的是（　A　）。

   A. 为防止森林大火蔓延可开挖隔离带，其目的是隔绝可燃物

   B. 房屋失火，消防队员用水扑灭是因为降低了可燃物的着火点

   C. 汽油放置在空气中没有燃烧是因为汽油不是可燃物

   D. 用灯帽盖灭酒精灯是因为降低了可燃物的温度

2. 在500毫升烧杯中放入300毫升约80℃的热水，并放入用硬纸圈圈住的一小块白磷，在烧杯上盖一片薄铜片，铜片上一端放一小堆干燥的红磷，另一端放一小块已用滤纸吸去表面水分的白磷。（提示：白磷的着火点为40℃，红磷的着火点为240℃）

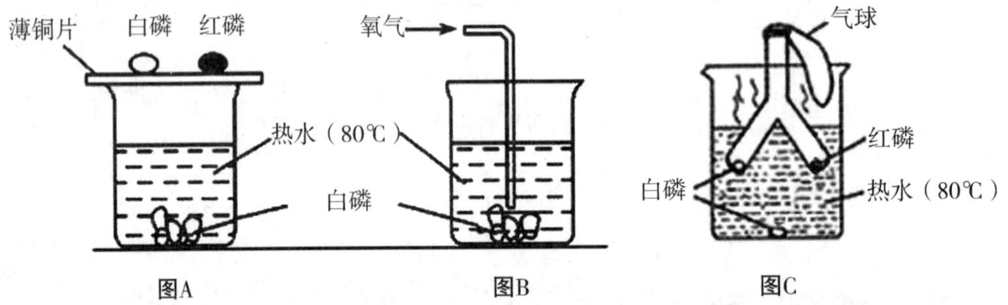

（1）图A可观察到：①薄铜片上的红磷不燃烧，②薄铜片上的白磷燃烧，③水中的白磷不燃烧；对比现象①和②，说明燃烧需要温度达到可燃物的着火点，对比现象②和③（填序号），说明燃烧需要氧气；

（2）图B可观察到向水中的白磷通入氧气后，水中的白磷燃烧，说明燃烧需要氧气。

（3）有同学认为图A装置有缺陷，改装成图C更好，原因是磷生成的白烟有毒，C图可以防止空气污染。

（三）课后作业

见自读设计。

五、教学反思（略）

“燃烧和灭火”自读设计

编制人	审核人	主讲人	学生姓名	班级	组别	评价等级	学习日期
何　群	贺昔怡	何　群					

一、预习反馈

（1）燃烧的定义：通常情况下，________与________发生的一种____________、________的________的________的反应。

（2）燃烧条件：①________，②________，③________（三者缺一不可，否则不能燃烧）。

（3）通过学习和分析我们知道，灭火的原理有：①__________，②__________，③________，这些都能达到灭火的目的。所以说，灭火的根本就是要破坏燃烧的条件。

二、呈现目标

（1）知道什么是燃烧。

（2）掌握燃烧的条件和灭火的原理。

（3）了解一些简单的消防安全知识。

三、自学探讨

（一）燃烧的条件

请利用以下实验用品完成实验探究，并将下表填写完整：

实验用品：玻璃棒、木条、水、2支蜡烛、烧杯、滤纸片、乒乓球碎片、铜片、三脚架、酒精灯、火柴。

查阅资料：滤纸片燃烧的最低温度约为245℃，乒乓球碎片燃烧的最低温度约为180℃。

注意事项：

①观察实验时要从侧面观察，防止火焰烧到身体部位；

②使用酒精和酒精灯要小心，一旦酒精洒出失火需用湿抹布盖灭；

③加热后的铜片放在三脚架上冷却，不要用手拿，防止烫伤；

④实验后的废弃物放入一个小烧杯中。

实验内容	玻璃棒　木条		乒乓球碎片　滤纸片　铜片
现象			
结论	燃烧需要________	燃烧需要________	燃烧需要________

小结：燃烧的三个条件：①________；②________；③________。

（二）灭火的原理

实验内容：

（1）点燃桌面的一支蜡烛；

（2）利用桌面的实验用品熄灭蜡烛，将你的灭火方法和利用的灭火原理填入下表。

实验用品：烧杯、水、剪刀、湿布。

	灭火方法	利用的原理
方法 1		
方法 2		
方法 3		
方法 4		
方法 5		

小结：灭火的原理：①________；②________；③________。

四、检测巩固

（一）归纳小结

你的收获：____。

（二）当堂检测

1. 下列有关燃烧与灭火的说法正确的是（　　）。

   A. 为防止森林大火蔓延可开挖隔离带，其目的是隔绝可燃物

   B. 房屋失火，消防队员用水扑灭是因为降低了可燃物的着火点

   C. 汽油放置在空气中没有燃烧是因为汽油不是可燃物

   D. 用灯帽盖灭酒精灯是因为降低了可燃物的温度

2. 在 500 毫升烧杯中放入 300 毫升约 80℃ 的热水，并放入用硬纸圈圈住的一小块白磷，在烧杯上盖一片薄铜片，铜片上一端放一小堆干燥的红磷，另一端放一小块已用滤纸吸去表面水分的白磷。（提示：白磷的着火点为 40℃，红磷的着火点为 240℃）

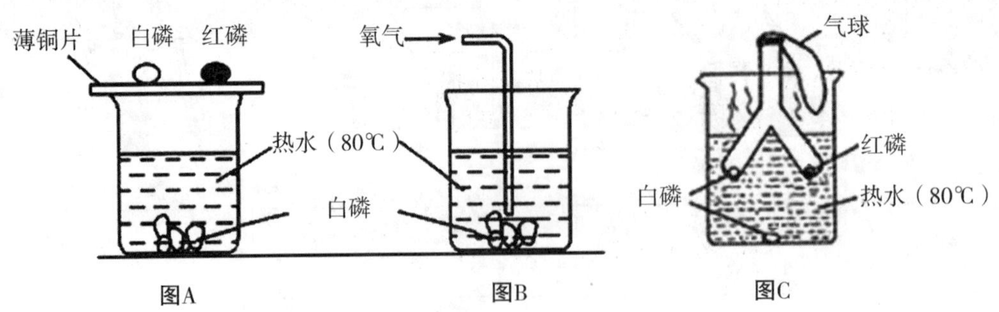

图A　　图B　　图C

（1）图 A 可观察到：①薄铜片上的红磷________，②薄铜片上的白磷________，③水中的白磷________；对比现象①和②，说明燃烧需要________，对比现象________和________（填序号），说明燃烧需要氧气；

（2）图 B 可观察到：向水中的白磷通入氧气后，水中的白磷______________，说明燃烧需要________。

（3）有同学认为图 A 装置有缺陷，改装成图 C 更好，原因是______________。

（三）课后作业

1. 使物质燃烧应具备的条件（　　）。

A. 只要有充分的氧气

B. 只要是可燃物

C. 只要是可燃物达到了一定的温度

D. 可燃物达到了一定的温度，并有充足的氧气

2. 下列有关燃烧与灭火的说法正确的是（　　）。

A. 为防止森林大火蔓延可开挖隔离带，其目的是隔离可燃物

B. 房屋失火，消防队员用水扑灭是因为降低了可燃物的着火点

C. 汽油放置在空气中没有燃烧是因为汽油不是可燃物

D. 用灯帽盖灭酒精灯是因为降低了可燃物的温度

3. 1995 年 12 月 8 日在克拉玛依大火灾中有 288 名中小学生葬身火海，灾难震惊全国。2000 年河南焦作、洛阳发生的特大火灾，更是损失惨重。为此，专家呼吁：每个人都应懂得防火知识，学会如何逃生。当高层楼房下层起火，火势凶猛无法扑灭时，下列逃生措施中正确的是（　　）。

①沿楼梯迅速下楼　②用湿毛巾堵住口鼻　③匍匐前进，寻找安全出口　④封闭房门　⑤迅速转移到阳台，用绳索下坠　⑥跳楼

A. ①②③④　　B. ②③④⑤

C. ③④⑤⑥　　D. ①②④⑤

4. 将下列灭火时采取措施的原理填在横线上。

（1）森林着火后铲出一条隔离带：______________________________。

（2）家里煤气起火时，应先关闭阀门：____________________________。

（3）厨房油锅着火，用锅盖盖灭：______________________________。

（4）用扇子扇灭燃着的蜡烛：________________________________。

5. 某校五楼寝室，学生熄灯就寝后，一同学违规点蜡烛看书，不小心引燃蚊帐，导致火灾。就此事件回答下列问题：

（1）从物质燃烧的条件看，蚊帐是__________。

（2）该同学慌忙打开房门，致使火势迅速扩大，其原因是__________。

（3）同寝室同学惊醒后，一边拨打“119”，一边采取了下列自救措施，其中正确的是__________。

A. 用湿毛巾捂住口鼻迅速逃离　　B. 跳楼逃生　　C. 藏在桌子底下等待救援

（4）消防队员用高压水枪喷水将大火扑灭，水灭火的原理是__________。

第九章　生物课例示范

第一节　新授课课例研究

“性别和性别决定”讲读设计

课题	课型	编制人	审核人	主讲人	课时	授课班级	授课日期
性别和性别决定	新授课	陈霞芬	何思满	陈霞芬	1		

【教学目标】

1. 说出决定人类性别的方式。

2. 比较男女性染色体组成的异同。

3. 简述生男生女的原理。

【教学重难点】

生男生女的原理。

【教学手段】

1. 指导学生探究：让学生主动学习、独立思考、积极探究，获得处理信息、分析和解决问题的能力。

2. 利用趣味课件：将日常生活中的各种现象再一次呈现给学生，由现象认识上升到理论水平。

【教学过程】

一、导入新课（背景音乐：张敬轩演唱的歌曲 *My way*）

生命是一首美妙的乐章，而新生儿的降临为歌曲谱写幸福的开篇。新生儿的性别是如何决定的呢?

二、预习反馈

观察人体染色体组成图，完成下列填空。

（1）人的体细胞染色体分为常染色体和性染色体。

（2）体细胞中，与性别决定无关的是常染色体，数量是22 对；与性别决定有关的是性染色体，数量是1 对。

（3）女性体细胞的性染色体组成是XX，男性体细胞的性染色体组成是XY。

（4）女性产生的卵细胞有一种，染色体组成是 22 条 + X，那么，男性产生的精子有两种，染色体组成是22 条 + X 或22 条 + Y。

（5）关于性别和性别决定，你还想知道什么？

三、呈现目标

（1）说出决定人类性别的方式。

（2）比较男女性染色体组成的异同。

（3）简述生男生女的原理。

四. 自学探讨

（一）人类性别决定

雌雄有别是生物界的一种普遍现象。那么，人的性别差异是由什么决定的？（视频材料：美国一夫妇22 年生了 12 个男孩）

（PPT 展示男、女体细胞染色体组成图谱）

【提问】

（1）二图差异在哪里？第 23 对染色体。

（2）什么是性染色体？决定后代性别的染色体。

（3）XX 和 XY 分别代表哪种性别？XX 是女性，XY 是男性。

结论：人的性别由性染色体组成决定。

（二）染色体组成的异同

		常染色体	性染色体	染色体组成
男性	体细胞			
	精子			
女性	体细胞			
	卵细胞			

【提问】

（1）染色体包括常染色体和性染色体；

（2）男性体细胞常染色体有22 对，性染色体有1 对，染色体组成为22 对 + XY 。

（3）男、女通过生殖细胞把遗传物质遗传给后代，分别是精子和卵细胞。

过程：学生完成表格→ 小组交流→合作展示。

(三) 生男生女的原理

1. 完成图表

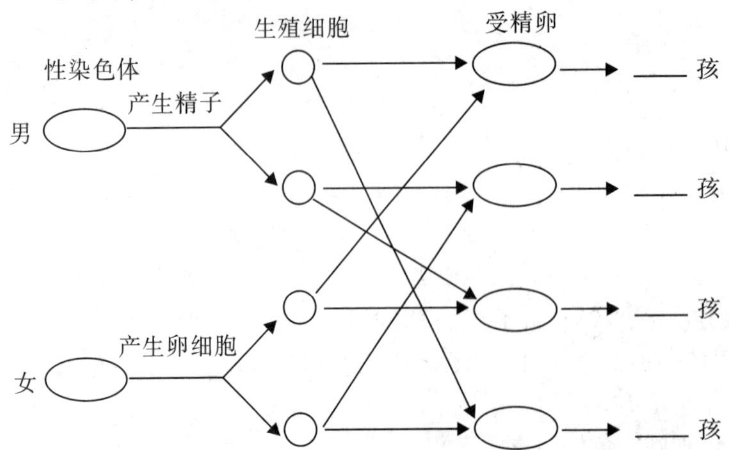

过程：学生完成图表→ 小组交流→合作展示。

2. 模拟实验：精子和卵细胞随机结合

材料：黑白围棋，盒子。

方法步骤：

①装棋子：1 号盒子中有 10 枚白棋（模拟含 X 染色体的卵细胞）。2 号盒子中有 5 枚白棋（模拟含 X 染色体的精子），5 枚黑棋（模拟含 Y 染色体的精子）。

②A 同学负责拿 1 号盒子；B 同学负责拿 2 号盒子；C 同学分别从两个盒子中随机取一枚围棋组合在一起；D 同学记录两枚围棋代表的性染色体组成；其他同学监督。每次取完记录后，再将围棋分别放回去，注意摇匀再取，共记录 20 次。

③统计：若抽到“白白”表示女孩；若抽到“白黑”表示男孩。

教师利用材料讲解，通过问题引导，让学生了解方法步骤。

【提问】

（1）为什么要用不透明的盒子？1 号和 2 号盒子模拟哪个器官？避免人为因素干扰；1 号盒子模拟卵巢，2 号盒子模拟睾丸。

（2）盒子的白棋和黑棋分别模拟什么细胞？1 号盒子的白棋模拟含 X 染色体的卵细胞；2 号盒子的白棋模拟含 X 染色体的精子，2 号盒子的黑棋模拟含 Y 染色体的精子。

（3）棋子的组合模拟的是什么过程？发生在哪里？受精过程；发生在输卵管。

随机、放回去、摇匀的目的是什么？确保随机性、偶然性。

用“√”的方法记录每次生男生女的情况，共 20 次。最后统计数据，写在黑板上。探究活动时间 5 分钟。

次数	1	2	3	4	5	6	7	8	9	10	11	12	13	14	15	16	17	18	19	20	统计
男																					
女																					

结论：生男生女取决于与卵细胞结合的精子类型，机会均等。

3. 男女性别比例与理论上是否保持一致

（1）表格展示我国大陆六次全国人口普查统计结果。

时间	人数（亿）	男女比例
1953 年	5.820	107.6∶100
1964 年	6.950	105.5∶100
1982 年	10.080	106.3∶100
1990 年	11.300	106.6∶100
2000 年	12.660	106.7∶100
2010 年	13.397	105.2∶100

从普查的数据可知我国的人口性别比例有什么特点？男性略多于女性；男女性别比例基本保持稳定，接近1∶1。

（2）比较全国第六次人口普查中海南省和广东省的男女比例数据。

全国第六次人口普查	
海南省	135.64∶100
广东省	130.30∶100

各抒己见：性别比例失调的原因是什么？性别比例失调将会带来什么问题？

五、检测巩固

1. 男性所产生的精子中含有性染色体的数目是（　　）条。

   A. 1　　B. 2　　C. 23　　D. 46

2. 正常情况下，一位男性把他的 X 染色体传给女儿和儿子的机会分别是（　　）。

   A. 100%、0　　B. 100%、100%

   C. 0、100%　　D. 50%、50%

3. 下面关于人体内性染色体的叙述中，正确的是（　　）。

   A. 男性的正常生殖细胞中不一定含有 Y 染色体

B. 女性的正常生殖细胞中不一定含有 X 染色体

C. 男性的正常体细胞中没有 X 染色体

D. 女性的正常体细胞中可能有 Y 染色体

4. 某男同学，其父母通过配子分别给他__________条染色体，其中，母亲给他的是__________染色体，父亲给他的是__________染色体。

5. 小明是一名男同学，如果他的父母亲再生第二个孩子，一定是妹妹吗？为什么？

六、拓展延伸

南非运动员塞门亚获得 2009 年柏林田径锦标赛 800 米冠军，但由于其男性化的体格，超乎女性的体能，很多人对其性别一直争论不休。如果你是组委会成员，可以用什么方法裁决此事？

七、教学反思

在活动中突破重难点，帮助学生理解生男生女的原理。全班一起参与，并使学生经历从感性认识到理性认识的过程，以真正达到掌握知识的目的，并激发学生对生物学强烈的求知欲和科学的探究精神。结合社会现象“重男轻女”，引导学生转变这种传统的封建思想，从而正确树立男女平等的思想和正确的人生观及价值观。不足之处是没有很好地把握课堂时间，未能让学生畅所欲言。

“性别和性别决定”自读设计

编制人	审核人	主讲人	学生姓名	班级	组别	评价等级	学习日期
陈霞芬	何思满	陈霞芬					

一、预习反馈

观察人体染色体组成图，完成下列题目。

（1）人的体细胞染色体分为________和________。

（2）体细胞中，与性别决定无关的是________，数量是______对；与性别决定有关的是________，数量是______对。

（3）女性体细胞的性染色体组成是____，男性体细胞的性染色体组成是______。

（4）女性产生的卵细胞有一种，染色体组成是 22 条 + X，那么，男性产生的精子有________种，染色体组成是________或________。

（5）关于性别和性别决定，你还想知道什么？

____。

二、呈现目标

（1）说出决定人类性别的方式。

（2）比较男女性染色体组成的异同。

（3）简述生男生女的原理。

三、自学探讨

（一）认真观察男、女染色体图，找出异同

（二）体细胞和生殖细胞的染色体组成

数量		常染色体	性染色体	染色体组成
男性	体细胞			
	精子			
女性	体细胞			
	卵细胞			

（三）子代的性别取决于与卵细胞结合的精子类型

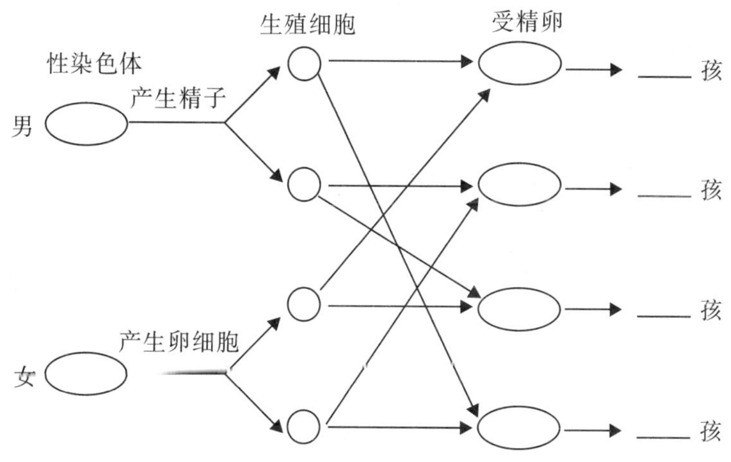

（四）模拟实验：精子和卵细胞随机结合

（1）材料：黑白围棋，盒子。

（2）方法步骤：

①装棋子：1 号盒子中有 10 枚白棋（模拟含 X 染色体的卵细胞）。2 号盒子中有 5 枚白棋（模拟含 X 染色体的精子），5 枚黑棋（模拟含 Y 染色体的精子）。

②A 同学负责拿 1 号盒子；B 同学负责拿 2 号盒子；C 同学分别从两个盒子中随机取一枚围棋组合在一起；D 同学记录两枚围棋代表的性染色体组成；其他同学监督。每次取完记录后，再将围棋分别放回去，注意摇匀再取，共记录 20 次。

③统计：若抽到“白白”表示________；若抽到“白黑”表示________。

用“√”的方法记录每次生男生女的情况，共 20 次。最后统计数据，写在黑板上。探究活动时间 5 分钟。

次数	1	2	3	4	5	6	7	8	9	10	11	12	13	14	15	16	17	18	19	20	统计
男																					
女																					

结论：生男生女取决于____________________，机会____________。

四、检测巩固

1. 男性所产生的精子中含有性染色体的数目是（　　）条。

   A. 1　　B. 2　　C. 23　　D. 46

2. 正常情况下，一位男性把他的X染色体传给女儿和儿子的机会分别是（　　）。

   A. 100%、0　　B. 100%、100%

   C. 0、100%　　D. 50%、50%

3. 下面关于人体内性染色体的叙述中，正确的是（　　）。

   A. 男性的正常生殖细胞中不一定含有Y染色体

   B. 女性的正常生殖细胞中不一定含有X染色体

   C. 男性的正常体细胞中没有X染色体

   D. 女性的正常体细胞中可能有Y染色体

4. 某男同学，其父母通过配子各给他____________条染色体，其中，母亲给他的是____________染色体，父亲给他的是____________染色体。

5. 小明是一名男同学，如果他的父母亲再生第二个孩子，一定是妹妹吗？为什么？

五、课后作业

（1）完成《高分突破》第79－81页；

（2）预习第5节，完成预习反馈。

第二节　讲评课课例研究

"高考仿真模拟（二）试卷讲评"讲读设计

课题	课型	编制人	审核人	主讲人	课时	授课班级	授课日期
高考仿真模拟（二）试卷讲评	讲评课	戴凝	徐爽	戴凝	1	高三（1）班	

【教学目标】

1. 掌握有丝分裂周期、过程、各时期特点，生态系统能量流动过程、特点。

2. 学会在遗传实验设计中选择杂交亲本，掌握实验设计思路、结果预测及相应的结论规范描述。

3. 提高学生审题、分析解决问题及表述的能力。

【教学重点】

1. 掌握有丝分裂周期、过程、各时期特点，生态系统能量流动过程、特点。

2. 学会在遗传实验设计中选择杂交亲本，掌握实验设计思路、结果预测及相应的结论规范描述。

【教学难点】

1. 生态系统能量流动过程、特点。

2. 遗传实验设计方案的选择。

【教学方法】

分析、总结归纳、拓展训练法。

【教学过程】

一、预纠反馈

1. 测试情况

（1）最高分69分，最低分21分，60分以上10人，54分以上18人。

（2）选择题错误率：（全对4人）第1题5人错；第2题15人错；第3题6人错；第4题29人错；第5题6人错；第6题9人错。

（3）填空得分率：第29题满分12分，全班平均分4.81分；第30题满分7分，全班平均分4.6分；第31题满分10分，全班平均分5.2分；第32题满分10分，全班平均分3.8分；第37题满分15分，全班平均分5.9分。

2. 试题参考答案

第1—6题：A、B、B、C、A、B。

第29题：（1）氨基酸　核糖体；（2）类囊体薄膜　三　细胞膜；（3）两　直接

能源　转录或 RNA 自我复制。

第 30 题：(1) 胰岛 A　胰岛素　拮抗；(2) 是　蓝色。

第 31 题：(1) 不是食物链的起点一定是生产者，终点一定是顶级消费者；(2) 呼吸作用中以热能的形式散失，流向分解者；(3) 直接　能量流动、物质循环、信息传递。

第 32 题：(1) 基因突变；(2) 杂合子用 $F1$ 中的雄性异型眼金鱼与雌性正常眼金鱼作亲本杂交，观察并统计杂交后代眼形相关的表现型及比例；(3) 子代中出现正常眼金鱼　子代全部是异型眼金鱼。

第 37 题：(1) 有机化合物 A　选择；(2) 提高培养液中的溶解氧含量（合理即可）　不同；(3) 稀释涂布平板法　接种环　涂布器　灼烧；(4) 利用葡萄糖和木糖产生酒精，且对酒精的耐受能力强。

3. 错误率最高的题

选择题第 2、4 题，填空题第 29、31、32、37 题。

4. 每个同学提前一天用红笔在自己的答题卡上进行更正，并针对错误情况进行分析总结

二、呈现目标

(1) 理解有丝分裂周期、过程、各时期特点。

(2) 分析生态系统能量流动过程、特点。

(3) 归纳总结遗传实验设计类型、实验设计方案的选择及规范描述。

三、自学讨论

(1) 分工：第 1、2 组负责选择题；第 3、4 组负责第 29、31 题；第 5、6 组负责第 32、37 题。

(2) 要求：小组集体研讨题目考查的知识点及规律、用到的解题方法、解题思路，分析错误的原因。

四、展示提升

学生讲评，老师点出关键内容，做出补充。再通过做针对训练，检测学生的掌握情况。

（一）错题汇总第一模块：第 2 题

(1) 讲评点：细胞周期、有丝分裂过程、各时期特点。

(2) 错因分析：学生对细胞周期的影响因素理解不透，对有丝分裂过程、各时期特点理解不到位，没有记准细胞分裂参与的细胞器及功能。

(3) 应对策略：加强对有丝分裂、减数分裂的复习回顾、归纳总结。

(4) 针对训练：课时作业五第 14 题。

(5) 教学启示：有丝分裂、减数分裂是学生学习、理解的难点，需要多次复习回顾、归纳总结以落实。

（二）错题汇总第二模块：第 4 题

(1) 讲评点：生态系统能量流动过程、特点。

(2) 错因分析：学生综合分析能力欠缺，一部分学生对生态系统能量流动过程、特点不能完全理解。

(3) 应对策略：再仔细分析教材必修三第 94 – 95 页图 5 – 6、图 5 – 7、图 5 – 8，分析生态系统能量流动特点。

(4) 针对训练：看教材必修三第 94 – 95 页图 5 – 6、图 5 – 7、图 5 – 8，完成下面填空：

初级消费者摄入量 = 初级消费者的同化量 + (__________量)。

初级消费者的同化量 = 呼吸散失量 + (__________量)。

(__________量) = 遗体、残骸流向分解者的能量 + (__________量)。

能量流动特点及原因：①单向流动，原因：__________________________________。

②逐级递减，原因：____。

(5) 教学启示：生态系统能量流动是高考命题的热点，引导学生分析理解，同时加强训练。

（三）错题汇总第三模块：第 29 题

(1) 讲评点：光合作用与呼吸作用过程、基因的表达（转录、翻译）过程。

(2) 错因分析：学生综合分析能力差，对光合作用过程，中心法则的条件、过程不能完全理解。

(3) 应对策略：再仔细比较 DNA 复制、RNA 复制、转录、逆转录、翻译的场所、条件、过程。

(4) 针对训练：

生理过程	模板	原料	场所	过程
DNA 复制				
RNA 复制				
转录				
逆转录				
翻译				

(5) 教学启示：光合作用与呼吸作用是命题的必考点，中心法则是命题热点，引导学生重点关注。

（四）错题汇总第四模块：第 31 题

(1) 讲评点：带学生读题，关注题干"单体""场所""该分子分布于内膜上""作为过程的原料"等关键词。

(2) 错因分析：学生读题能力欠缺，不会找答题切入口，不会进行知识的迁移。

(3) 应对策略：加强阅题、审题能力训练。

(4) 针对训练：在每次讲评试题的过程中有意识地训练学生的读题、审题能力。

(5) 教学启示：读题、审题能力，知识的迁移能力是学生很重要的一种能力，要在平时的学习中不断训练才能得以提升。

（五）错题汇总第五模块：第 32 题

(1) 讲评点：①变异的来源；②遗传实验设计——亲本的选择、实验设计思路的规范描述、结果预测及相应的结论规范描述。

（2）错因分析：学生对基因突变、染色体变异、基因重组不能从本质上进行区分；不懂得设计实验判断基因位于常染色体上还是位于 X 染色体上，以及预测实验结果并得出结论。

（3）应对策略：遗传实验设计是高中生物最难的地方，对学生能力要求高，已对高中常见遗传实验设计的类型及方法进行过归纳，还要不断通过习题讲解来强化。

（4）针对训练：拓展延伸遗传实验设计常见的类型及方法。

（5）教学启示：对一部分学习能力较强的学生，此类题型可以通过练习、讲解进行强化来提高其思维能力，对学困生可适当建议放弃此类题型。

五、检测巩固

（1）如图所示为构成细胞的元素及化合物，a、b、c 代表不同的小分子物质，A、B、C 代表不同的大分子物质。请分析回答下列问题：

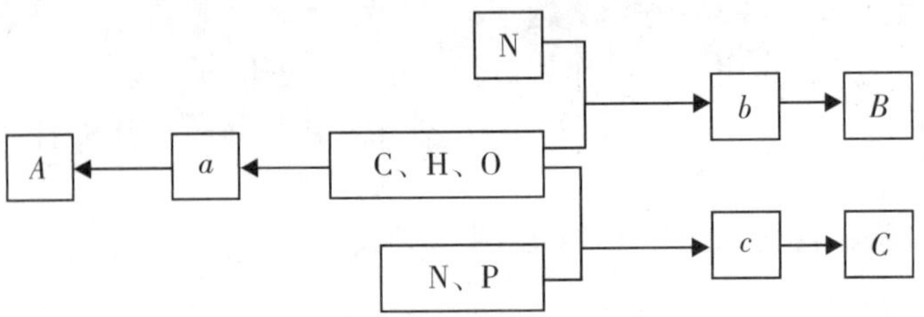

①若 A 是植物细胞内特有的储能物质，则物质 a 是________________，检验物质 a 的常用试剂是________。若 A 是动物细胞内特有的储能物质，且能及时补充血液中的葡萄糖，则 A 是________。若物质 A 在动物、植物细胞中均可含有，并且作为细胞内最理想的储能物质，则检测某植物组织样液中 A 的方法是________________________。

②b 的结构通式为________，物质 B 具有多样性，与 b 的______________________有关。

③不同的物质 c 分子相比可能________不同。若 B 和 C 为核糖体的主要成分，则物质 c 分子有________种。

答案：①葡萄糖　斐林试剂　肝糖原　向待测组织样液中滴加 3 滴苏丹Ⅲ（或苏丹Ⅳ）染液，观察样液被染色情况；② $\mathrm{H_2N-\overset{\displaystyle R}{\overset{|}{\underset{\displaystyle H}{\underset{|}{C}}}}-COOH}$　种类、数目、排列顺序；③含氮碱基或含氮碱基和五碳糖　4。

（2）假设在水稻农田生态系统中的生物有水稻、杂草、食草昆虫、食虫鸟、细菌和真菌等。下图是该水稻农田生态系统的能量流动模型。

回答有关生态学的问题：

①模型中的“能量输入”的总量是____________________，营养级包括____个。其

中“能量储存”最多的营养级是__________。

②“能量散失”主要指各营养级通过______________作用散失。

③下图是分析第二营养级的“能量储存”部分的传递过程，其传递方向有两个，请将下图补充完整。

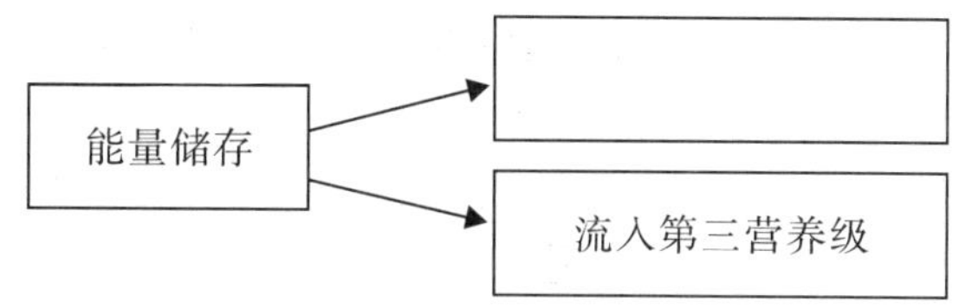

答案：①生产者固定的太阳能　3　第一营养级；②呼吸；③流向分解者。

六、拓展延伸

遗传实验设计主要类型：

（1）确定一对相对性状的显隐性关系。

（2）确定某一显性性状个体是纯合子还是杂合子。

（3）确定某变异性状是否为可遗传变异。

（4）验证基因的分离定律和自由组合定律的实验设计。

（5）判断基因位于常染色体上还是位于 X 染色体上的实验设计。

七、教学反思

这堂课我在以下几个方面做得比较好：

第一，及时全批全改，做好试卷的统计分析。考完试当天就改完试卷并对学生的答题情况作具体分析：①统计考试成绩，点名表扬成绩提高幅度较大的学生和优秀学生，并且对各个分数段的学生提出下阶段的具体目标。②统计试卷的错误情况，分析错误的原因。③统计典型错例和有创见的解法。

第二，先让学生自己改正错题，再进行评析。要求每个同学提前一天用红笔在自己的答题卡上进行更正，并针对每个错误情况进行分析小结。上课时先分小组讨论本小组负责的题目考查的知识点及规律、解题方法、解题思路，分析错误的原因。

第三，主次分明，评重讲难。这份试题共 11 道题，我只选择了其中的 5 道题进行讲评。主要是针对学生在答题中存在的主要问题，以及考试中要求学生掌握的重点知识和技能。

第四，讲评时先让学生自己讲，再对学生不明白的重难点做出适当补充。这节课中第 2、4、31、37 题我让学生自己讲这些题考点是什么、怎么产生错误思维、下次如何避免等。这样有利于学生再现思维过程，使学生更深入地认识错误，从根本上寻找到“病源”。

第五，讲评时注重拓展外延，总结思路。讲评试卷时，还要透过具体问题拓展外延，把试题进行变化。有的是在原有题目的基础上借题发挥，有的是将答案要点进行丰富，有的是将考点扩展、深化、增加难度，让学生通过试题讲评能有所提高，并对试题题型、知识点分布、解题思路和技巧进行归纳小结，从中找到答题的规律，从而提高研究问题的能力。

不足之处是没有把控好时间，让学生讲的时间不够，学生表达能力有待提高。

“高考仿真模拟（二）试卷讲评”自读设计

编制人	审核人	主讲人	学生姓名	班级	组别	评价等级	学习日期
戴凝	徐爽	戴凝		高三（1）班			

一、预纠反馈

1. 试题参考答案

第1—6题：A、B、B、C、A、B。

第29题：（1）氨基酸　核糖体；（2）类囊体薄膜　三　细胞膜；（3）两　直接能源　转录或RNA自我复制。

第30题：（1）胰岛A　胰岛素　拮抗；（2）是　蓝色。

第31题：（1）不是食物链的起点一定是生产者，终点一定是顶级消费者；（2）呼吸作用中以热能的形式散失，流向分解者；（3）直接　能量流动、物质循环、信息传递。

第32题：（1）基因突变；（2）杂合子用 $F1$ 中的雄性异型眼金鱼与雌性正常眼金鱼作亲本杂交，观察并统计杂交后代眼形相关的表现型及比例；（3）子代中出现正常眼金鱼　子代全部是异型眼金鱼。

第37题：（1）有机化合物A　选择；（2）提高培养液中的溶解氧含量（合理即可）　不同；（3）稀释涂布平板法　接种环　涂布器　灼烧；（4）利用葡萄糖和木糖产生酒精，且对酒精的承受能力强。

2. 每个同学提前一天用红笔在自己的答题卡上进行更正，并针对错题情况进行分析总结

二、呈现目标

（1）理解有丝分裂周期、过程、各时期特点。

（2）分析生态系统能量流动过程、特点。

（3）归纳总结遗传实验设计类型、实验设计方案的选择及规范描述。

三、自学讨论

1. 分工

第1、2组负责选择题；第3、4组负责29、30题；第5、6组负责31、32、37题。

2. 要求

小组集体研讨题目考查的知识点及规律，用到的解题方法、解题思路，分析错误的原因。

本小组负责第（　　）题和（　　）题，各题分析情况：

____

____

3. 看教材必修三第 94－95 页图 5－6、图 5－7、图 5－8，完成下面填空

初级消费者摄入量＝初级消费者的同化量 ＋（__________量）。

初级消费者的同化量＝呼吸散失量 ＋（__________量）。

（__________量）＝遗体、残骸流向分解者的能量 ＋（__________量）。

能量流动特点及原因：①单向流动，原因：______________________________。

②逐级递减，原因：______________________________________。

4. 完成下表

生理过程	模板	原料	场所	过程
DNA 复制				
RNA 复制				
转录				
逆转录				
翻译				

四、检测巩固

（1）如图所示为构成细胞的元素及化合物，a、b、c 代表不同的小分子物质，A、B、C 代表不同的大分子物质。请分析回答下列问题：

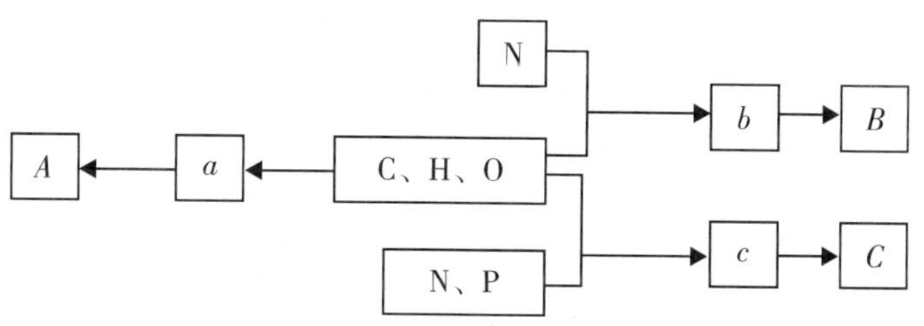

①若 A 是植物细胞内特有的储能物质，则物质 a 是________________，检验物质 a 的常用试剂是________。若 A 是动物细胞内特有的储能物质，且能及时补充血液中的葡萄糖，则 A 是________。若物质 A 在动物、植物细胞中均可含有，并且作为细胞内最理想的储能物质，则检测某植物组织样液中 A 的方法是________________________。

②b 的结构通式为________，物质 B 具有多样性，与 b 的____________________有关。

③不同的物质 c 分子相比可能______不同。若 B 和 C 为核糖体的主要成分，则物质 c 分子有____________种。

（2）假设在水稻农田生态系统中的生物有水稻、杂草、食草昆虫、食虫鸟、细菌

和真菌等。下图是该水稻农田生态系统的能量流动模型。

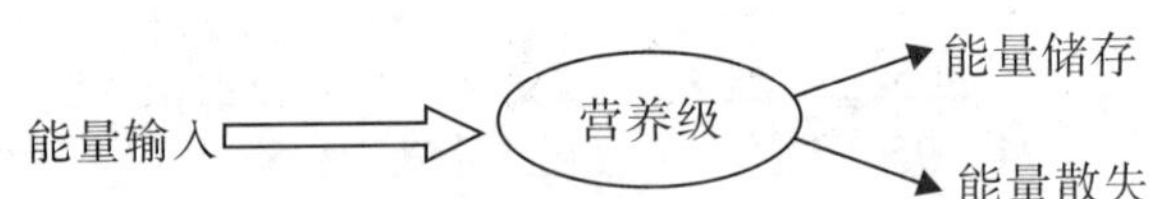

回答有关生态学的问题：

①模型中的“能量输入”的总量是________________，营养级包括________个。其中“能量储存”最多的营养级是________。

②“能量散失”主要指各营养级通过____________作用散失的。

③下图是分析第二营养级的“能量储存”部分的传递过程，其传递方向有两个，请将下图补充完整。

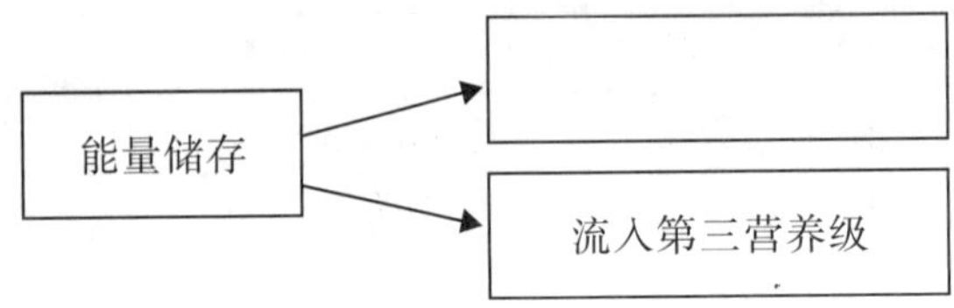

五、拓展延伸

遗传实验设计主要类型及实验方案：

（1）确定一对相对性状的显隐性关系。

____

____

（2）确定某一显性性状个体是纯合子还是杂合子。

____

____

（3）确定某变异性状是否为可遗传变异。

____

____

（4）验证基因的分离定律和自由组合定律的实验设计。

____

____

（5）判断基因位于常染色体上还是位于X染色体上的实验设计。

____

____

五、课后作业

完成《高考调研》课时作业九。

第十章　信息技术课例研究

“用云盘存储文件”讲读设计

课题	课型	编制人	审核人	主讲人	课时	授课班级	授课日期
用云盘存储文件	新授课	蒋美荣	黄秋雯	蒋美荣	1	初一（8）班	

【教学目标】

1. 知道云盘，了解常用的云盘。

2. 通过动手实践，熟悉云盘网站的登录方法。

3. 引导学生动手实操，掌握云盘的常用功能，利用好云盘，让它为我们的生活服务。

【教学重点】

让学生了解并掌握云盘的使用方法。

【教学难点】

如何在云盘平台上管理文件。

【教学工具】

网络教室、素材、课件、微课视频。

【教学方法】

讲授法、演示法、练习法、实验法。

【教学过程】

一、导入新课

本课的教学引入问题或情境设计：外出旅游用手机拍摄了很多相片，如何才能打开电脑连上网就能看到？个人保存的一些学习资料、相片等，如何才能随时在任何能上网的电脑、手机、平板电脑上打开使用，并能与同学、老师或朋友分享？基于云技术的云盘能帮助我们解决这些问题。

二、预习反馈

课前把本堂课素材、微课视频和自读设计发给学生，引导学生进行课前预习。

三、呈现目标

（1）知道云盘，了解常用的云盘。

（2）熟悉云盘网站登录的方法。

（3）通过使用，了解云盘的常用功能。

四、自学讨论

探究一：通过网络查找解决以下两个问题，允许小组内部讨论。

（1）什么是云盘？

（2）常见的云盘有哪些？

【教师讲解】

云盘：建立在互联网上的磁盘。使用者可以在任何时间、任何地方，通过任何可联网的装置在云盘上存取文件。

设疑：下表中这些云盘标志代表的是什么云盘？

标识	名称
	360 云盘
	百度云盘
	金山快盘
	腾讯微云

探究二：登录并使用腾讯微云。

参看视频：登录并使用腾讯微云视频。

五、检测巩固

（1）在桌面上新建 3 个文件夹为：文档、图片、音乐，将“资料”的文件夹里的文件分别按文件类型保存在 3 个文件夹中。

（2）打开 IE 浏览器，在搜索栏输入：“腾讯微云官网”（ QQ 账户、密码直接登录腾讯微云）。

（3）在云盘中新建一个文件夹，命名为：“学习材料”，并将电脑中的 3 个文件夹上传到云盘中新建的文件夹里。

（4）新建一个记事本（以自己的名字命名），分享云盘中文件夹的链接，将链接复制、保存到记事本中并发送给老师。

注：完成以上任务的同学可以充当“小老师”来帮助组内其他同学。

六、拓展延伸

（1）选一名同学到教师机演示，然后师生共同点评。

（2）我的收获：先由学生自由分享，然后再由老师总结：①登录云盘；②上传文件到云盘；③分享链接。

（3）打开分享的链接查看是否有效。

（4）从分享的链接上下载文件。

七、课后作业

云盘可以与自己的电脑上的文件同步吗？（同学们回家可以实践一下）

八、教学反思

本节课是七年级上册第三单元第四课，本课教学内容通俗易懂，不涉及深奥的理论知识，完全可以通过学生自主学习和探究完成实践任务，达到熟悉和掌握的目标，因此，把操作步骤制成小视频供学生自主学习和探究。但由于个别同学还没有 QQ 账户，会影响学习效果，所以建议小组成员之间共享同一个 QQ 号，并上传文件到云盘。

"用云盘存储文件"自读设计

编制人	审核人	主讲人	学生姓名	班级	组别	评价等级	学习日期
蒋美荣	黄秋雯	蒋美荣		初一（8）班			

一、预习反馈

请根据课前老师发给大家的本堂课的素材、微课视频和自读设计来进行讨论，本节课将学的是什么方面的知识？

二、呈现目标

（1）知道云盘，了解常用的云盘。

（2）熟悉云盘网站登录的方法。

（3）通过使用，了解云盘的常用功能。

三、自学讨论

探究一：通过网络查找解决以下两个问题，允许小组内部讨论。

（1）什么是云盘？

（2）常见的云盘有哪些？

（3）下表中这些云盘标志代表的是什么云盘？

标识	名称

探究二：登录并使用腾讯微云。

参看视频：登录并使用腾讯微云视频。

四、检测巩固

（1）在桌面上新建3个文件夹为：文档、图片、音乐，将“资料”的文件夹里的文件分别按文件类型保存在3个文件夹中。

（2）打开IE浏览器，在搜索栏输入：“腾讯微云官网”（QQ账户、密码直接登录腾讯微云）。

（3）在云盘中新建一个文件夹，命名为：“学习材料”，并将电脑中的3个文件夹上传到云盘中新建的文件夹里。

（4）新建一个记事本（以自己的名字命名），分享云盘中文件夹的链接，将链接复制、保存到记事本中并发送给老师。

注：完成以上任务的同学可以充当“小老师”来帮助组内其他同学。

五、拓展延伸

（1）选一名同学到教师机演示，然后师生共同点评。

（2）我的收获：______________________________。

（3）打开分享的链接查看是否有效。

（4）从分享的链接上下载文件。

六、课后作业

云盘可以与自己的电脑上的文件同步吗？（同学们回家可以实践一下）

第十一章　音乐课例研究

“非洲歌舞音乐”讲读设计

课题	课型	编制人	审核人	主讲人	课时	授课班级	授课日期
非洲歌舞音乐	新授课	李毅			1	高二（1）班	

【教学目标】

1. 引导学生感受、体会非洲民间音乐的风格特征；拓展学生对世界音乐的了解范围，增强学生的音乐欣赏水平能力、创作能力以及合作精神。

2. 通过学习歌曲，初步了解非洲音乐的概况和主要特点。

3. 初步感受非洲音乐的节奏和乐器的特点。

【教学重点】

1. 了解非洲音乐的主要特点。

2. 节奏练习。

【教学难点】

了解、掌握非洲民间音乐的风格特征。

【教学工具】

多媒体平台、音响资料等。

【教学方法】

音乐欣赏、舞蹈创作、小组合作讨论法等。

【教学过程】

一、导入新课

（1）欣赏动画片《狮子王》片段，初步感受非洲歌舞音乐的魅力。

（2）学生谈感受，教师对学生回答的情况及时进行评价。

二、预习反馈

（1）根据视频谈谈你对非洲的感受。

（2）请谈谈你对非洲音乐的了解。

三、呈现目标

（1）体验非洲民间音乐的风格特征。

（2）感受非洲音乐的节奏和乐器的特点。

（3）初步体会非洲歌舞音乐对世界音乐发展的影响。

四、自学讨论

（一）环节一：《非洲赞歌》

（1）设计目的：通过观看视频以及活动，体验非洲民间音乐的风格特征；感受非洲音乐的节奏和乐器的特点。

（2）准备工作：选定能代表非洲音乐特色的视频。

（3）具体过程：

师：播放视频，要求学生展开小组讨论，回答自读设计上的问题。

生：观看视频，小组讨论回答以下问题：

①看视频，大家认识屏幕中的非洲乐器吗？请大家将它们的名称写出来。

②这首歌表达了怎样的情怀？有何特点？

（二）环节二：布隆迪鼓舞

（1）设计目的：通过本环节，让学生体会非洲舞蹈的特色，了解非洲歌舞音乐对世界音乐发展的影响，培养学生全球化视野并懂得文化是可以相互融合的。

（2）准备工作：准备有代表性的非洲特色舞蹈以及现代音乐舞蹈与非洲音乐舞蹈的融合代表作。

（3）具体过程：

师：播放视频，指导学生练习节拍。

生：观看视频，小组讨论回答以下问题：

①欣赏视频：谈谈非洲鼓舞的特点。

②请大家试着模仿非洲音乐节奏，以体验非洲鼓乐的节奏特点。可以用各种鼓，或者用鼓的代用品，或者用拍手，或者用一种音节（如“哒”）进行练习。

③大家知道非洲音乐对世界其他地区的音乐有哪些影响吗？谈谈在现实音乐生活中有哪些非洲因素的影响。

四、展示提升

（一）《非洲赞歌》

师：给学生 2 分钟时间自学讨论，之后请小组代表发言。

生：逐一回答问题，进行自学成果展示。

师：及时评价学生的答案，并做好记录和引导。

生：补充完善答案。

师：总结归纳整理。

①看视频，大家认识屏幕中的非洲乐器吗？请大家将它们的名称写出来。

答：马林巴琴、姆比拉。

②这首歌表达了怎样的情怀？有何特点？

答：《非洲赞歌》是一首由加纳罗比部落著名音乐家卡拉巴罗比演唱的歌曲。演唱伴以非洲古老的马林巴琴。歌词大意为赞颂美好、广袤的阿非利加大地。非洲音乐除了节奏、音色特别外，它的功能性也很强，音乐活动大都伴随着社会日常生活。非洲音乐，尤其是歌舞活动，有着强烈的自娱性质。所以，非洲歌曲的曲调音域一般较狭窄，乐句比较短小，较少使用装饰音，而且很少用变奏，常作多次反复。因为自娱性较强，有时夹杂着叫喊声。

（二）布隆迪鼓舞

师：播放视频，给学生5分钟时间探讨。

生：小组代表回答问题，进行自学成果展示。

师：及时评价学生的答案，并做好记录和引导。

生：补充完善答案。

师：总结归纳整理，并指导学生进行节拍练习。

①欣赏视频：谈谈非洲鼓舞的特点。

答：非洲舞蹈起源于狩猎等劳动生活，当然也有图腾巫术的因素。总之，非洲人是最擅长用舞蹈传情达意的，为了任何一个理由，他们都可以通宵达旦地跳，舞蹈是他们生活中的一部分。在布隆迪，圣鼓象征着国王的权力，象征皇族的正统和种族的延续。圣鼓是在特定的场合表演的一种鼓乐，如在国王加冕时或播种姐姐来临时进行表演。圣鼓表演时，首席鼓手有力的身体动作，带领众鼓手敲击出洪亮的、富有震撼性的鼓声。

②请大家试着模仿非洲音乐节奏，以体验非洲鼓乐的节奏特点。或者用各种鼓，或者用鼓的代用品，或者用拍手，或者用一种音节（如“哒”）进行练习。

③大家知道非洲音乐对世界其他地区的音乐有哪些影响吗？谈谈在现实音乐生活中有哪些非洲因素的影响？

答：非洲音乐在历史不断发展的过程中影响了很多音乐。例如：爱尔兰的踢踏舞，国标中的桑巴、伦巴等都吸收了非洲音乐复杂而丰富的节奏、节拍，并为其增加了更多的变化。非洲舞蹈及音乐对世界音乐，特别是对美国和其他西方国家的音乐舞蹈产生了很大的影响。

五、检测巩固

（一）总结反刍

①让学生尝试总结梳理本课知识点。

②教师适当补充完善。

（二）拓展延伸：我型我秀

街舞——虽然成型在美国，但要追溯起源，可寻找到遥远的非洲大陆！请同学们跟着音乐秀出自己的舞姿。

（三）总结评价

“非洲歌舞音乐”自读设计

编制人	审核人	主讲人	学生姓名	班级	组别	评价等级	学习日期
李毅		李毅		高二（1）班			

一、预习反馈

（1）根据视频谈谈你对非洲的感受。

（2）请谈谈你对非洲音乐的了解。

二、呈现目标

（1）体验非洲民间音乐的风格特征。
（2）感受非洲音乐的节奏和乐器的特点。
（3）初步体会非洲歌舞音乐对世界音乐发展的影响。

三、自学讨论

（一）环节一：《非洲赞歌》

观看视频，小组讨论回答以下问题：
（1）看视频，大家认识屏幕中的非洲乐器吗？请大家将它们的名称写出来。

______

______

（2）这首歌表达了怎样的情怀？有何特点？

______

______

（二）环节二：布隆迪鼓舞

观看视频，小组讨论回答以下问题：
（1）欣赏视频：谈谈非洲鼓舞的特点。

______

______

（2）请大家试着模仿非洲音乐节奏，以体验非洲鼓乐的节奏特点。或者用各种鼓，或者用鼓的代用品，或者用拍手，或者用一种音节（如“哒”）进行练习。

（3）大家知道非洲音乐对世界其他地区的音乐有哪些影响吗？谈谈在现实音乐生活中有哪些非洲因素的影响。

______

______

四、检测巩固

（一）课堂小结

______

______

（二）拓展延伸——我型我秀

街舞——虽然成型在美国，但要追溯起源，可寻找到遥远的非洲大陆！请同学们跟着音乐秀出自己的舞姿。

五、课后作业

谈谈非洲音乐有哪些特点。

第十二章　美术课例示范

“海风·海潮·渔歌”讲读设计

课题	课型	编制人	审核人	主讲人	课时	授课班级	授课日期
海风·海潮·渔歌	新授课	黄江	美杏	黄江	1	初一（8）班	

【教学目标】

1. 通过观察对比，发现版画的艺术特点。
2. 体验木刻版画创作，总结出创作版画的方法与步骤。
3. 掌握以大海为题材的木刻版画的创作技法。

【教学难点】

1. 创作构思的把握，情感的表达。
2. 画面构图的思考、物体造型的创作。

【教学方法】

演示实践、分组讨论、欣赏讨论、个人实践。

【教学工具】

木板、刻刀等。

【教学过程】

一、预习反馈

1. 了解学生预习情况

（1）检查学生是否带齐工具和材料，如木板、刻刀等。

（2）请学生分享自己准备的大海和渔船的照片，并谈谈自己对大海的感受。

2. 了解学生对版画的认识

（1）是否在校园里欣赏过挂在墙上的版画作品？

（2）知道版画制作过程吗？

二、呈现目标

（1）通过观察对比，发现版画的艺术特点。

（2）体验木刻版画创作，总结出创作版画的方法与步骤。

三、自学讨论

（一）小组讨论

（1）各小组把讨论出来的疑难问题提出来。

（2）各小组选派一个代表发言，其他同学倾听。

（3）其他小组发表自己小组的观点并补充。

（4）老师对各组的结果给予点评，并对小组中存在的问题给予指正。

（二）创作训练

1. 讨论和展示，激发兴趣

通过讨论和展示学生的绘画作品，勾起学生对于大海的情感，激发学生对于大海的创作激情。

创作作品主题“我和大海有个约会”，创造思维启示：

（1）休闲的夏日，还记得那缕清爽的海风吗？

（2）鲸鱼跳出水面，难道它在好奇陆地上的我们吗？

（3）我渴望坐上一艘不大不小的帆船，多么想在夜光下体会惊涛骇浪的刺激啊！

（4）如果我是一只海鸥，我一定会用我神奇的翅膀飞到海的那一边看一看。

（5）海里面最威猛的动物肯定就是鲨鱼了！看！那是多么矫健的身子啊！

（6）总有一天，我会去到海底下冒险，在那里我会像故事中勇敢的主角那样征服海洋！

2. 欣赏名作，感受版画艺术之美

提问：你知道这些画是如何制作出来的吗？

（1）学生通过观察，发现版画画种的特点。

（2）讨论并总结出创作版画的方法。

3. 展示与大海有关的图片

（1）为学生创作提供图片资源，激发灵感。

（2）引导学生大胆想象，用简单的笔法表现大海的特征。

（3）让学生体会创作过程，学会利用身边资源，学会构思，学会创作。

4. 引导、示范与讲解

（1）拿出一块30cm×30cm木板，在板上用铅笔画出自己心中的大海。

（2）海面上能看到的景象，如：渔船、渔民、鱼、海鸥、蓝天和白云等。

四、展示提升

1. 对比新发现，学习创作的要素——展示两组木刻版画作品

（1）提问：对比下面两张作品，你认为哪张的构图更好看？为什么？

（2）提示：观察画面中区别最大的地方，注重个人感受，细心品味一下画面的感觉。

2. 构图

（1）主角突出，配角点缀。

（2）画面做到上紧下松。

（3）画面均衡。

3. 造型

（1）抓住主要特征——大胆勾勒。

（2）个性细节——生动独特。

4. 认识木刻工具以及了解木刻手法

五、检测巩固

具体交代作业要求以及下周任务。

（1）以大海相关的内容为题材，创作一幅木刻版画（下周美术课上完成）。

（2）版画尺寸大小为 4 开纸。

工具：刻刀、木板等。

资料：本课做好的笔记，回家后准备的图片资料等。

六、教学反思

这节课通过引导、启发和欣赏，使学生了解和学习了黑白版画，并允许学生通过不同的形式来创作和表达自己的情感主题，以培养学生的表现能力和创造能力为目的，让学生感受和体会学习的乐趣。学生的学习热情很高，都能积极参与到创作中去。不过有部分同学的构图比较单调或画面凌乱，也有部分同学在制作时表现得不够有耐心，需要继续指导。

总的来说，这节课所取得的课堂效果很不错，学生们都很积极配合。

“海风·海潮·渔歌”自读设计

编制人	审核人	主讲人	学生姓名	班级	组别	评价等级	学习日期
黄江		黄江		初一（8）班			

一、预习反馈

1. 了解学生的预习情况

（1）检查学生是否带齐工具和材料，如木板、刻刀等。

（2）请学生分享自己准备的大海和渔船的照片，并谈谈自己对大海的感受。

2. 了解学生对版画的认识

（1）是否在校园里欣赏过挂在墙上的版画作品？

（2）知道版画制作过程吗？

二、呈现目标

（1）通过观察对比，发现版画的艺术特点。

（2）体验木刻版画创作，总结出创作版画的方法与步骤。

三、自学讨论

（一）小组讨论

（1）各小组把讨论出来的疑难问题提出来。

（2）各小组选派一个代表发言，其他同学倾听。

(3) 其他小组发表自己小组的观点并补充。

(二) 创作训练

1. 讨论和展示，激发兴趣

通过讨论和展示学生的绘画作品，激发学生对于大海的创作激情。

创作主题“我和大海有个约会”，创造思维提示：

(1) 休闲的夏日，还记得那缕清爽的海风吗?

(2) 鲸鱼跳出水面，难道它在好奇陆地上的我们吗?

(3) 我渴望坐上一艘不大不小的帆船，多么想在夜光下体会惊涛骇浪的刺激啊!

(4) 如果我是一只海鸥，我一定会用我神奇的翅膀飞到海的那一边看一看。

(5) 海里面最威猛的动物肯定就是鲨鱼了! 看! 那是多么矫健的身子啊!

(6) 总有一天，我会去到海底下冒险，在那里我会像故事中勇敢的主角那样征服海洋!

2. 欣赏名作，感受版画艺术之美

提问:“你知道这些画是如何制作出来的吗?”

(1) 通过观察，发现版画画种的特点。

(2) 讨论并总结出创作版画的方法。

3. 展示与大海有关的图片，激发创造灵感

4. 引导、示范与讲解

(1) 拿出一块 30cm×30cm 木板，在板上用铅笔画出自己心中的大海。

(2) 想象海面上能看到的景象，如：渔船、渔民、鱼、海鸥、蓝天和白云等。

四、检测巩固

(1) 以大海相关的内容为题材，创作一幅木刻版画（下周美术课上完成）。

(2) 版画尺寸大小为 4 开纸。

工具：刻刀、木板等。

资料：本课做好的笔记，回家后准备的图片资料等。

第十三章　体育课例示范

“篮球：行进间直线运球”教学设计

课题	课型	编制人	审核人	主讲人	课时	授课班级	授课日期
篮球：行进间直线运球	新授课	陈妃仁	杨春曲	陈妃仁	1	初一（8）班	

【教学目标】

1. 让学生认识行进间直线运球的动作及方法。

2. 能让70%以上的学生掌握行进间直线运球的动作技术，发展学生的灵敏性和协调性。

3. 培养学生的合作精神和竞争意识，感受篮球运动的乐趣。

【教学重点】

运球的手形和用力方法。

【教学难点】

运球动作的协调性。

【教学内容】

1. 原地运球。

2. 行进间直线运球。

3. 游戏：运球比快。

【教学方法】

讲解法、示范法、纠错法、自主学习法、小组合作学习法、游戏法。

【教学工具】

篮球场2个；篮球50个；录音机一台；号码褂子8条，1—8号；秒表1只。

【教学过程】

一、上课准备（2分钟）

（1）体育委员整队集合、检查人数、向教师报告情况。

（2）师生问好，教师宣布本课学习内容和目标，提出学习要求。

（3）安排见习生。

组织与要求：排四列横队集合，集合快、静、齐，精神饱满。

二、课前热身（5分钟）

游戏：运传球接力。

方法：学生分成八组，每组排一路队，按身高排列，每组最前面的同学双手持篮球。游戏开始后，最前面的同学双手举球往后传，最后一名同学接球后快速运球回到队伍的最前面，继续将球往后传，依此类推，直到游戏开始时排在队伍最前面的同学又回到队伍前面时，游戏结束，用时最少的队伍获胜。

游戏规则：往后传球时不得单手、不得转身，要逐一传接；运球时不得走步，每人运球回到队伍前面时必须双脚站在圆圈里才能往后传球。

教师活动：讲解游戏方法及规则，强调安全注意事项，指挥游戏，为同学们加油。

学生活动：注意听讲，听从指挥，遵守规则，积极参与，团结协作。

组织与要求：每一队队员前后相距50cm，每路队左右相距2m。每一队前面画有与队员人数相同的圆圈，圆圈前后相距50cm。

三、教学内容（28分钟）

导入新课：同学们，你们知道篮球有几种运球方法吗？老师做运球动作，你们说出运球动作名称及其用途（教师分别做原地运球、行进间直线运球、曲线运球和突破运球，请学生回答运球动作名称及其用途，教师讲解不同运球方法特点及用途）。这节课我们就一起来学习篮球的行进间直线运球。

（一）原地运球练习（5分钟）

动作要领：双脚前后开立，运球时手腕放松，手指自然张开，用手指往下按压球，力度适当，球反弹的高度在腰胸之间。

教师活动：讲解练习方法及要求，组织学生在一个篮球场内散点进行原地运球练习，并巡看指导、及时纠正错误，学生边练习，教师边语言提示运球要领，如手腕放松、按拍球要有力等。运球动作讲解及示范，组织练习、带领练习。

学生活动：按教师的要求散点于篮球场进行练习，自主学习或与同伴交流学习，积极参与、认真练习。

组织与要求：全体集合时排四列横队，教师站在队伍中间讲解和示范；运球练习时，男女生各散点于一个半场；集合或散开时要快、静、齐。

安全措施：游戏前强调安全注意事项，游戏时保证学生小组左右间距2m，游戏过程中提醒学生注意安全，避免发生碰撞。

（二）行进间直线运球练习（18分钟）

动作要领：运球过程中目视前方，按压球的后上方，力度和方向合理，球的落点在身体侧前方，控制好球反弹的高度在腰胸之间。

教师活动：①集合队伍，讲解练习方法及要求，组织学生分组练习，巡视指导，及时纠正错误，引导学生小组合作学习；②集合小结，提问学生刚才练习中体会到的直线运球动作要领，评价回答，请动作好的学生展示；③教师讲解和示范；④组织学生再次练习，巡视指导。

学生活动：每人一球，按教师的要求，在小组长的带领下，积极参与、认真练习，团结协作，练习纪律、秩序好。

组织与要求：全体集合时排四列横队，教师站在队伍中间讲解和示范；小组集合时排成圆形队，教师站在队伍中间讲解和示范；运球练习时，男女生各在一个半场上；以篮球场的两条边线为准，来回运球练习，练习秩序好，集合或散开时要快、静、齐。

安全措施：练习前强调安全注意事项，练习过程中提醒学生注意安全，有秩序地练习，避免发生碰撞。

（三）游戏：运球比快（5 分钟）

游戏方法：男女生各分两组，每组学生排横队散开站于一个篮球场的一边线上（起点），在教师的指挥下，每组全体队员同时、快速地直线运球至另一边线并折返回起点，以每组全部队员回到起点为准，用时最短的队伍获胜。

游戏规则：不得抢跑，运球不得走步，所运的球必须压到折返边线后才能返回，以最后一名队员运球到起点线后，全队计时才停止。

教师活动：讲解游戏方法及规则，组织学生分组游戏，口令和鸣哨指挥学生进行游戏，及时纠正错误，对游戏进行总结。

学生活动：注意听讲，遵守规则，团结合作，积极认真，比赛时互相加油，气氛活跃。

组织与要求：男女生各分两组，按男生 1 组、男生 2 组、女生 1 组、女生 2 组的顺序进行游戏，站队时左右一臂距离散开，站队时要快、静、齐。

安全措施：游戏前强调规则及安全注意事项，游戏过程中提醒学生运球时要看前面，直去直回，注意安全，避免发生碰撞。

四、结束活动（5 分钟）

（1）放松韵律操：教师指挥学生四列横队散开，播放音乐，随音乐节奏带领学生做放松韵律操。学生认真配合，动作协调、放松。

（2）总结本课。

（3）安排学生交还器材。

（4）下课。

五、教学反思

本课教学组织比较流畅，练习秩序也比较好。但组织还不够严密，教学时间掌控还不够准确，如队伍集合和组织分组练习时还不够快，浪费了一些时间，以后在教学中要注意。

附录一
汲取传统文化营养，促进学校教育改革

林华庆

文化是民族生存和社会发展的重要力量。人类社会的每一次跃进，人类文明的每一次升华，无不伴随着文化的历史性进步。没有文明的继承和发展，没有文化的弘扬和繁荣，就没有中华民族伟大复兴的“中国梦”的实现。习近平总书记指出：“中华民族创造了源远流长的中华文化，也一定能够创造出中华文化新的辉煌……要坚持社会主义先进文化前进方向，坚定文化自信，培育和践行社会主义核心价值观。”

习近平总书记形象比拟：“当高楼大厦在我国大地上遍地林立时，中华民族精神的大厦也应该巍然耸立。”一个国家要强大，既要有硬实力，也要有软实力。总书记还强调，如果没有共同的核心价值观，一个民族、一个国家就会魂无定所、行无依归。

在当代中国，我们的民族、我们的国家应该坚守的社会主义核心价值观，就是十八大提出和倡导的“富强、民主、文明、和谐、自由、平等、公正、法治、爱国、敬业、诚信、友善”的社会主义核心价值观。社会主义核心价值观把涉及国家、社会、公民三个层面的价值要求融为一体，回答了我们要“建设什么样的国家、建设什么样的社会、培育什么样的公民”的重大问题。因此，我们要“用社会主义核心价值观凝魂聚力，更好构筑中国精神”。通过“教育引导、舆论宣传、文化熏陶、行为实践等，使社会主义核心价值观内化于心、外化于行”。

今天，每一位肩负祖国未来的同学，就要从现在开始，修德善学、明辨是非、求实创新，身体力行社会主义核心价值观，争当学习和实践社会主义核心价值观的模范；每一位肩负祖国育人重任的教育工作者，要把社会主义核心价值观的基本内容和要求渗透到教育教学之中，用自己的学识、阅历、经验点燃学生对真、善、美的向往，使社会主义核心价值观的种子在祖国下一代心中生根、发芽。

中华文明绵延数千年，有其独特的价值体系。优秀传统文化已经成为中华民族的基因，植根在中国人内心，潜移默化地影响着我们的思想方式和行为方式。今天，我们提倡和弘扬社会主义核心价值观，就必须从传统文化中汲取丰富营养，否则就不会有生命力和影响力。

中华优秀传统文化核心是讲仁爱、重民本、守诚信、崇正义、尚和谐、求大同，湛江二中杨校长在秋季开学典礼上专门做了题为“从中华民族优秀文化中汲取智慧，努力践行文化育校、文化育人的办学理念”的讲话。杨校长指出，孔子是中国人心中的第一位教育家，是中国教师的鼻祖，被后世公认为“万世师表”，“今天在座包括我在内的老师们，与孔子当年一样，从事着传道、授业、解惑的工作，一样有机会实践着孔子的教育理念，甚至超越他的教育理念”。

中华优秀传统文化是中华民族的“根”和“魂”。实现中华民族伟大复兴的“中国梦”需要以传统文化发展繁荣为条件。五千多年连绵不断、博大精深的中华文化，积淀着中华民族最深沉的精神追求，包含着中华民族最根本的人文基因，代表着中华民族独特的文化标识，是“中华民族生生不息、发展壮大的丰厚滋养”。儒家思想是中国传统思想文化中的优秀成分，包括儒家思想在内的中国优秀传统文化的丰富的哲学思想、人文精神、教化思想、道德理念等，是我们国家、我们民族传承和发展的根本，如果丢掉了，就割断了精神命脉。

孔子通过周游列国将他的思想广播天下，今天“孔子思想”又一次走出了国门，再次周游列国，去到了瑞典、美国、澳大利亚、日本、墨西哥、加拿大、法国等许许多多国家。自 2004 年 6 月 15 日第一所海外孔子学院在乌兹别克斯坦塔什干成立后，仅 2016 年，就新建了 84 所孔子学院和孔子课堂，截至 2016 年底，共有 140 个国家设立了 513 所孔子学院和 1 073 个孔子课堂。中外专兼职教师总数 4. 6 万人，各类面授学员 155 万，网络注册学员 59. 7 万。目前仍有许多国家和大学正在积极申办孔子学院，给西方文明带去了一场我们东方文明的强力冲击。2009 年 10 月 28 日，据报道，美国众议院高票通过了一项纪念孔子的决议，决议指出：孔子的“己所不欲，勿施于人”和“己欲立而立人，己欲达而达人”是一种道德品行的典范，能够促进人类的和谐。

孔子的教育思想和教育内容，同样值得我们广大师生去践行。孔子的教学内容主要是“六艺”，也就是礼、乐、射、御、书、数，在古代科学不是很发达、科学学科不被重视的情况下，孔子的教学内容就是重视素质的全面发展。他对学生学习方法的要求也深深启发着我们，比如“学而不思则罔，思而不学则殆”“温故而知新，可以为师矣”“人不独亲其亲，不独子其子，使老有所终，壮有所用，幼有所长”等。没有阴谋、没有欺诈，也没有盗匪祸乱，“日三省吾身”“克己复礼”，这是孔子希望的非常理想化的社会民风，也是他的“大同”社会的政治理想，对后世产生了深刻的影响。我们在践行的社会主义核心价值观中的“文明、和谐、诚信、友善”，不正是对儒家思想的继承和发展吗？我们都认同《三字经》：“人之初，性本善。性相近，习相远。苟不教，性乃迁。教之道，贵以专……”都读过《弟子规》：“首孝悌，次谨言，泛爱众，而亲仁，有余力，则学文……”耳熟能详，润物无声，我们不正感受着儒家思想的存在和影响吗？

作为湛江二中人，“上善若水二中人”教育理念已深入人心。回溯我们的办学历史，应该知道学校老的办学理念是“尊师重道、因材施教”，这不正是孔子的教育思想及中华优秀文化传统的传承吗？现在的办学理念“爱国、敬业、求实、创新”，不正体现了传统文化与时代潮流相结合的价值取向吗？学校以“优秀 + 特长”为办学特色，不就是时代对高素质人才的具体要求吗？

近年来，湛江二中港城校区在总校办学理念基础上，根据学校的实际，提出了“精致办学”办学目标，倡导“乐学善导、合作探究”的教学理念，明确了以“精致课堂”为主要内容的新课程改革方向，并明确学校的育人目标为“修品行，善学习，树理想，敢担当，强体魄，美志趣”，这些都是基于儒家思想传统文化而提出的教育思想，也是与国家倡导的社会主义核心价值观相吻合的。

在教学方面，从孔子的“不愤不启，不悱不发”“教学相长”到陶行知的“教学做合一”，结合当前新课程教学改革理论，要求按“乐学善导”理念落实“学生为课堂主体”意识，为此我们提出以“精致课堂”为核心的“精致教学”。“精致课堂”教学本质上就是提高常态课的精致程度，在“教学主题的提炼上做到精炼深刻，在教学内容的整合上达到精当合理，在教学方法的设计上体现精巧有效”，努力做到用最少的时间使大多数学生获得最佳的学习体验，最大的学业进步和最好的能力发展，即实现课堂教学效益最大化；“精致课堂”教学充分体现学生的主体性，让学习发生在学生的身上；“精致教学”注重培养学生的自主学习能力和创新能力，注重在教学全过程中落实细节，把常规工作做到极致，与孔子所提出来的“因材施教、有教无类、教学相长”等理念相一致。

在德育方面，对照学校“修品行，善学习，树理想，敢担当，强体魄，美志趣”育人目标，我们提出了“精致德育”理念，全面开展以“安全文明、礼仪文明、学习文明、生活文明”四个文明为主要内容的文明习惯养成教育活动，倡导“优秀成为习惯”和“进步成为常态”理念。通过开展文明养成系列主题活动，评选学校周、月和学期的“文明之星”，推评年度“最美学生”和湛江市“美德少年”；在教师中评选表彰先进工作者、港城“最美老师”和“魅力班主任”。通过“推优”活动，树立多层次优秀和进步的典型，倡导案例式教育教学经验，召开“激励教育”论坛等专题研讨会，全面提升学校“正能量”。

在办学特色及学生社团方面，近年来，我校作为一所市直属民办中学，在素质教育的探索与实践方面一直走在湛江市民办学校的前列。我们深信中学生社团是学校实施素质教育、传承和培育校园文化的重要途径，是提升中学生综合素质、培养学生实践和创新能力的有效方式。丰富多彩的社团活动将给校园文化建设增添新的活力，促进校园文化向多渠道、多层次、高质量方向发展。目前，我校已建有文学类、体育类、艺术类、传媒类和综合类等学生社团共26个，建成“社团活动小舞台”“社团作品展”等活动和展示的场所一批，近年来，许多社团建设已取得了令人瞩目的成绩，如“舞动校园”获湛江市中小学生排舞大赛一等奖等。

依托于湛江二中教育集团“优秀+特长”，我校着重打造“双英语教材特色”和“版画特色”。在培养英语特长方面，我们秉承湛江二中总校的英语资源优势，同时采用人教版和牛津版英语教材，培养学生英语特长，成为国家级牛津版+人教版双英教材试验基地。我校还重视发展学生的特长，鼓励学生参加音乐、美术、体育、科技竞赛和学科竞赛，并取得辉煌成绩，特别是“华罗庚金杯”数学竞赛和“亚奥赛”，我校获得第十九届、第二十届、第二十一届全市一等奖第一名，全市一等奖我校占霞山片区的80%，考生获奖率、高分层学生比率位列全市首位。

特别指出的是，广东省教育厅批准我校为全省唯一一所“本土文化特色的版画和版画藏书票特色”发展项目学校，2014年12月获评为湛江市唯一一所“版画特色文化学校”，2015年12月我校成为岭南少年儿童版画教育研究会理事单位。学校将美育作为素质教育的重要抓手，成立学生版画社团，传承湛江二中版画传统，与本土文化相结合，以版画创作为切入点，培养学生审美情趣，提升素质教育内涵。

版画创作是一项手脑并用的艺术活动，不仅能激发学生的感知能力、反应能力、脑和手的协调能力，而且能活跃学生的思维，激活他们的潜能和创作灵感，发掘自己的潜能和智慧。实践证明，参加版画社团的同学，在版画创作活动中既陶冶了情操，收获到创作的成就感，还普遍提升了学习成绩，成为品学兼优、特长发展的好学生。

俗话说：一分辛勤，一分收获。近年来，我校培养了许多的版画文化爱好者，学生版画社团创作了近千幅版画作品，并在校园的连廊、楼梯、走道和廊柱上展示，为学校的校园文化增色不少，深受广大师生的好评，许多同学的作品还在国内外和省市举办的展览中获得大奖。据不完全统计，我校学生版画近年获得金奖的有 28 幅，银奖的有 36 幅，在省、市举行的青少年书画或艺术大赛中，获得市级以上特等奖的有 38 幅，获一等奖的有 63 幅，许多同学的作品被单位或个人收藏。2016 年 11 月我校在湛江市博物馆成功举办了学生版画专题展览，学校获评为广东省版画特色学校、湛江市青少年版画教育示范基地、岭南少年儿童版画教育基地，为湛江版画的发展做出了贡献。

正因为教学理念正确，我校近年的中高考特别是中考取得不俗成绩。现在作为市重点中学的湛江二中总校高中，许多班级学生干部都来自港城校区初中，入选湛江二中“上善班”的来自港城校区的更高达 60%，港城校区学生的素质和后劲都很好。我校连续几年均获评湛江市中考先进单位。

在全国各地全面开展创建文明城市的今天，我们每一位老师、每一位同学都会有自己的理想和抱负。作为新时代青少年，我们的抱负是成为社会主义建设的人才，就是要以“让优秀成为一种习惯”为目标，培养在学校“有个性、会学习、知荣辱”，在家庭“有孝行、会自理、敢担当”，在社会“有教养、会共处、守公德”的新一代好公民；作为老师最现实的抱负应该首先是为社会培养出一批批有道德的合格社会公民。“有学者，可教人；有德者，可育人”，想要成为一名优秀的老师，除了要提高自身学识修养，还要求我们要加强人格修养，树立师表形象。“德高为师，身正为范”，以人格塑造人格，让我们的学生去实现更多、更大的抱负和梦想。只有我们全体二中人都“用社会主义核心价值观凝心聚力，从中华民族优秀文化中汲取智慧”，我们才能在行动上自觉实践“上善若水二中人”理念。

附录二

在课题研究开题报告会上的讲话

林华庆

本学年，我校“精致教学”系列课题获得批准并立项。今天，市教育局教研室组建了我市最高层次的专家组莅临我校指导课题研究开题工作，包括了市教研室主任、副主任，岭南师范学院两位教授和教研室两位特级老师，你们今天的亲临现场指导，给了我们莫大的鼓舞和支持，我代表全校师生和学校各课题组，对各位专家表示衷心的感谢！

我校虽是一所办学不到十年的新学校，但是传承了百年办学历史的老学校——湛江二中的文化精髓，我们二中老校训“尊师重道、因材施教”就十分强调因材施教的教改理念，今天二中校训“爱国敬业、求实创新”中的“求实创新”也正是要求我们要结合实际，创新符合新时代的教育教学模式。近年来，我们根据学校的实际，结合我市“自主学习，合作探究，精讲释疑，训练检测”十六字教改要求，为实现“让学生成为课堂的主人”和“老师应成为课堂的引领者”的高效教学途径，真正实现“让优秀学生出色发展，中等学生超常发展，学困学生自信发展”，我们提出了“精致办学”办学目标，倡导“合作学习，乐学善导”的教学理念，明确了以“精致课堂”为主要内容的教学改革方向。

2015 年下半年起，我校全力推进“精致课堂”教学改革。重点是推行以“三环五步”为主要内容的“精致教学”模式，目前“精致课堂”教学改革模式已取得了阶段性成果，并成功对外作了多次展示活动。上学期末，我们十个学科参加湛江市直属学校初中“高效课堂”教学竞赛，获得一等奖 8 个学科，二等奖 2 个学科，是获一等奖最多的学校；在湛江市总决赛中我校参赛的语文、物理、化学、历史、体育 5 个学科全部获一等奖。今年初，物理学科参加广东省示范学科组的评比，受到专家一致的好评，成为我校首个省级示范学科组。

学校明确提出，今后我们将以探索提升师生核心素养为方向，以建立精致学校为目标，以科研课题为切入口，发挥好湛江市名校长、名师、名班主任工作室的带动作用，深化“精致课堂”课改系列工作，全面提升学生学科核心素养；大力打造学校名师工程，评选表彰一批校园名师、功勋教师，全面发挥辐射作用。

现在，我校教改课题“教育现代化背景下的‘三环五步’精致课堂教学高效模式研究”（课题批准号 2017YQJK214），作为市重点课题并获批为省级课题立项，其他市级立项包括语文、英语、物理等科组的几个子课题，也都是围绕学校“精致课堂”教学改革来开展研究的，其中有核心素养研究、教法研究和行动研究。我曾在学校说过：“让每一位老师都成为‘精致教学’行动研究的实践者”，学校希望，通过这些课题研究来引领和提升我们一线广大教师的教学科研水平，带动和促进教师的专业化成长，能够助力我校实现“造百名校园名师”的计划。

在这里，我代表学校向各课题组的老师们提出一点要求：课题研究一定要注重过程性管理，整个研究过程是由各个环节组成的，课题的确立、研究方案的制订及组织实施，各种资料的收集、分析、整理，成果的总结与推广，每个环节都是有价值、有意义的，要真正做实实在在的研究，学校将尽最大可能支持各课题的工作，保障课题研究工作的顺利开展。

我们坚信，在市教研室的大力支持下，在各位专家的悉心指导下，我们各课题组一定能够协力同心，课题研究工作一定会一步一个脚印，结出丰硕成果！

附录三

以精致名义，打造高效课堂

——湛江二中港城中学“精致课堂”教学改革纪实

《湛江日报》社通讯员　许瑞恩　田飞虎

2017 年 4 月 7 日，是湛江二中港城中学“第二届精致教学开放日”。一大早，我们记者一行便慕名前往。

进入宽敞的校门，迎面看到的是横挂在教学楼两旁的几幅红色醒目的标语：“精致教学把时间还给学生，把课堂还给学生，把能力还给学生”“合作学习争先恐后，精彩展示当仁不让”“精致教学让学生表现课堂，体验课堂，感悟课堂，享受课堂”。“百名名师”宣传版在校道两旁一字排开，引人瞩目。整洁的校园，书声琅琅。听课、观摩的来宾成群结队，楼道处人头攒动，犹如盛大的节日。

一、定位“精致办学”，以教育名义，办“精致学校”

我们把镜头对准了正在初二（18）班上语文课的副校长田飞虎。田副校长是“精致课堂”教学的创立者、负责人，也是“精致课堂”教学改革的实践者、带头人。他的课堂，始终是开放的，经常有老师直接推门进去听课。今天的课堂更是“济济一堂”，教室里座位不够，走廊上还站了不少人。田副校长讲的是毛泽东的《沁园春·雪》，他设计精巧，引导学生，从诵读入手，按照“音读—意读—情读”的思路，层层推进；学生自由读、男女对比读、分组朗读、师生同读……最后是全班一起纵情吟唱。精彩纷呈，高潮迭起，学生不仅很好地把握了词人的情感，也深深打动了在座听课的同行和家长。一位家长激动地对记者说：“太精彩了！从没有见过课可以这样上！听到最后我都想哭（感动）……”

“看到学校横幅上的标语突出的是‘学生’，您的课堂也几乎是学生在活动，这是‘精致课堂’教学的特点吗？”记者若有所思地问道。“是的。学生的主体性，应是我们教育的出发点和立足点，教育就是要弘扬人的主体精神。但在我们的实际教学中，由于老师的课堂‘满堂灌’，学生变成了填鸭式的机器，导致课堂效益和学生的学习兴趣大大降低。课堂时间不够，就用课外时间补，于是布置大量课后作业，这又大大增加了学生的学习负担。如此恶性循环，给学生减负就成了一句空话。我们的‘精致课堂’教学，就是要致力于课堂教学和减轻课业负担两大改革任务，真正实现减负增效提质。”

田副校长认为，我国新课程改革已经进行了十几年，新课程理念深入人心，全国各地也涌现了不少课改先进学校和成功经验，但对很多学校来讲，这些成功经验往往“水土不服”，效果不佳。因此，教学改革一定要立足学校实际。课改之初，学校提出办“精致学校”的目标，确定了“立足校本，自主构建；经营课堂，内涵发展”的课改方针。

"立足校本，自主构建"是指学校改革的立足点，依据校情而定。

一是学校的品牌战略。湛江二中港城中学是2007年市政府指导成立的两所市直属民办中学之一，由湛江市二中直接管理，学校依托湛江市二中的师资优势、品牌优势，办学近十年的教育教学质量已稳居湛江市一流水平，连续多年获得湛江市"中考先进单位"。但离学校"三步走战略目标"（第一步：用前六年的时间，打造优质教育的品牌，以优质教育在湛江市确立领先的位置；第二步：用六年的时间，以特色教育、精品教育、内涵式发展跻身广东省示范学校；第三步：成为东西方文化结合的亮点），建成粤西一流的民办中学，挤入"广东省民办学校示范校"行列还有很大的差距。田副校长认为，一所优质学校的发展目标不应局限于湛江市，而应面向广东全省乃至全国。

二是生源结构。杨耀明校长来二中以后，非常重视二中港城中学的发展，提出"集二中之力打造港城中学"，生源质量大幅提升。学校超过80%的生源来自霞山市区，学生很多来自知识分子家庭，生源素质比较好。家长、社会对学校教育教学提出了更高的要求。这必然促使学校要有先进的理念、科学的方法，以提高质量，真正实现优质教育，真正做到"学会求知、学会合作、学会做事、学会做人"，使学生终身受益。

"经营课堂，内涵发展"是指改革内容和方向。学校提出办"精致学校"的目标，"从提高常态课的精致程度入手，构建新的课堂教学模式，以转变教师的教学方式和学生的学习方式为突破口，以实现教师的课堂教学和学生的自主学习双向高效为目标"，从而形成自主特色的"精致课堂"教学模式。

二、解读"精致课堂"，构建"精致理论"，实践"精致模式"

田副校长说，"精致教学"传承湛江市"精讲、善导、激趣、引思"课堂教学八字要求，把"微笑、尊重、宽容、民主、探究、合作"带进课堂，符合市中小学新一轮课堂教学改革要求。经过两年的实践，"精致教学"已经形成了较为系统的理论框架和操作模式，即"精致教学"的"'三五'特征"和"精致课堂"的"'三五三'模式"。

1. 解读"精致教学"的意涵

精致是相对粗放而言的一种事物发展形态。提高常态课的精致程度，必须在教学主题的提炼上体现精炼深刻，在教学内容的整合上体现精当合理，在教学方法的设计上体现精巧有效，努力做到用最少的时间使大多数学生获得最佳的学习体验、最大的进步与发展，实现课堂教学效益最大化。

"教学主题精炼深刻、教学内容精当合理、教学方法精巧有效"称为"精致教学"的三个维度，它是衡量备课、上课、评课、作业布置和教学检查这些教学教研工作效益的基本原则。同时，"精致教学"要贯穿五个意识，即目标意识、问题意识、主体意识、模式意识和落实意识。三个维度和五个意识称为"精致教学"的"'三五'特征"

2. 解读"精致课堂"的"'三五三'模式"

"'三五三'模式"是"精致课堂"的操作模式，它是三个环节、五个步骤和三种课型的简称。

三个环节：定向（确定目标）、自学（当堂自学）、讲练（适当讲练）。

五个步骤：预习反馈—呈现目标—自学讨论—展示提升—检测巩固。自学讨论和展示提升两个环节的变式（根据学习任务的不同灵活处理，可以几个问题集中讨论再展示，也可以讨论完一个问题即展示）。

三种课型：新授课、复习课、讲评课。

“三五”特征是“精致教学”的内在要求，“三五三”模式是“精致教学”的外在形式。三个环节是课堂结构的基本要素，五个步骤是落实三个环节的操作过程。因此，“三五三”模式的简称为“三环五步”模式。

有了科学的教育教学理论体系，有了可操作性强的“三环五步”模式，湛江二中港城中学的“精致课堂”教学改革得以有效推进。

三、全力推行“精致”，以工匠精神，打造“精致课堂”

1. 实践“精致”，教师素质全面提升

构建“精致教学”，打造“精致课堂,”学校从三个方面入手：

一是实行教学督导机制，确保“精致课改”持久有效。学校成立了教学督导小组，督导小组除了常规管理外，还有督查、指导两个功能。督导组每周一次例会，汇报督导情况，每周一通报，每月一小结。

二是抓实集体备课，充分发挥集体的智慧。集体备课是实现高效课堂的前提和保证，编写“精致课堂”教学教案是集体备课的重要内容。学校的集体备课有两个规范（《“精致课堂”教学教案编写规范》和《“精致课堂”教学自读设计编写规范》）、三个任务（学习“精致理论”、反馈上周教学问题、备好当周教学内容）、四个轮次（第一轮假期个人备课、第二轮学科组集中备课、第三轮个人打磨教案、第四轮“课后记”）。

三是以“三课”活动为抓手。新老师的汇报课、骨干教师的示范课和“精致教学”的探讨课，学校称为“三课”。学校规定，各备课组在开学前一周安排好学期“三课”计划，每个学科每月不少于两节，由骨干老师、科组长带头。“三课”有着示范性、探讨性和科学性。“三课”活动，有效规范教学行为，提高教学质量。

“精致教学”，使老师的思想作风和精神面貌大为改观。

“精致教学”增强了教学研究的自觉性，提高了科研意识。在实践中，老师养成了反思、总结的习惯，把研究当成个人成长的需要，积极撰写教学论文，积极参加各级课题研究。

“精致教学”增强了集体备课的自觉性，提高了备课质量。备课组不仅是老师解决疑难问题的场所，更是老师分享成功心得、提升业务水平尤其是备课能力的重要平台。资深教师唐四春说：“现在回头看看以前备的课，实在是拿不出手!”反思过去本身就是一种进步。

“精致教学”增强了相互听课、议课的自觉性，提高了学习意识。老师主动听课、议课已经形成了一股风气。记者在学校转了一圈，总会发现教室里经常有十几人甚至二三十人在听课。据教导处统计，学校每周安排600多节听课，平均每人3节，不少老师超过了5节。

当一项工作变成了大家自觉的行动的时候，就会产生无穷的力量。年轻教师高凌雁，来到学校才三年，积极投入“精致课改”，学校公开课、市教学调研课、教学开放课，她一次不落，课堂组织有条不紊，师生互动配合默契。专家们得知她是上讲台不久的年轻人，非常惊讶。

在湛江市2016年初中高效课堂的比赛中，参赛老师充分体现了“精致课堂”教学的优势。在市直属学校组比赛中二中港城中学获得一等奖8个，是获一等奖最多、获奖率最高的学校。高分获得全市语文第一名的郭慧老师说：“我平时就是按照‘精致课堂’教学模式上课的，所以比赛觉得很轻松。”

2. 课堂“精致”，让学生真正成为学习的主人

优质的教学，一定是让学习发生在学生身上，让学生成为课堂的主人。学校制定了一个学生小组合作学习的评价机制，通过小组“堂堂比”和“天天比”，及时将学习过程评价与学习结果评价相结合，小组集体评价与小组成员个人评价相结合，大大激发了学生学习的主动性和创造性，提高了课堂效益，实现了高效学习，也增进班级的凝聚力。

记者观察到，在课堂上，举手的学生争先恐后，非常踊跃；上台展示小组探究成果的学生，个个发言都落落大方，训练有素。每个班里基本上分了8个学习小组，每个小组6人至8人，每个小组有小组长，小组成员分工明确，责任落实。在老师引导或同学展示分享时，学生认真倾听；在个人自学时，他们静心思考；在遇到难点、疑问时，小组成员在小组长的主持下，在组内进行有序发言，“不对，不对，是这样……”“不行，我的方法更有道理……”一阵阵争执的讨论声从教室中传出来，彼此各执一词，为一个意见争执不休，为一个细节耿耿于怀——这种情景成了“精致课堂”的常态。初三曾琳茜同学（2017年湛江市中考总分第二名）说：“‘精致课堂’让我们学会了预习，让我们在课堂上学会了合作探究，使我们有了更多的学习动力……‘精致课堂’让我精彩!”

“精致课堂”将大部分时间给了学生。广西百色市田阳县教研室主任梁凤雷听了一节地理课后说：“我走遍了全国很多名校，老师在课堂上只讲五分钟很难做到，洋思中学提出来了但也没有做到，而你们做到了!”

学生不仅学到了知识，更能够在课堂中得到成长。刚上初一的王歆月同学说：“想想以前那个我，上课回答问题时总是很羞涩。有时遇到会答的题，也不敢回答。如今，在‘精致课堂’展示提升环节的帮助下，我正在慢慢改变这个毛病，我越来越懂得在课堂上展示自己发光的地方。因为我已经在一次次回答中锻炼出了勇气，在一次次准备中提升了能力。”

“精致课堂”教学受到家长的由衷肯定。一位初二学生的家长告诉记者：“孩子的学习热情、学习的自主性比以前提高了很多。我们的孩子有这样的学校、有这样的老师，我们家长非常放心!”

四、“精致”硕果累累，百花齐放，成果亮丽夺目

“精致课堂”教学，真正实现了减负增效提质。据有关机构对湛江市学生课外作业做的调查，港城中学的作业量在同类学校中是最少的，一般每天不超过1.5个小时。把学生从题海中解放出来，才有可能实现学生的全面发展，做到田副校长所说的“素质与成绩齐飞，质量与特色并进”。

教学质量不断提升。“两考”连续创历史新高，2015年学校获得湛江市唯一一所中考、高考双先进的单位。学校中考成绩突出，2015年包揽霞山片区总分前四名，前十名6人，包揽霞山片区省实录取名额；2016年，考上一中、二中，华附、省实等重

点中学 273 人，升学率达 31.5%，超过往年任何一届，夺取霞山片区总分第一，霞山片区前十名 6 人，同时包揽霞山片区华附、省实全部录取名额；2017 年，880 分以上人数比例居全市第一，包揽霞山片区前三名，霞山片区前十名 9 人；在重点中学减少招生人数、市区其他学校考取重点中学人数明显下降的情况下，二中港城中学反而比 2016 年增加了 49 人，其中 800 分以上增加 60 人，增幅 23%，位列全市第一。

各种竞赛捷报频传。近三届初中“华罗庚杯”，二中港城中学考生获奖率、高分层学生比例列全市首位：2015 年，一等奖 16 人，获奖总人数占霞山片区获奖人数的 81%；2016 年，一等奖 16 人，获奖总人数占霞山片区获奖人数的 75%；2017 年，一等奖 10 人，占霞山片区获奖人数的 83%，包揽初一、初二组一等奖前四名。在 2016 年亚洲国际奥林匹克数学竞赛决赛中，获奖牌 132 块，占市总数 55%，其中金牌占总数 70.5%。在 2017 年语文大中华杯赛中，一等奖 9 人，占市总人数的 69%，并夺得初一组第一名、初二组前三名、初三组全部奖项；数学世奥赛包揽初三组一等奖，初一组一等奖占全市总人数 75%。

“精致课堂”教学研究成果丰硕。2016 年 8 月，成功申报了一个广东省课题和四个湛江市重点课题。修订了《精致课堂教学实用手册》，以及出版了《精致课堂教学优秀论文集》《精致课堂教学优秀课例集》和《精致课堂我精彩（学生征文）》三本著作。谭振兴老师两篇文章《聚焦物理核心素养，打造高效的精致课堂》《精致课堂管理，提升教学质量》分别发表在正式刊物《学校教育研究》和《教育》上。2016 年 11 月，二中港城中学物理科组以优异的成绩和“精致教学”鲜明的特色在众多学校中脱颖而出，被评为“广东省初中物理示范科组”。

“精致课堂”教学已成为二中港城中学一张新的名片。很多家长说：“我就是冲着这一点来报读二中港城中学的。”2015 年初一招生报名人数与录取人数比为4∶1，只用 20 多天就招满；2016 年优质生源增多，市区各小学的尖子生超过 70% 报考二中港城中学；2017 年，原本计划招收 20 个班，最后扩招到 22 个班。

“精致课堂”教学对外影响不断辐射、逐渐扩大。“精致课堂”教学在市内外甚至省内外产生较大影响，前后有 5 000 多人前来观摩听课，交流学习。其中，广西百色市田阳县教育局先后两次组织全县中学校长、骨干老师 120 多人专程来学校学习。2016 年 12 月，“精致课堂”教学应邀送课田阳，受到田阳师生的喜爱和高度赞赏。许多学生课后围着老师索要签名、电话。赖玉琳老师自豪地说：“是‘精致课堂’教学让我做了一次‘明星’。”

湛江市教研室主任张勉两度带领市教研室专家到二中港城中学进行调研，并给予了高度评价。

五、专家点评“精致”，课改的路子走对了，静待花开！

湛江二中港城中学的“精致课堂”教学改革，如乳燕初啼，春风拂面，给湛江市教学改革闯出了一条新路子，受到社会广泛关注。

教研专家点评：各学科“精致课堂”很好地落实了课堂教学的“三环五步”；教师集体备课功夫踏实，对教材的研究及处理到位，很好地解决了教学的重点难点；最难能可贵的是突出学生的学习主体地位，让学习发生在学生身上。“精致教学”模式有利于教师的成长与进步，减少走弯路、避免经验欠缺等方面的问题，尤其是可以让新教师快速地成长和提高，缩短了与优秀教师之间的差距。

湛江市教研室主任张勉点评：湛江二中港城中学传承了湛江市教学改革的思路，根据自己学校的实际情况，全力推行“精致课堂”教学改革，这条路子是对的。我的看法是：一是领导重视，全员参与。二是态度坚决，勇气可嘉。三是准备充足，推进扎实。学校的理念很新，各方面准备充足、精细，并取得了一定成效，很值得肯定。这个课改的路子是对的，我静待花开！

教育媒体点评：湛江二中港城中学的“精致课堂”，真不愧是被称为“湛江市最具特色、最接地气、独创的最具操作性的高效教学模式，是湛江市课程改革中的一颗耀眼的明珠”。

外省市教育教研专家点评：“精致课堂”的各个教学环节安排得合理、科学，非常精致，对学生自主学习、合作学习、探索学习非常有帮助，很值得学习借鉴。

湛江二中港城中学“精致课堂”教学改革迈出了可喜的一步，学校以“追求精致，臻于至善”为宗旨不断精进。但改革永远在路上。正如林华庆校长所说：“我们的‘精致课改’，还要结合国家提出的未来学生核心素养的培养，不断创新、完善，为湛江市的教学改革拓宽广度、提升高度。”

据记者了解，湛江市教研室非常希望二中港城中学在不久的将来能成为湛江市初中学校的标杆，成为湛江乃至粤西的精品学校。

让我们共同期待这一天的早日到来！